3D 프린팅 수업을 위한

틴커캐드 디자인 8

이송하 · 안진영 지음

도서 출판 메카피아

(주)메카피아는 오토데스크 아카데믹파트너(AAP: Authorized Academic Partner)로 검증된 공인 강사를 통해 전문적이고 표준화된 교육 서비스를 제공하며 기계제조 분야의 현업경험을 토대로 실무적용에 맞춘 제품교육을 진행하고 있습니다.

3D 프린팅 수업을 위한
틴커캐드 디자인

인 쇄	2022년 08월 08일 초판 1쇄 인쇄
발 행	2022년 08월 18일 초판 1쇄 발행
저 자	이송하 · 안진영 지음
발 행 처	도서출판 메카피아
발 행 인	노수황
대표전화	1544-1605
주 소	서울특별시 영등포구 국회대로 76길 18 3층 3호
전자우편	mechapia@mechapia.com
교육문의 영업부	1544-1605
팩 스	02-6008-9111
제작관리	조성준
기 획 마 케 팅	메카피아 출판사업부
표지 · 편집	포인기획
등록번호	제2014-000036호
등록일자	2010년 02월 01일
I S B N	979-11-6248-154-7 13000
정 가	12,000원

- 이 책은 저작권법에 의해 보호를 받는 저작물로 무단 전재나 복제를 금지하며,
  이 책 내용의 전부 또는 일부를 이용하려면 반드시 저작권자나 발행인의 서면동의를 받아야 합니다.
- 파본 및 낙장은 구입하신 서점에서 교환하여 드립니다.

| about Author 저자 소개

산업디자인과를 전공하고 디자인 설계, 모델링 일을 하다
현재 메이커 강사로 활동 중이며, 더욱 즐거운 메이커 수업을 만들어가기 위해
메이커 교육 커리큘럼을 연구·개발 중이다.

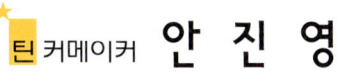

설계회사와 글로벌 IT회사에서 근무하다가
현재는 메타랩 대표이자 메이커 교육 컨텐츠 및 교구 개발을 하고 있다.
메이커 교육이 아이부터 성인까지 누구나 쉽고 흥미로운 교육이 되도록
다양한 커리큘럼을 연구·개발 중이다.

| Preface

시리즈 소개

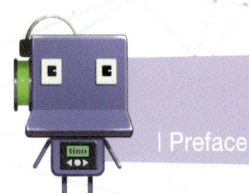

3D 프린팅 수업을 위한
틴커캐드 디자인 1

4.6배판 | 144쪽
고성민 · 이지윤 공저
정가 10,000원

3D 프린팅 수업을 위한
틴커캐드 디자인 2

4.6배판 | 176쪽
고성민 · 이송하 · 이지윤 공저
정가 10,000원

3D 프린팅 수업을 위한
틴커캐드 디자인 3

4.6배판 | 220쪽
고성민 · 이송하 공저
정가 12,000원

3D 프린팅 수업을 위한
틴커캐드 디자인 4

4.6배판 | 228쪽
고성민 · 이송하 공저
정가 12,000원

3D 프린팅 수업을 위한
틴커캐드 디자인 5

4.6배판 | 208쪽
고성민 · 이송하 · 안진영 공저
정가 12,000원

3D 프린팅 수업을 위한
틴커캐드 디자인 6

4.6배판 | 244쪽
고성민 · 이송하 · 안진영 공저
정가 12,000원

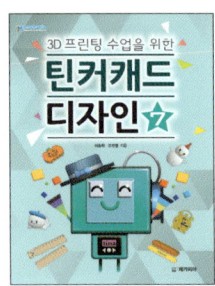

3D 프린팅 수업을 위한
틴커캐드 디자인 7

4.6배판 | 236쪽
이송하 · 안진영 공저
정가 12,000원

| Contents

목 차

SECTION 01
미니 서랍장　14

SECTION 02
움직이는 산타토이　28

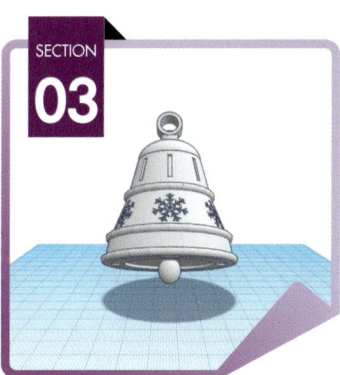

SECTION 03
오너먼트 벨 만들기　50

SECTION 04
다용도 후크 만들기　72

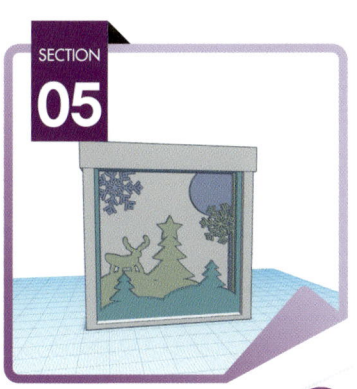

SECTION 05
입체 액자 만들기-1　85

SECTION 06
입체 액자 만들기-2　97

| Contents

목차

SECTION 07
달력 만들기-1   111

SECTION 08
달력 만들기-2   135

SECTION 09
틴커캐드 그림파일 가져오기   154

SECTION 10
틴커캐드 회로-1편   159

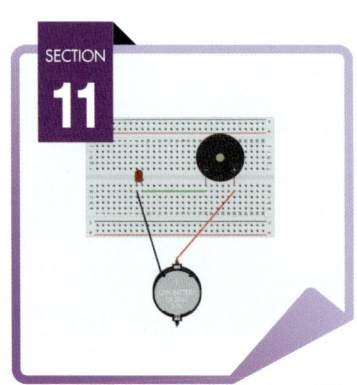

SECTION 11
틴커캐드 회로-2편   166

SECTION 12
틴커캐드 회로-3편   170

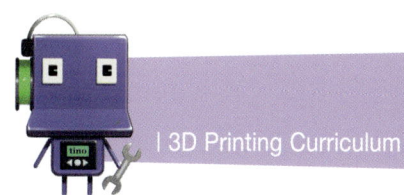

3D 프린팅 과정

1. 모델링 파일 준비

틴커캐드는 3D 디자인, 전자 장치 및 코딩을 위한 무료 웹 앱이며, Autodesk사에서 공개하는 클라우드 기반 프로그램입니다.
https://www.tinkercad.com

※그 외 3D 모델링 프로그램
: Fusion 360, SketchUp, OpeNSCAD, Blender, Sculptris 등

2. G-Code 파일 변환

CURA는 Ultimaker의 슬라이싱 프로그램으로 3D 모델링 후 STL 형식으로 저장한 파일을 G-Code로 변환합니다.
https://ultimaker.com/en/products/ultimaker-cura-software

※그 외 슬라이서 프로그램
: Slic3r, KISSlicer, Mattercontrol, Simplify3D 등

3. 3D 프린터 출력

출력재료에 따라 FDM(필라멘트), SLS(파우더), DLP(광경화성 수지) 등의 3D 프린터가 있습니다.
FDM 3D 프린터는 직교형과 델타형이 있으며, 재료인 필라멘트는 ABS와 PLA 등이 있습니다.

※주로 개인이 많이 사용하는 프린터는 PLA 재료를 사용하는 FDM 3D 프린터입니다.

틴커캐드

| TINKERCAD

구글크롬의 주소창에 'www.tinkercad.com'를 입력합니다.

틴커캐드는 미국 Autodesk사에서 만든 무료 프로그램입니다.
프로그램을 다운받아 설치하지 않고, 인터넷에 접속하여 프로그램을 실행하여 사용합니다.
작업파일도 클라우드 기반의 저장 공간에 자동으로 저장해 줍니다.

을 클릭합니다.
계정 작성 창에 가입자 정보를 입력합니다.

가입 당시 만 13세 미만인 경우
부모님의 메일주소를 입력하고 계정을 만들 수 있습니다.

만 13세 미만인 경우 [초대 코드 입력 창]에서 선생님 또는 부모님의 초대 코드를 입력합니다.

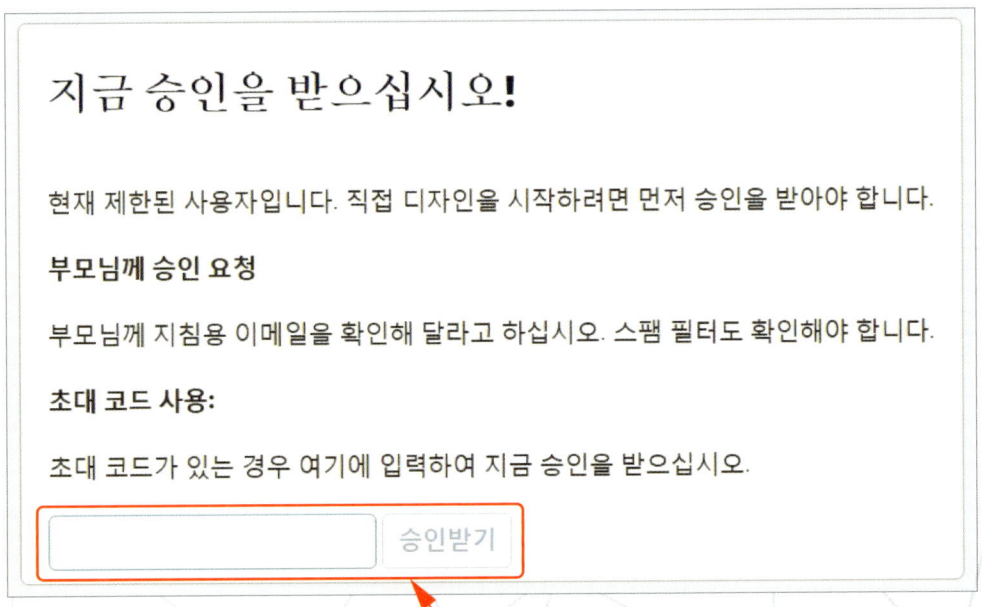

만 13세 이상의 일반인 사용자가 초대코드를 생성하기 위해서는
상단의 '교육'을 클릭하면 8자리의 코드가 생성됩니다.

가입 후 로그인을 다시 하면 아래와 같은 대시보드가 나옵니다.

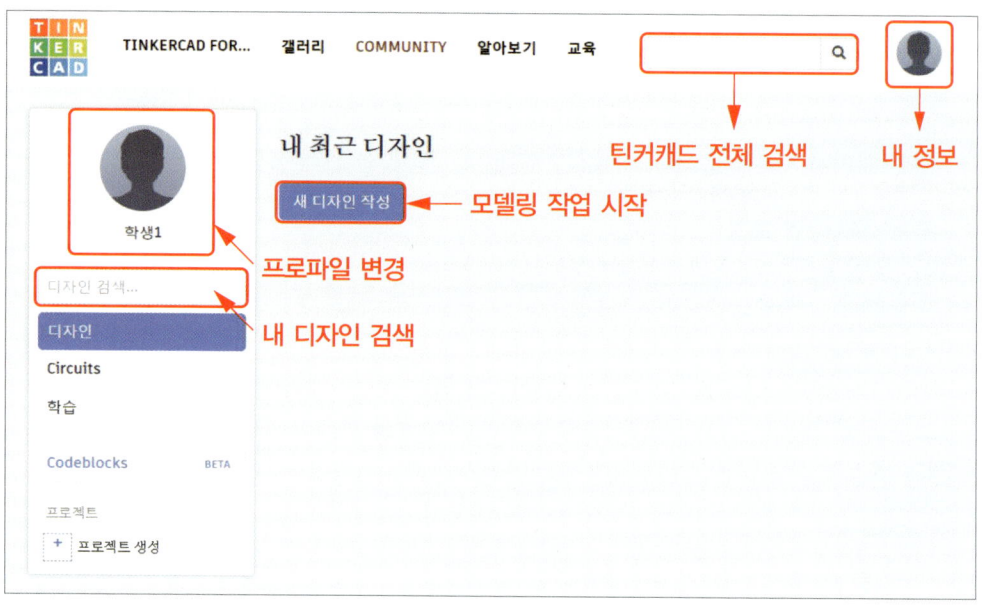

틴커캐드 작업화면 구성!

 ## 틴커캐드 화면 조작!

❶ **작업 평면 이동** : 작업 평면 위에서 마우스 휠 버튼을 누른 채 드래그하면 작업 평면이 화면의 원하는 곳으로 이동합니다.
   [Shift] 를 누른 채 드래그하여도 화면이 똑같이 이동합니다.

❷ **작업 평면 회전** : 작업 평면 위에서 마우스 오른쪽 버튼을 누른 채 드래그하면 작업 평면이 360도 원하는대로 회전합니다.

❸ **작업 평면 맞춤** : [F] 키를 누르면 선택도형 맞춤 또는 모든 도형맞춤으로 뷰전환을 합니다.

❹ **작업 평면 확대/축소** : 작업 평면 위에서 마우스 휠 버튼을 돌리면 작업 평면이 확대 또는 축소됩니다.

모델링 파일 내보내기!

3D 프린팅을 하기 위해서는 모델링 파일을 내보내기 해야 합니다.
틴커캐드 작업 화면의 오른쪽 상단 내보내기 버튼을 클릭합니다.

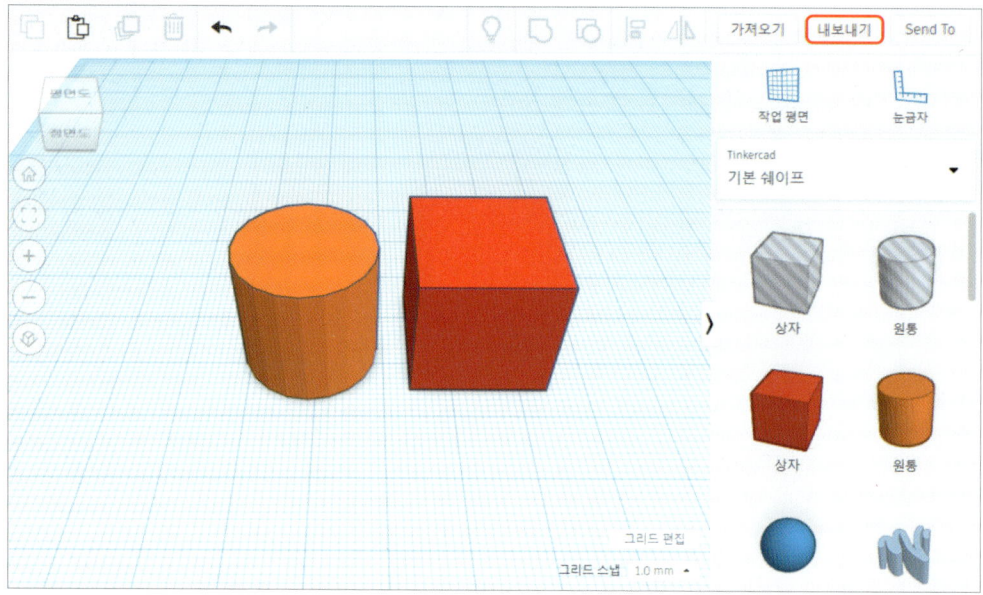

디자인에 있는 모든 것을 선택하고 ".STL" 버튼을 누릅니다.

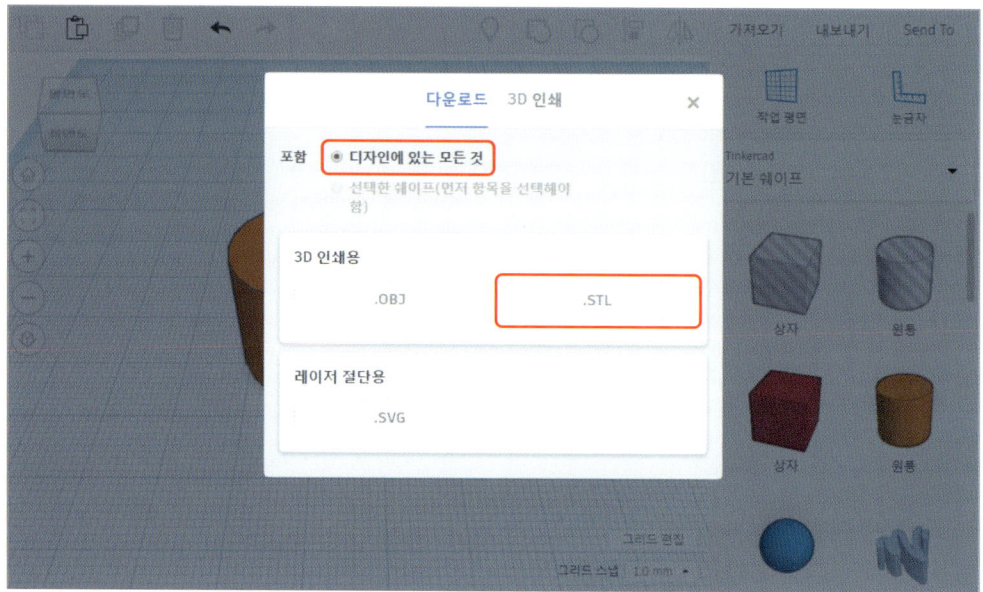

내보내기 한 파일은 "내컴퓨터"의 "**다운로드**" 폴더 안에서 확인합니다.
(슬라이싱 프로그램을 열고 저장된 stl 파일을 불러오기 할 수 있습니다.)

만약, ".OBJ" 버튼을 누르면 색상정보가 포함된 모델링 도형이 압축된 파일형태로 저장이 됩니다. 압축파일을 풀면 "obj.mtl" 파일과 "tinker.obj" 파일이 함께 저장되어 있습니다.

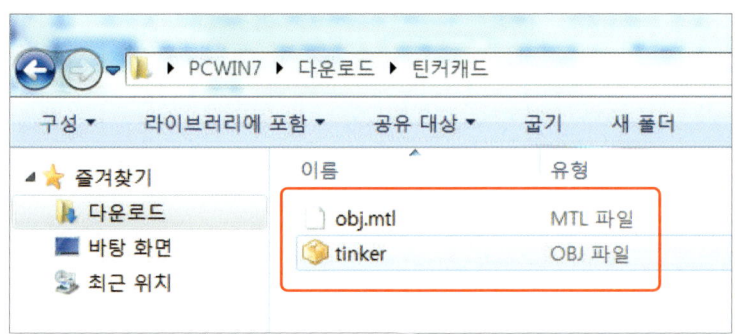

".SVG" 버튼을 누르면 그림처럼 가장 아래면의 선만 내보내기 됩니다.

SECTION 01 미니 서랍장

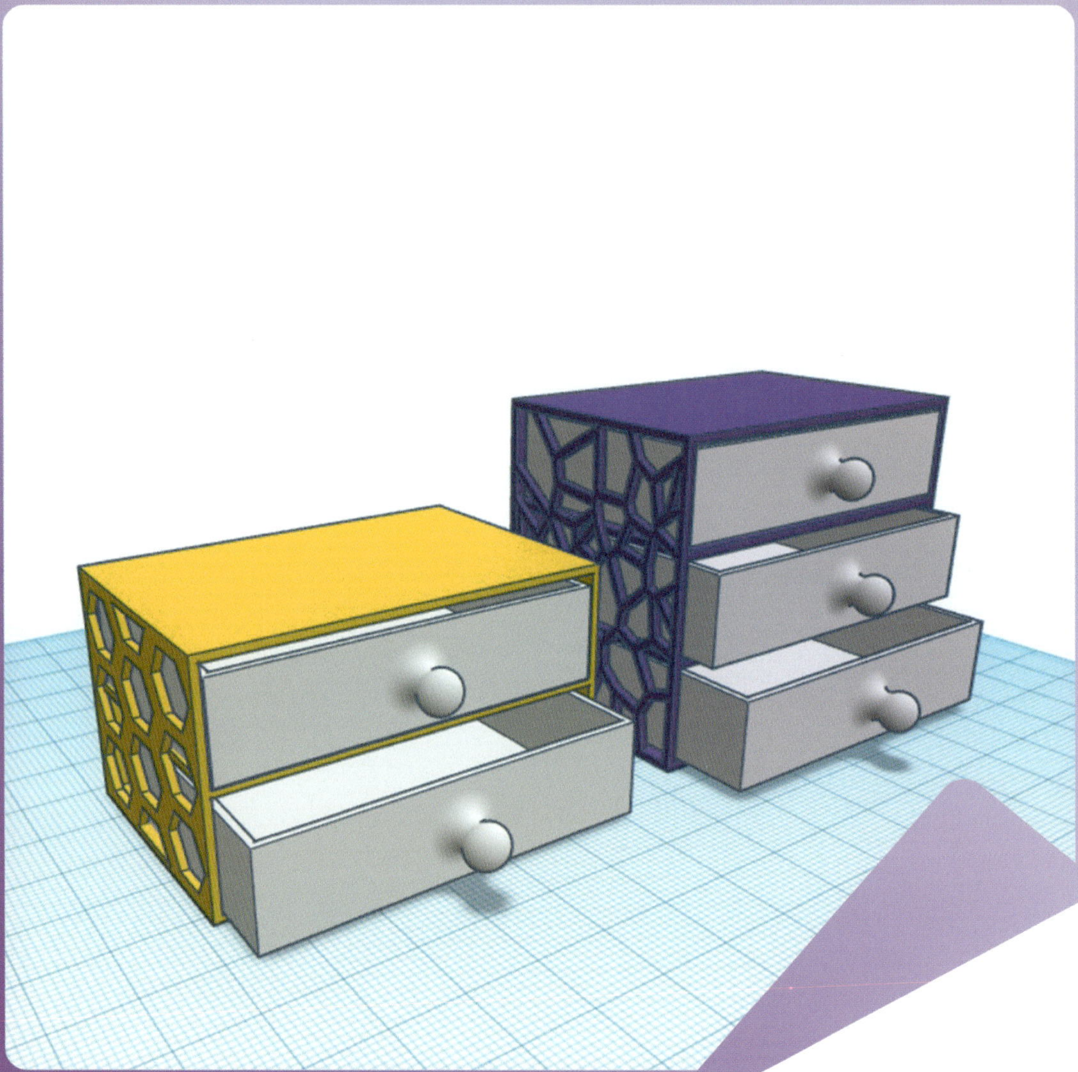

● 미니 서랍장 만들기

다양한 패턴 무늬를 활용하여 서랍장을 모델링해 봅시다.

TINKERCAD DESIGN For 3D PRINTING

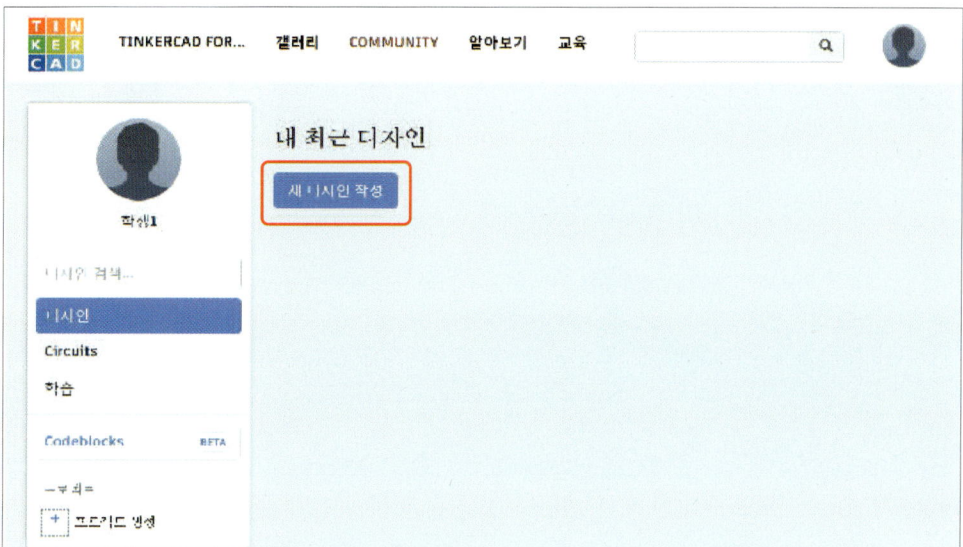

구글크롬 에서 틴커캐드 웹사이트(www.tinkercad.com)에 접속합니다.
로그인 후 대시보드의 새 디자인 작성 을 클릭합니다.

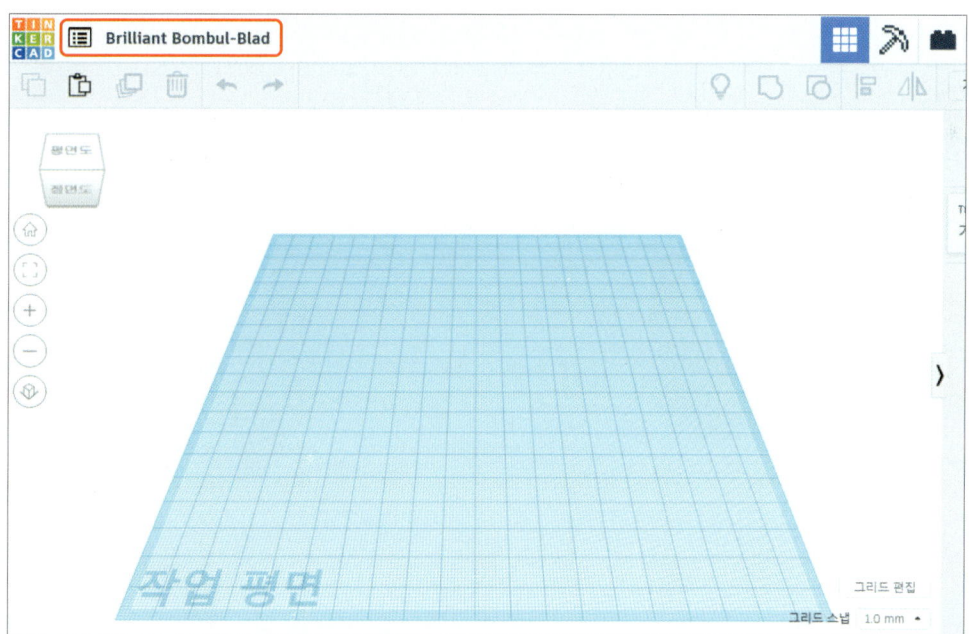

틴커캐드는 저장 버튼이 따로 없으며 웹에서 작업하고 모델링 작업파일 역시 인터넷 저장 공간에 자동으로 저장됩니다. 임의로 주어진 영어이름을 클릭하면 파일명을 수정할 수 있습니다.

TINKERCAD DESIGN For 3D PRINTING   SECTION 01

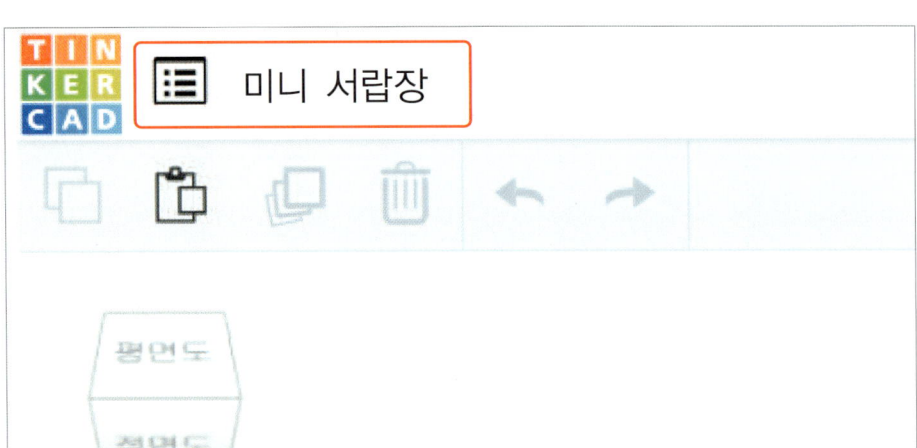

파일명을 "**미니 서랍장**"으로 수정하고 엔터키 또는 화면의 빈 공간 아무 곳이나 클릭합니다.

 서랍장 케이스 만들기

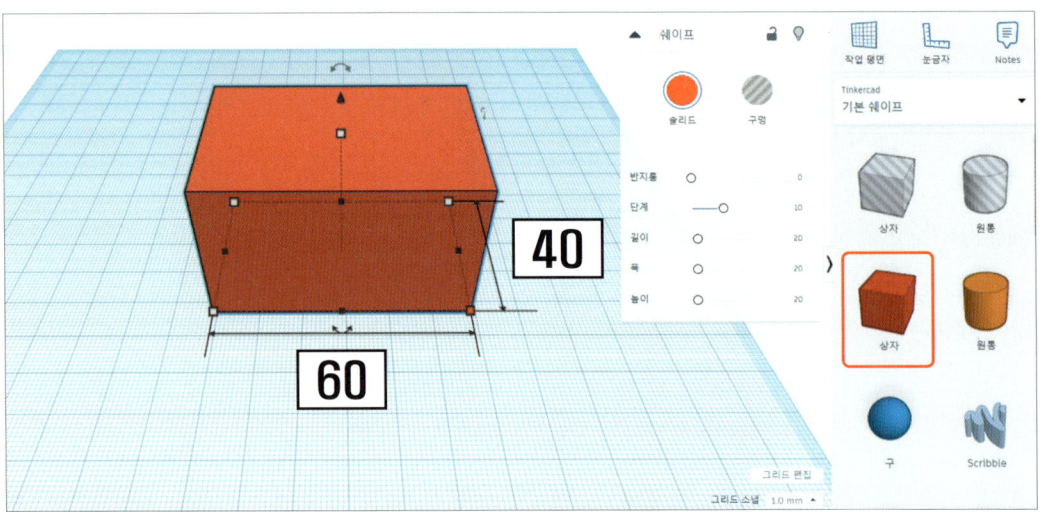

기본 쉐이프에서 상자를 선택하여 작업 평면에 놓은 후 치수를 조절합니다.
예 가로 60, 세로 40, 높이 35

TINKERCAD DESIGN For 3D PRINTING _____ SECTION 01

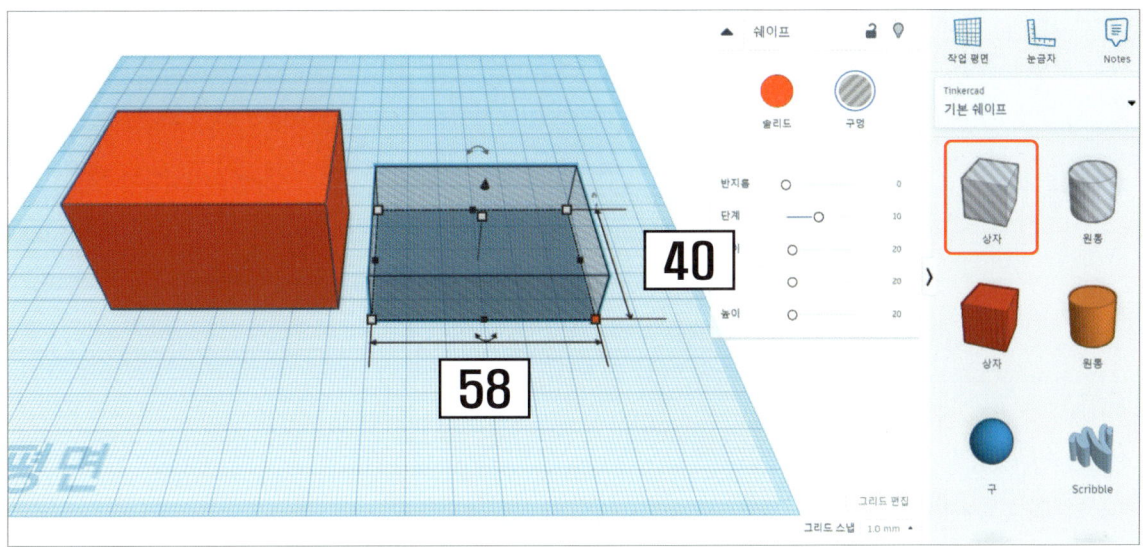

기본 쉐이프에서 구멍 상자를 선택하여 작업 평면에 놓은 후 치수를 조절합니다.
예 가로 58, 세로 40, 높이 16

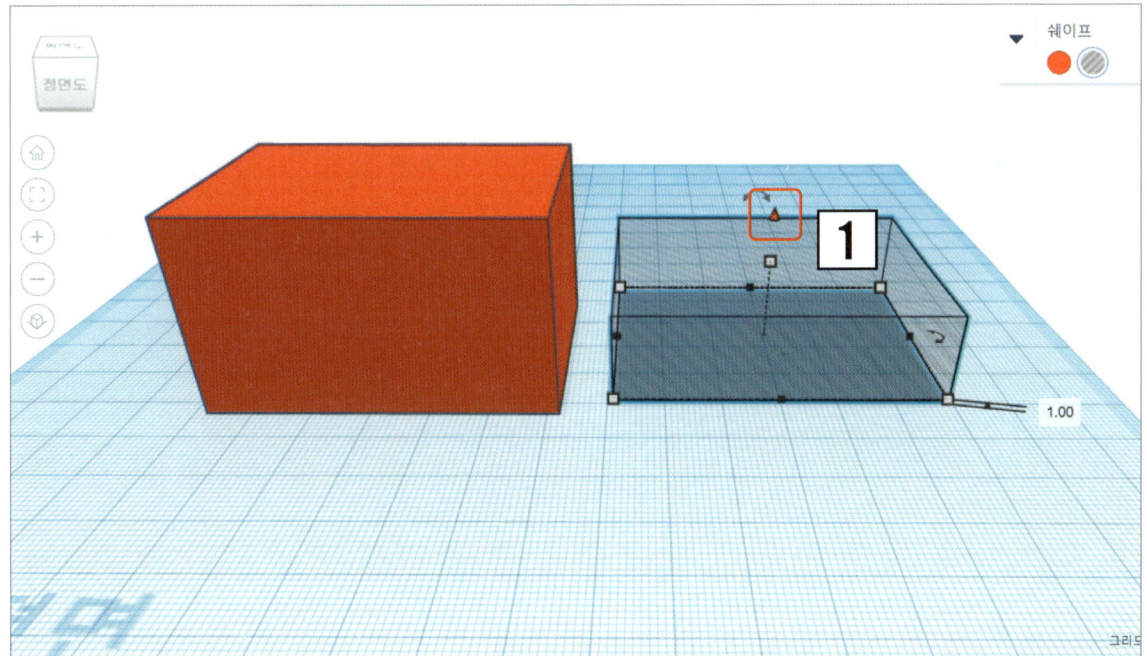

구멍 상자를 위로 "1"만큼 올려줍니다.

TINKERCAD DESIGN For 3D PRINTINGSECTION 01

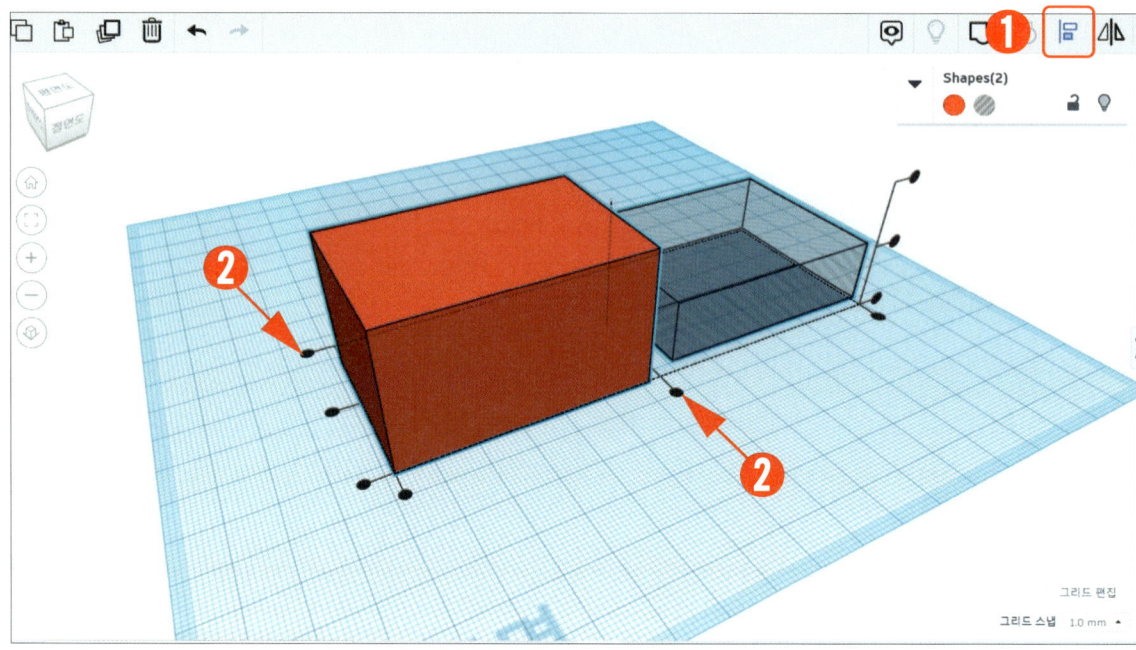

두 도형을 선택한 후 ❶ 정렬 버튼을 클릭한 후 ❷를 클릭하여 정렬합니다.

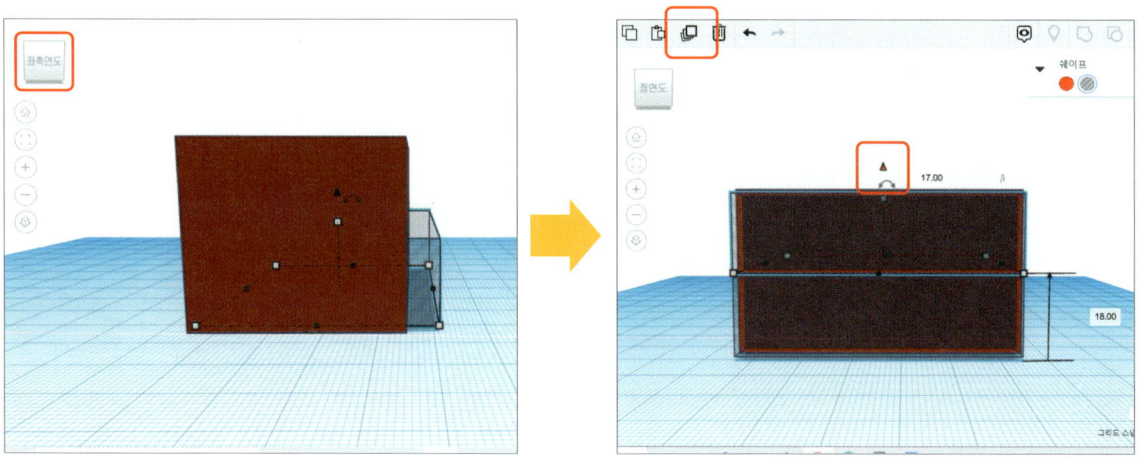

뷰박스를 좌측면도로 선택합니다.
구멍 상자를 선택한 후 키보드 방향키 →를 1번 눌러줍니다.

구멍 상자를 복제한 후 위로 "17"만큼 올려줍니다.

TINKERCAD DESIGN For 3D PRINTING　　　　　　　　　　　　　　SECTION 01

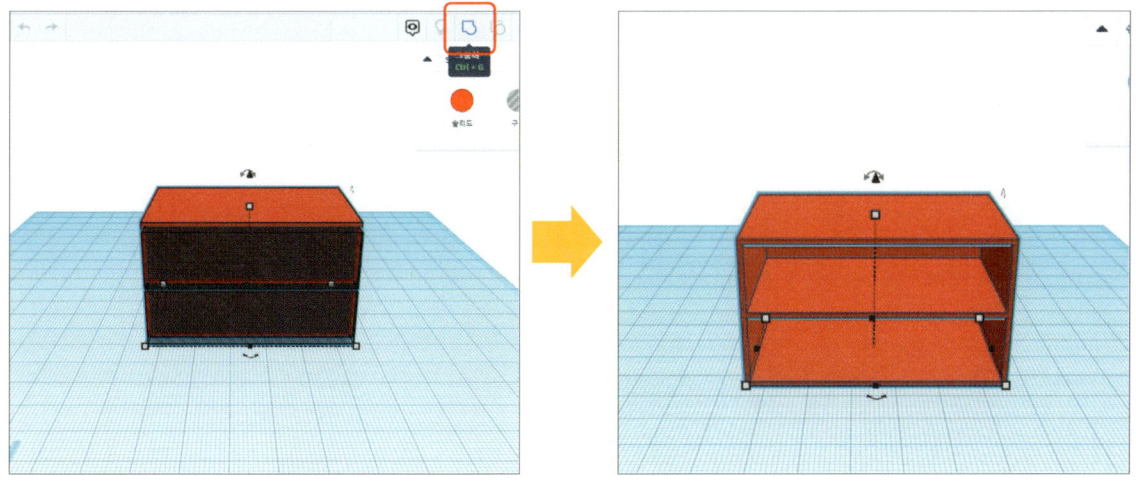

도형을 모두 선택한 후 그룹화합니다.

서랍장 케이스 꾸미기

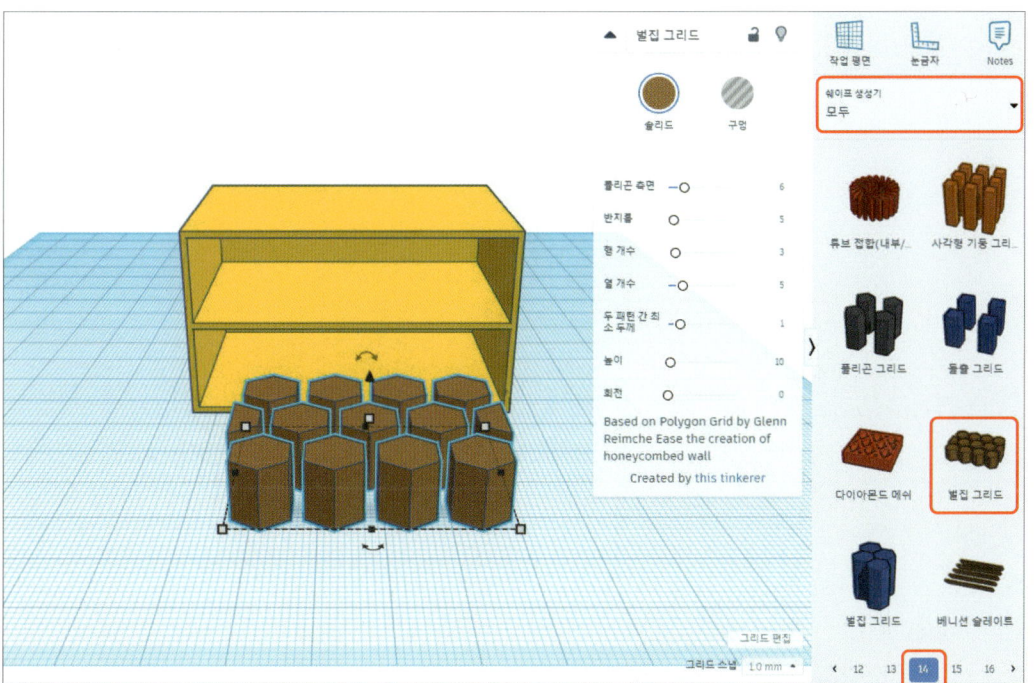

쉐이프 생성기 모두에서 벌집 그리드(페이지 14)를 선택하여 작업 평면을 가져옵니다.

TINKERCAD DESIGN For 3D PRINTING

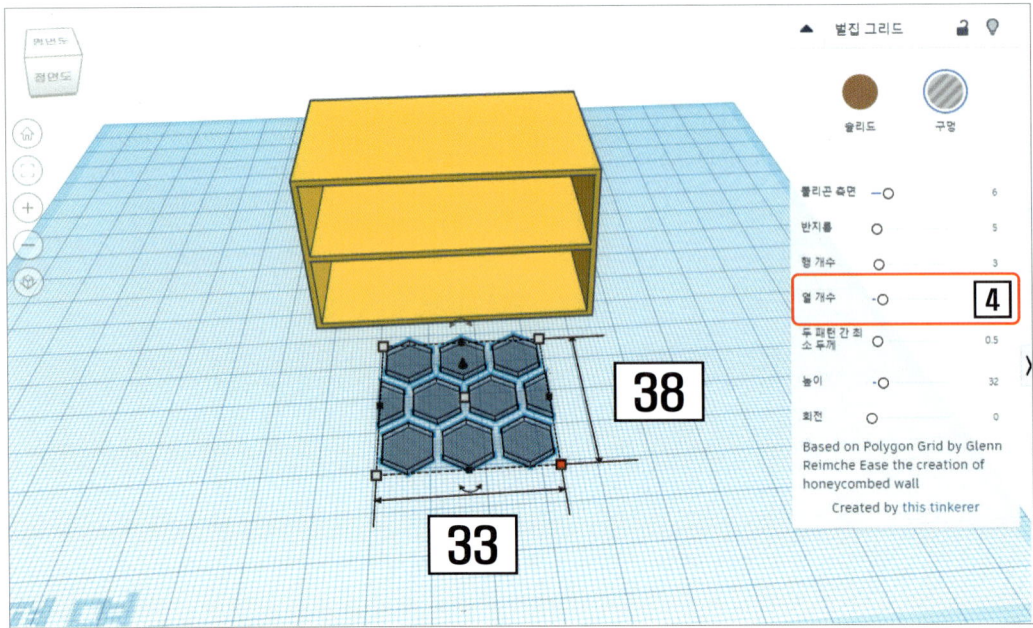

벌집 그리드를 구멍 도형으로 바꾼 후 치수를 조절합니다.
예 가로 33, 세로 38, 높이 1, 열 개수 4

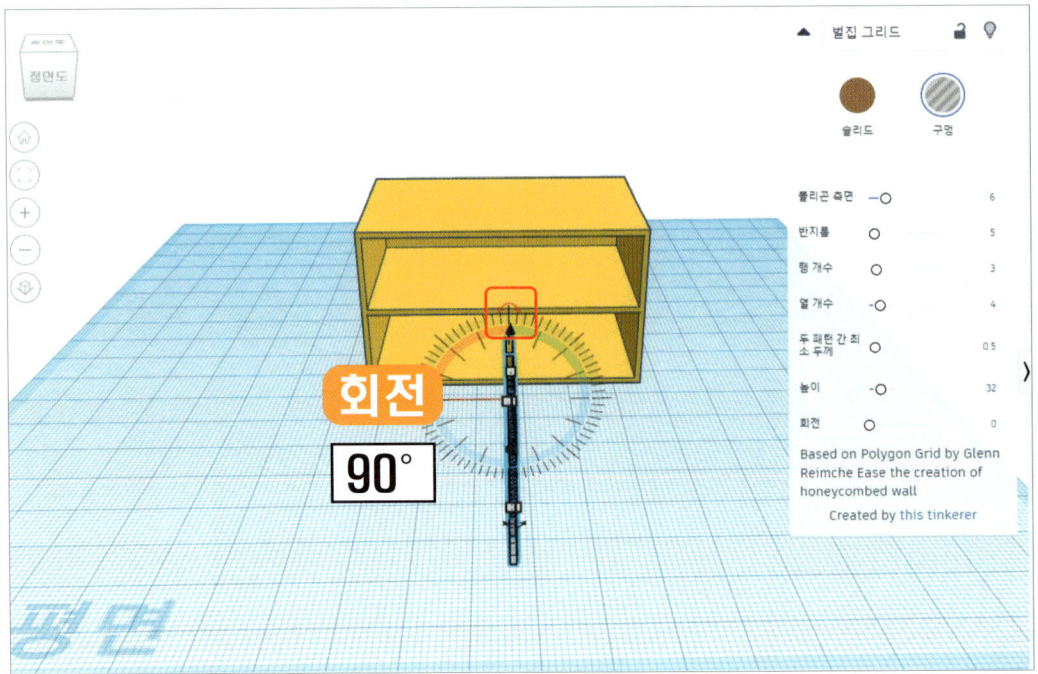

벌집 그리드 도형을 90° 회전한 후 "키보드 D " 키를 눌러 바닥면에 붙여줍니다.

TINKERCAD DESIGN For 3D PRINTING

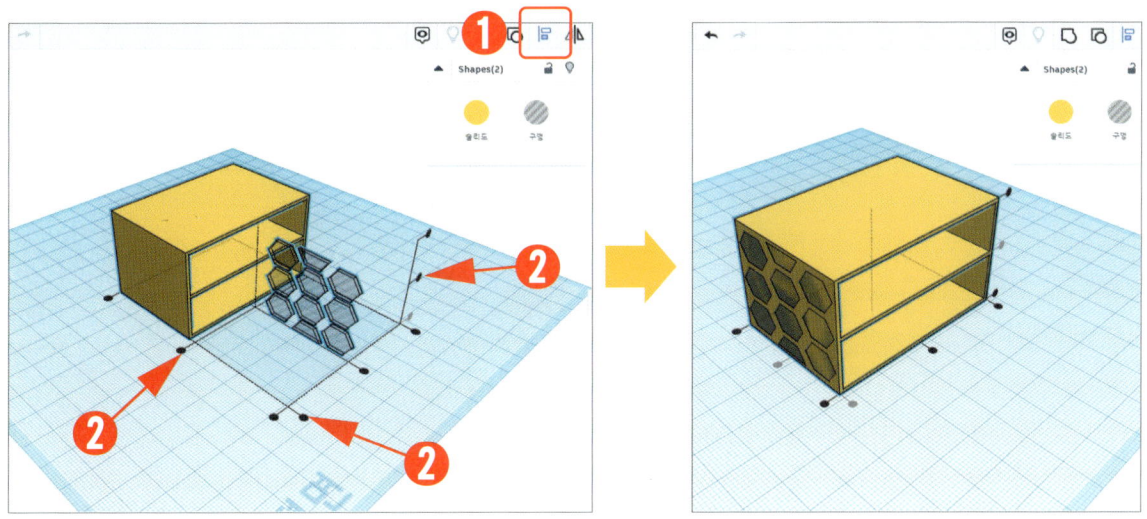

두 도형을 선택한 후 ❶ 정렬 버튼을 클릭한 후 ❷를 클릭하여 정렬합니다.

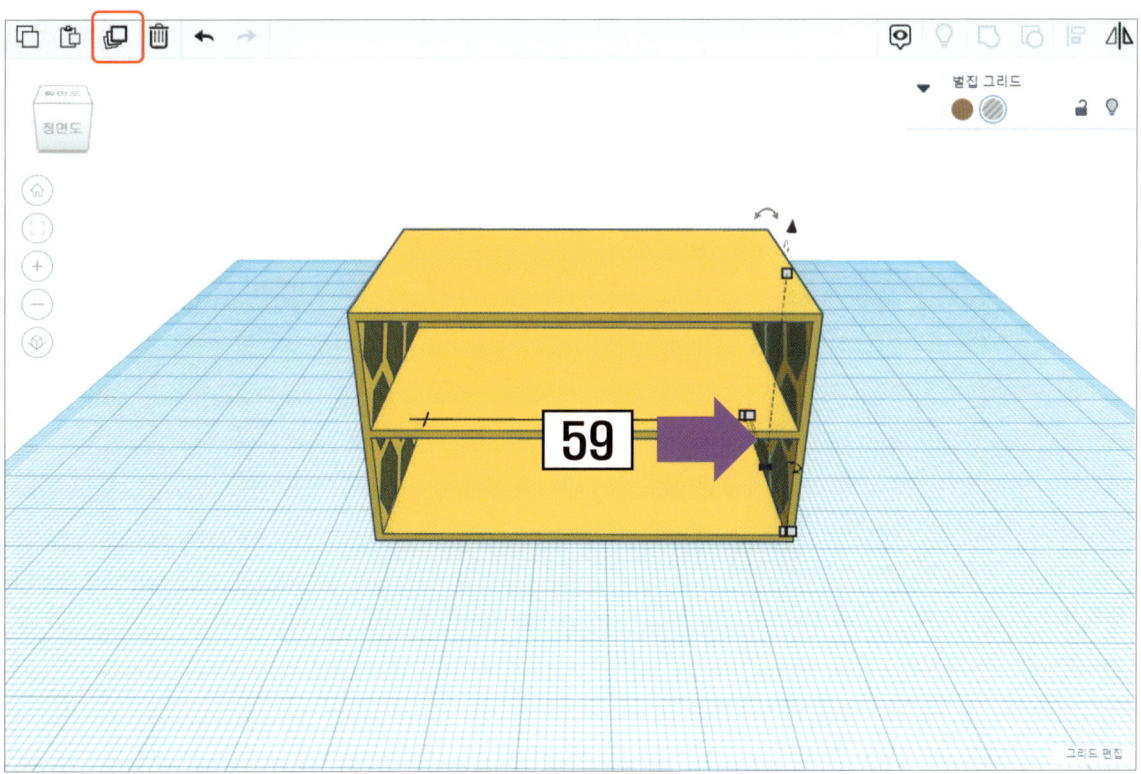

벌집그리드 도형을 복제한 뒤 Shift 키를 누른 채로 옆으로 "59"만큼 이동합니다.
(Shift 키를 누른 채로 이동하면 일정한 방향으로 이동됩니다.)

TINKERCAD DESIGN For 3D PRINTING

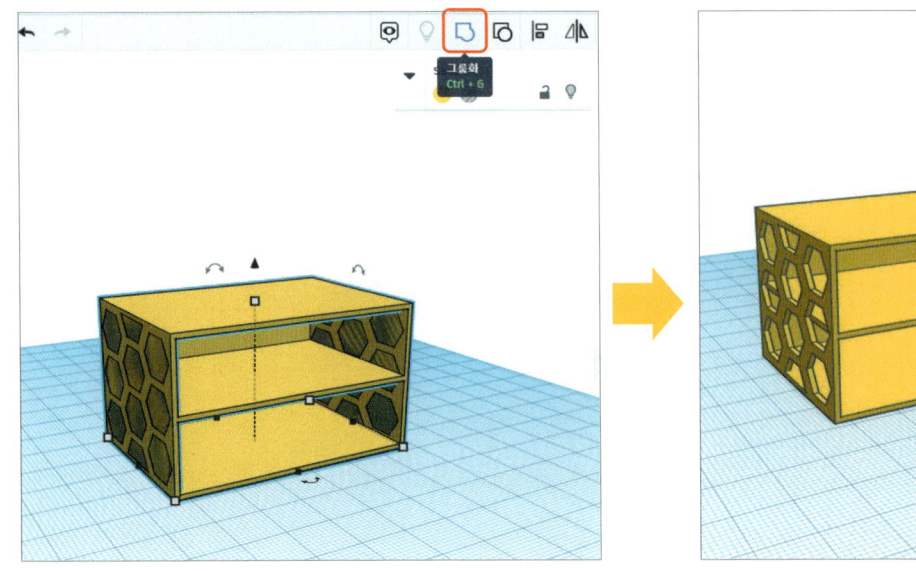
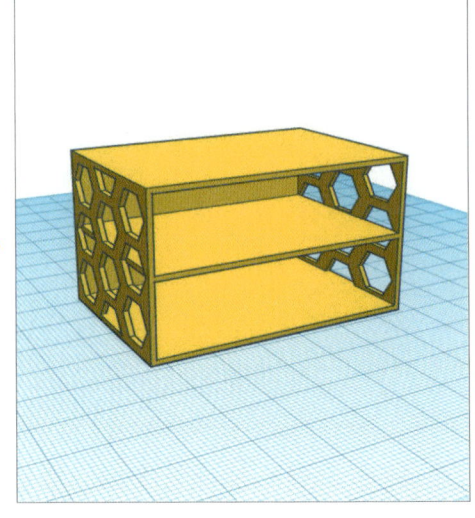

도형을 모두 선택한 후 그룹화합니다.

서랍장 케이스 완성!

 서랍장 만들기

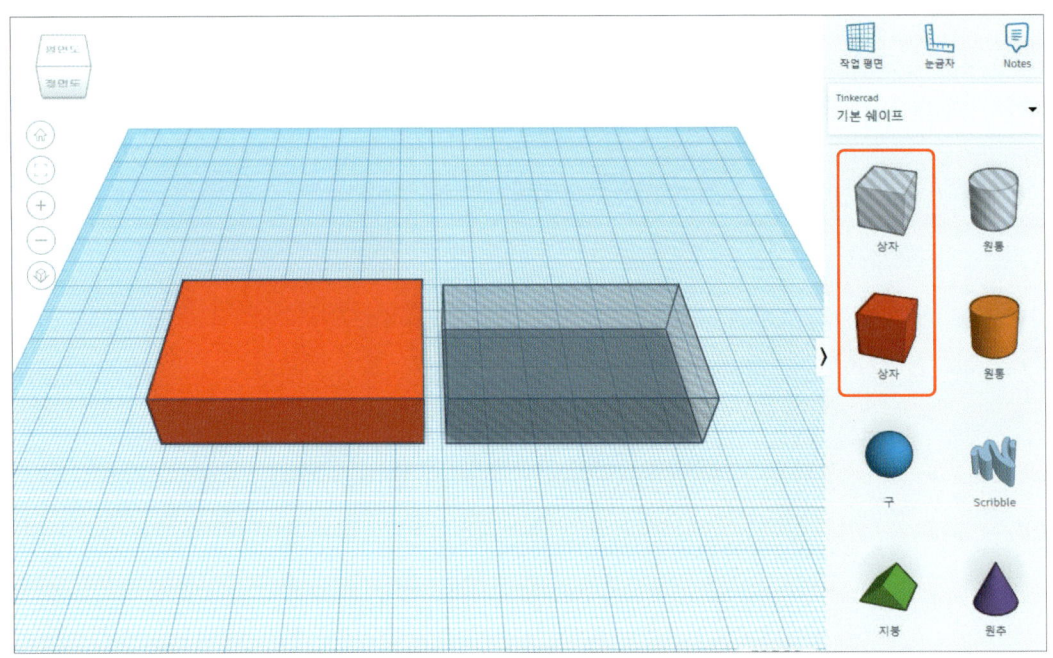

기본 쉐이프에서 상자와 구멍 상자를 선택하여 작업 평면에 놓은 후 치수를 조절합니다.
예) 상자 : 가로 57, 세로 38, 높이 14 / 구멍 상자 : 가로 55, 세로 26, 높이 14

TINKERCAD DESIGN For 3D PRINTING — SECTION 01

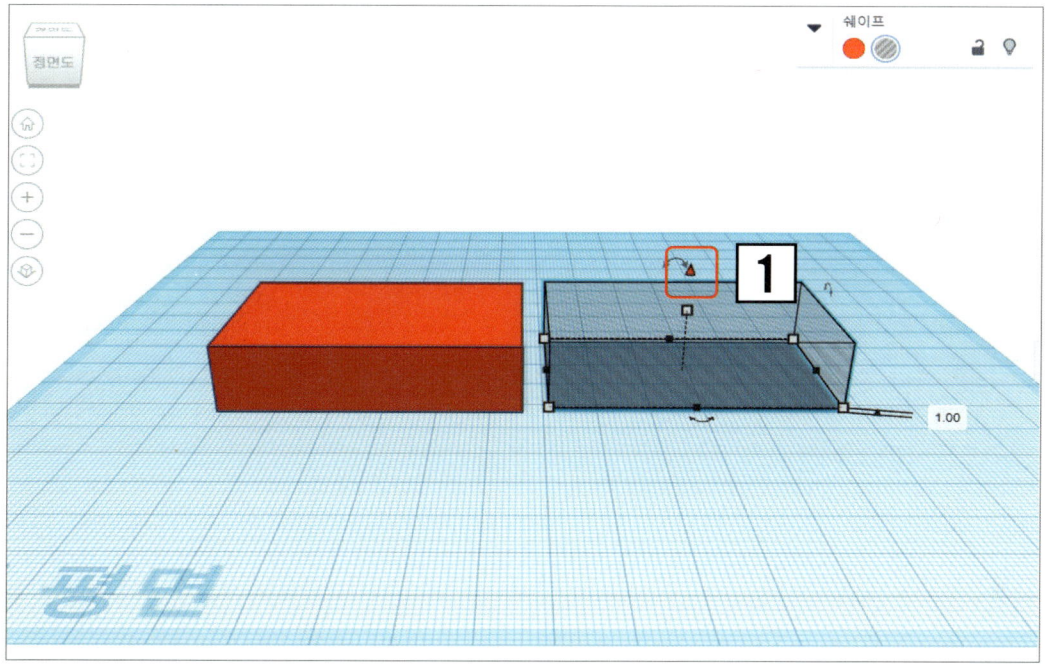

구멍 상자를 위로 "1"만큼 올려줍니다.

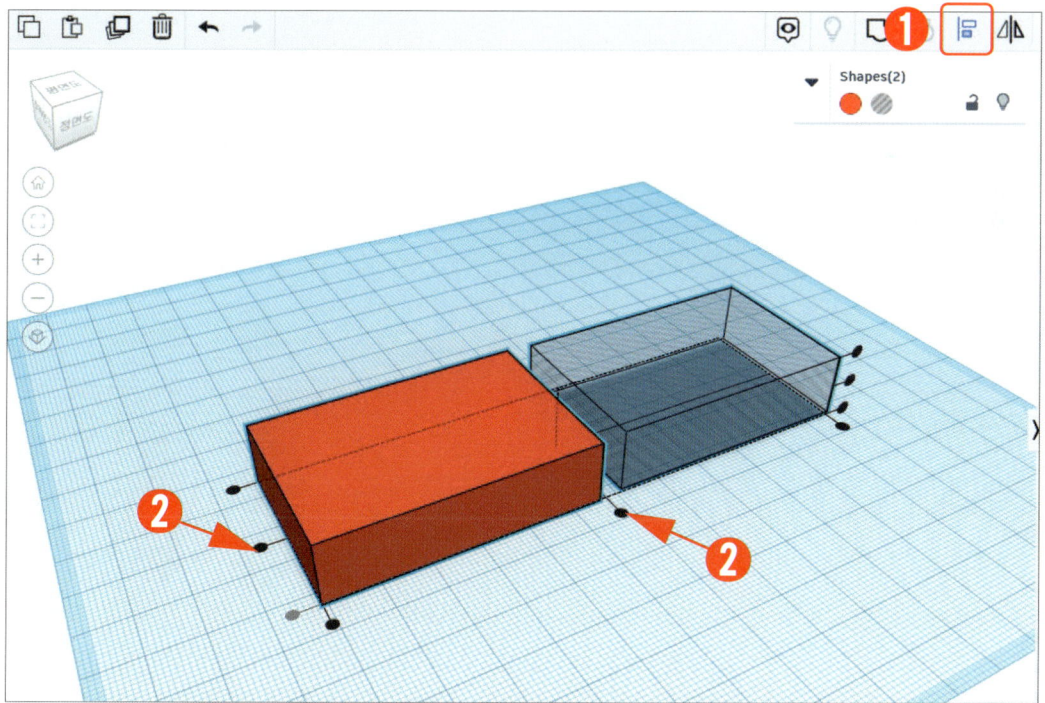

두 도형을 선택한 후 ❶ 정렬 버튼을 클릭한 후 ❷를 클릭하여 정렬합니다.

TINKERCAD DESIGN For 3D PRINTING   SECTION 01

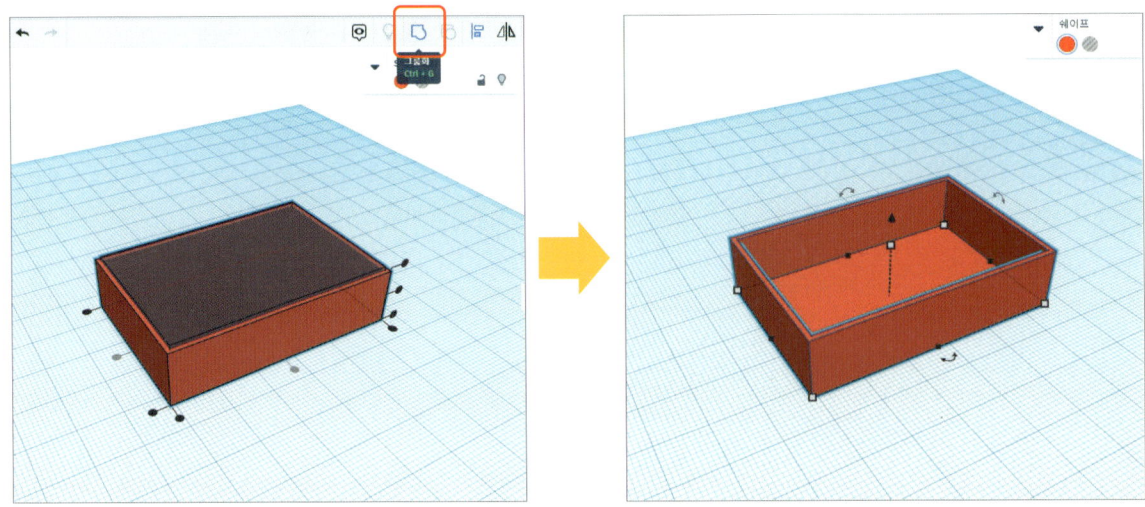

정렬된 도형을 그룹화합니다.

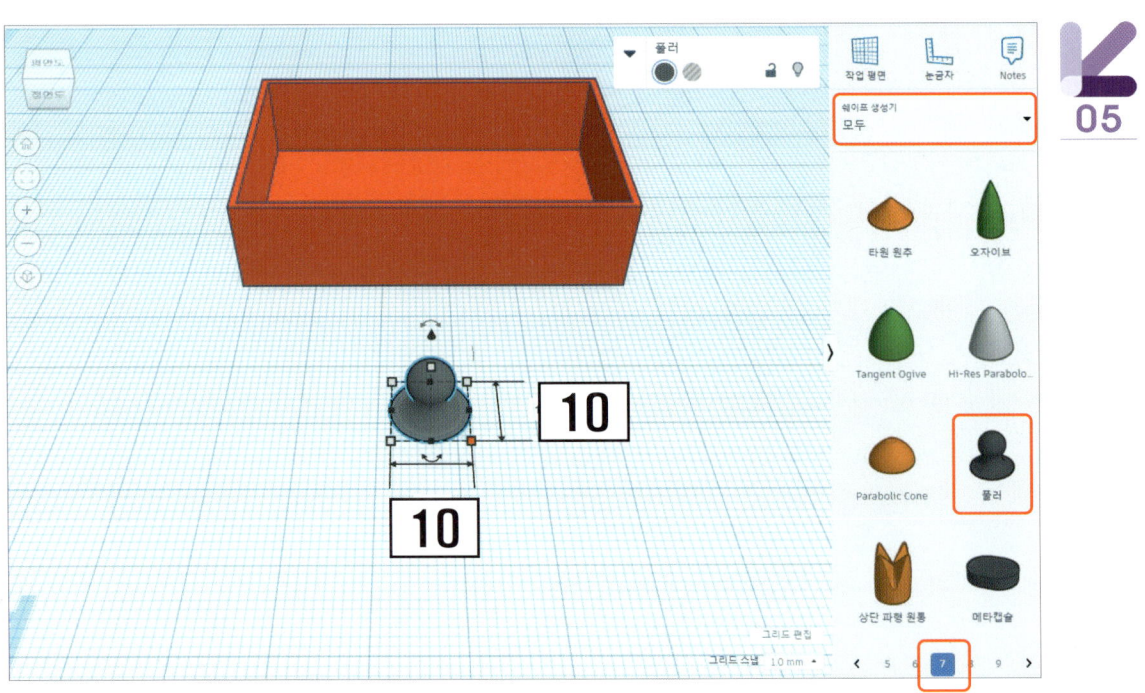

05

쉐이프 생성기 모두에서 풀러(페이지 7)를 선택하여 작업 평면을 가져온 후 치수를 조절합니다.
예 가로 10, 세로 10, 높이 8

TINKERCAD DESIGN For 3D PRINTING SECTION 01

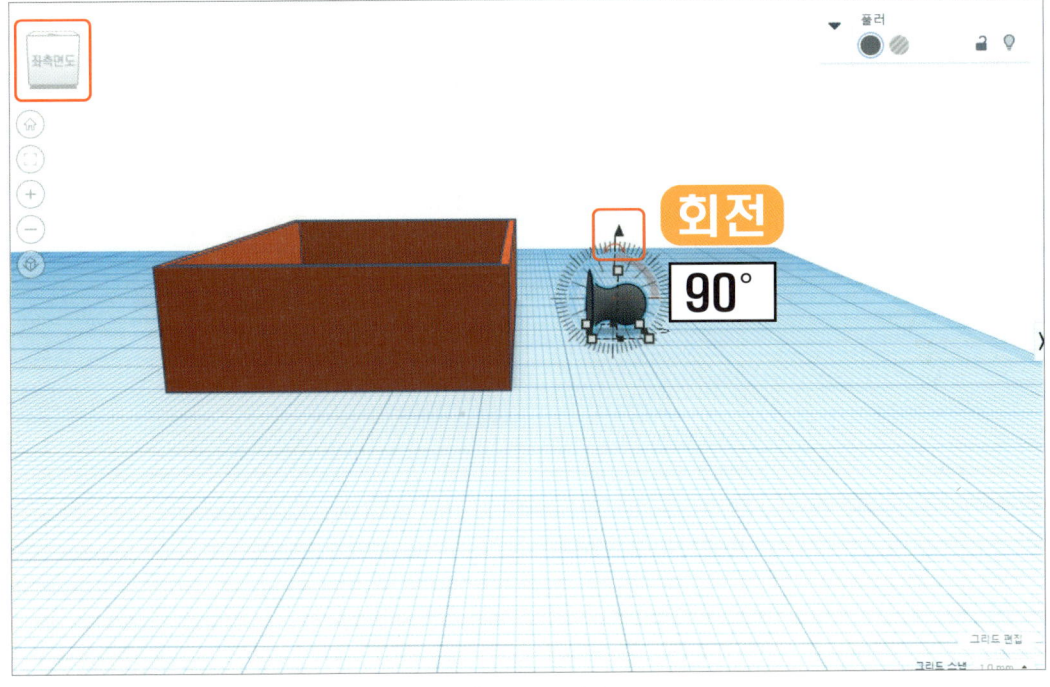

뷰박스를 좌측면도로 선택합니다. 풀러를 90° 회전합니다.

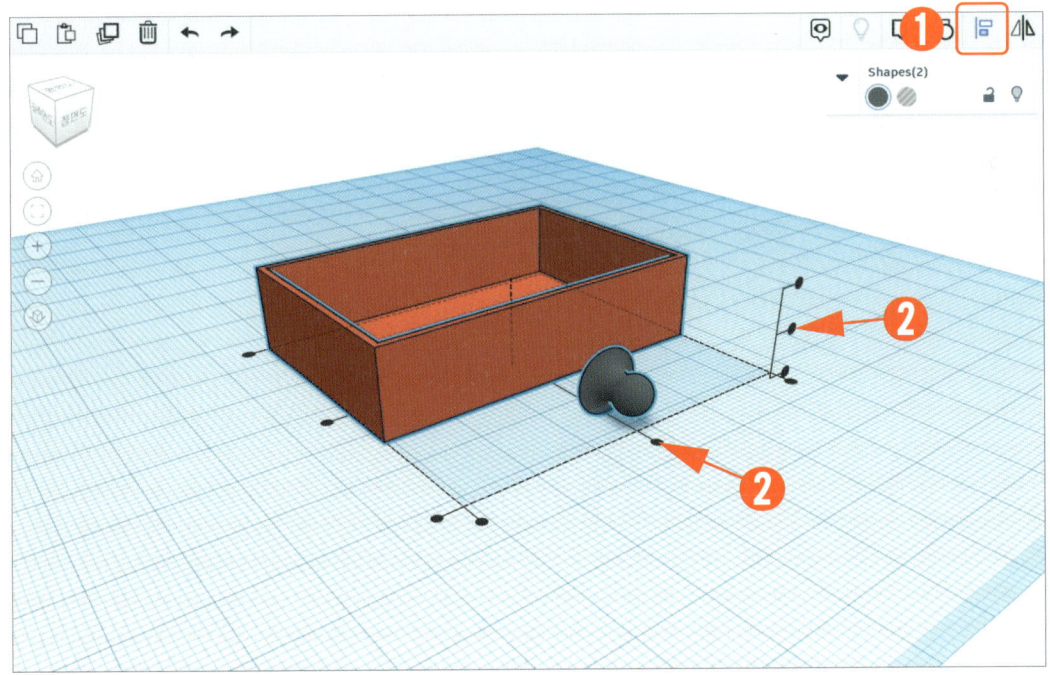

두 도형을 선택한 후 ❶ 정렬 버튼을 클릭한 후 ❷를 클릭하여 정렬합니다.

SECTION 01_ 미니 서랍장

TINKERCAD DESIGN For 3D PRINTING SECTION 01

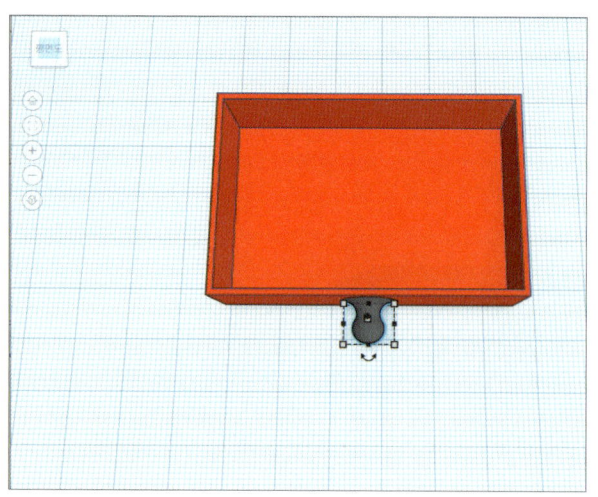 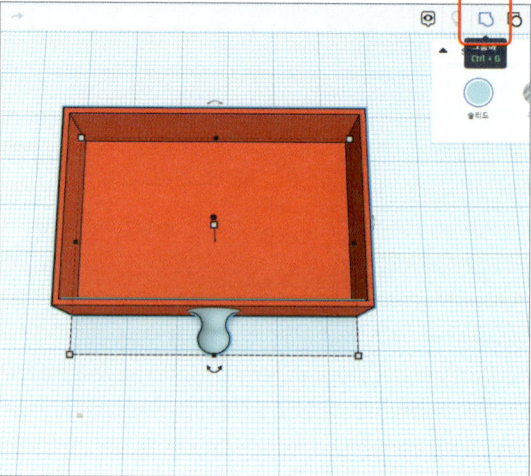

키보드 방향키로 그림과 같이 풀러 도형을 상자에 겹치 도록 배치합니다.

도형을 모두 선택한 후 그룹화합니다.

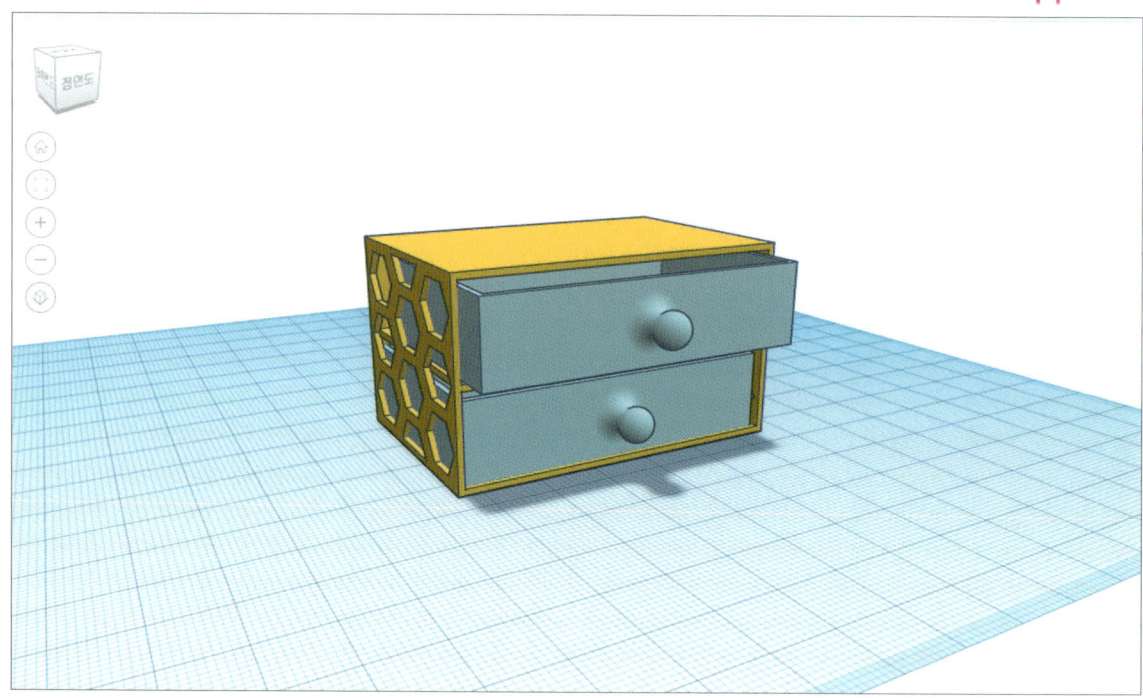

서랍을 하나 더 복제하여 미니 서랍장을 완성합니다.

TINKERCAD DESIGN For 3D PRINTING　　　　　　　　　　　　　　　　　SECTION 01

도│전│과│제

• 다양한 패턴 무늬를 활용하여 미니 서랍장을 꾸며봅시다.

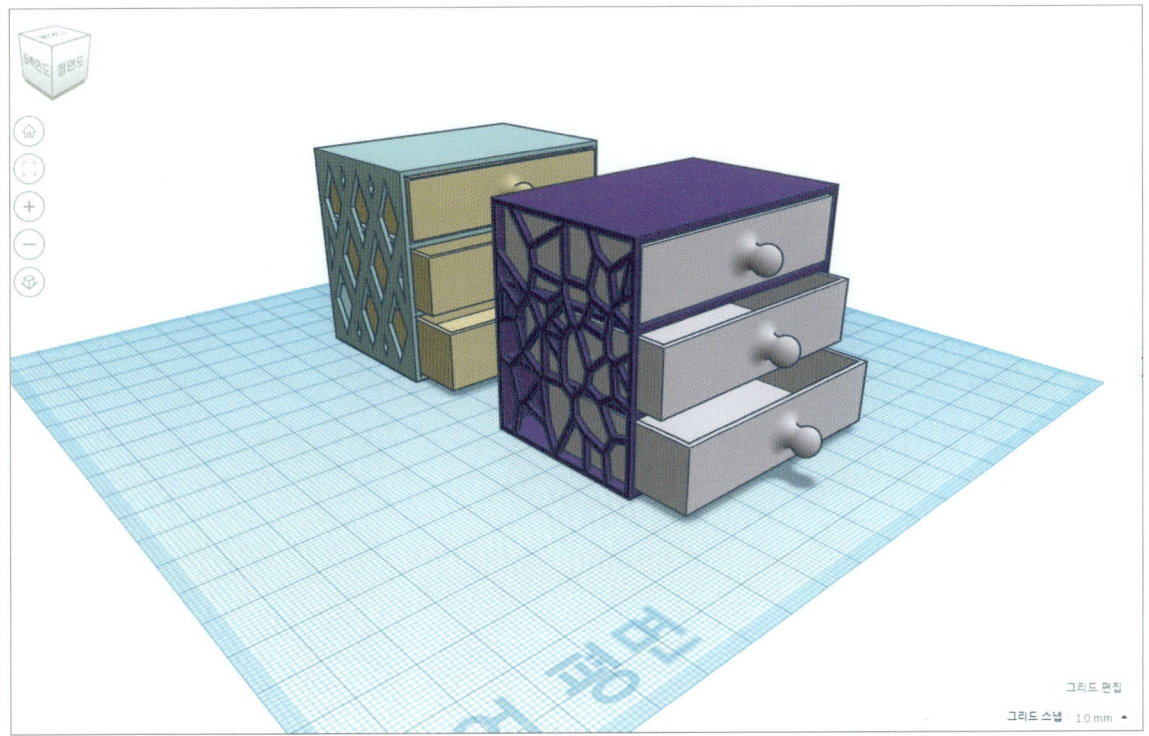

SECTION 02
움직이는 산타토이

TINKERCAD DESIGN For 3D PRINTING

● **움직이는 산타토이 만들기**

경첩의 기능을 이해하고 경첩을 활용하여 움직이는 산타토이를 만들어 봅시다.
나만의 산타토이를 모델링해 봅시다.

TINKERCAD DESIGN For 3D PRINTING

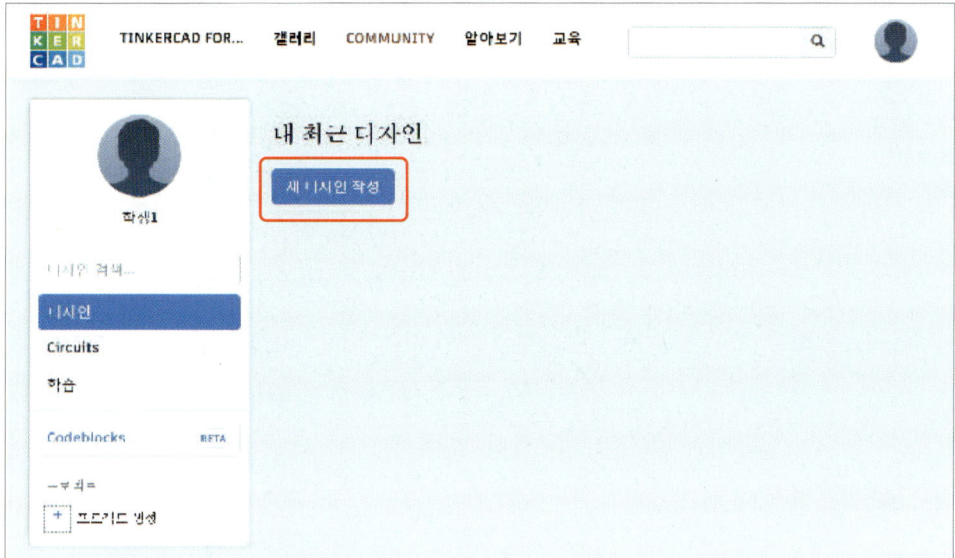

구글크롬 에서 틴커캐드 웹사이트(www.tinkercad.com)에 접속합니다.
로그인 후 대시보드의 새 디자인 작성 을 클릭합니다.

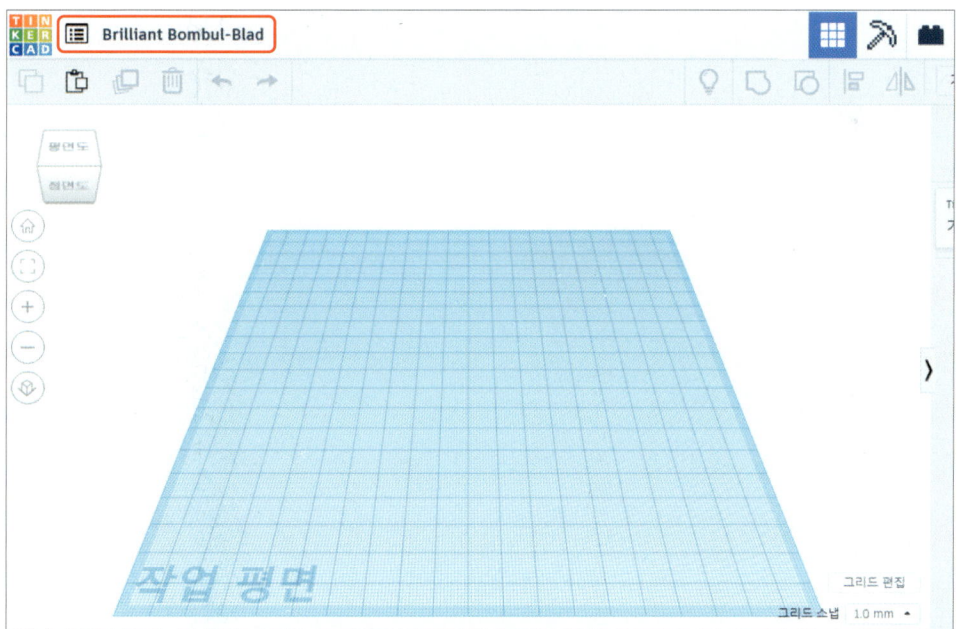

틴커캐드는 저장 버튼이 따로 없으며 웹에서 작업하고 모델링 작업파일 역시 인터넷 저장 공간에 자동으로 저장됩니다. 임의로 주어진 영어이름을 클릭하면 파일명을 수정할 수 있습니다.

TINKERCAD DESIGN For 3D PRINTING   SECTION 02

파일명을 "**움직이는 산타토이**"로 수정하고 엔터키 또는 화면의 빈 공간 아무 곳이나 클릭합니다.

 산타 얼굴 만들기

02

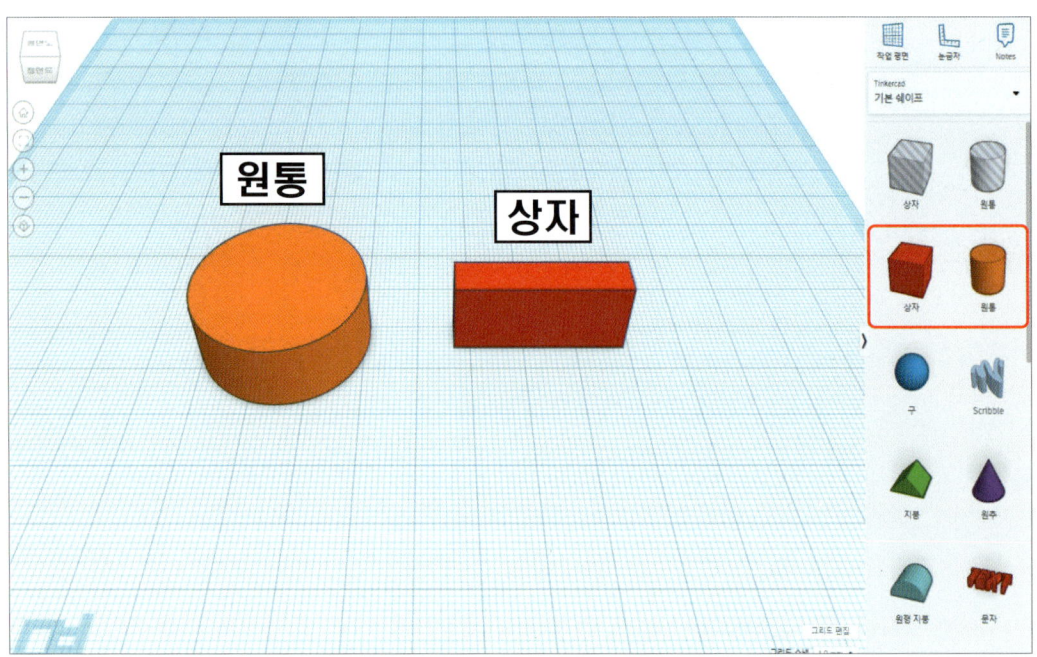

기본 쉐이프에서 원통과 상자를 선택하여 작업 평면에 놓은 후 치수를 조절합니다.
예 원통 : 가로 32, 세로 32, 높이 12, 측면 64
　　상자 : 가로 32, 세로 6, 높이 13

TINKERCAD DESIGN For 3D PRINTING

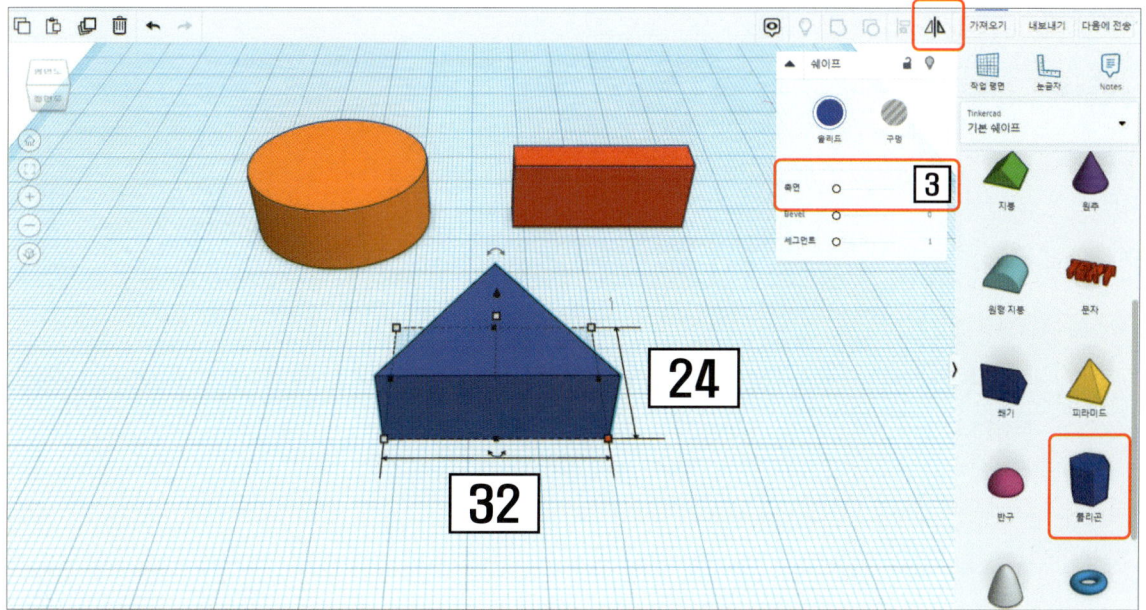

기본 쉐이프에서 폴리곤을 선택하여 작업 평면에 놓은 후 치수를 조절합니다.

예 가로 32, 세로 24, 높이 12, 측면 3

대칭 버튼으로 상하 대칭합니다.

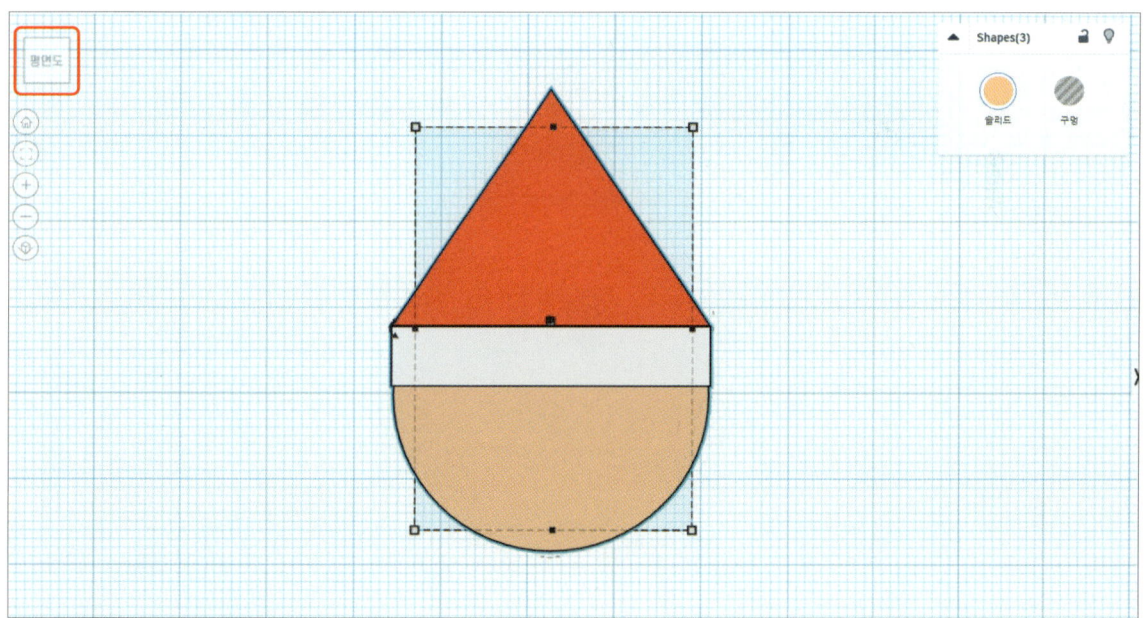

뷰박스를 평면도로 선택합니다.

키보드 방향키 ←↑↓→ 로 그림과 같이 산타 얼굴을 배치합니다.

TINKERCAD DESIGN For 3D PRINTING   SECTION 02

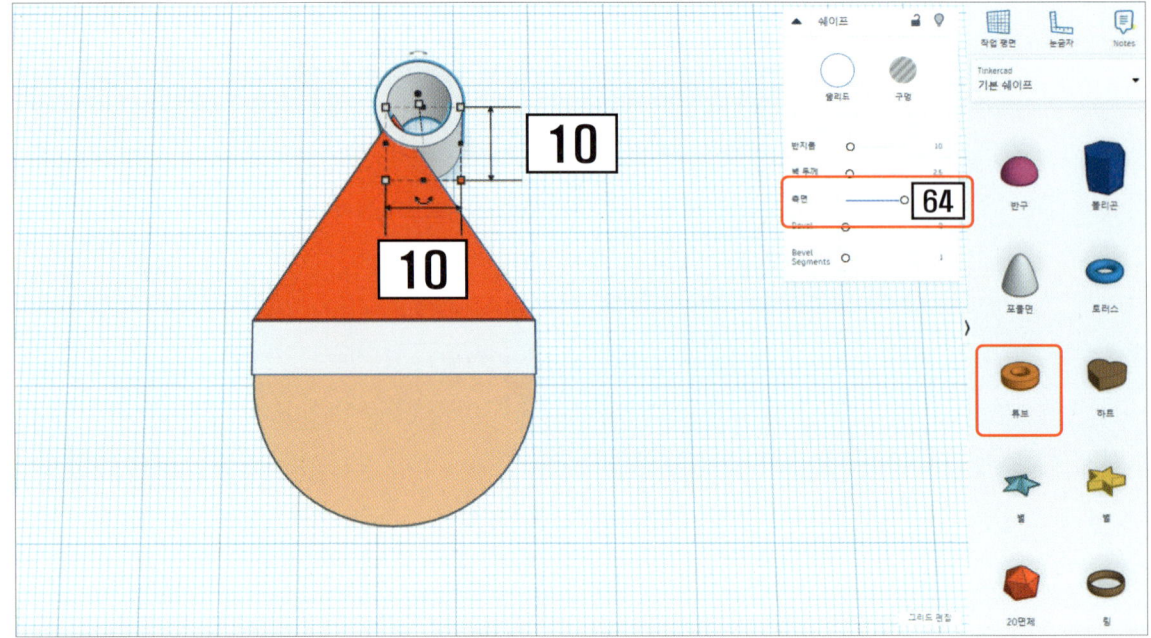

기본 쉐이프에서 튜브를 선택하여 작업 평면에 놓은 후 치수를 조절합니다.
예 가로 10, 세로 10, 높이 14, 측면 64

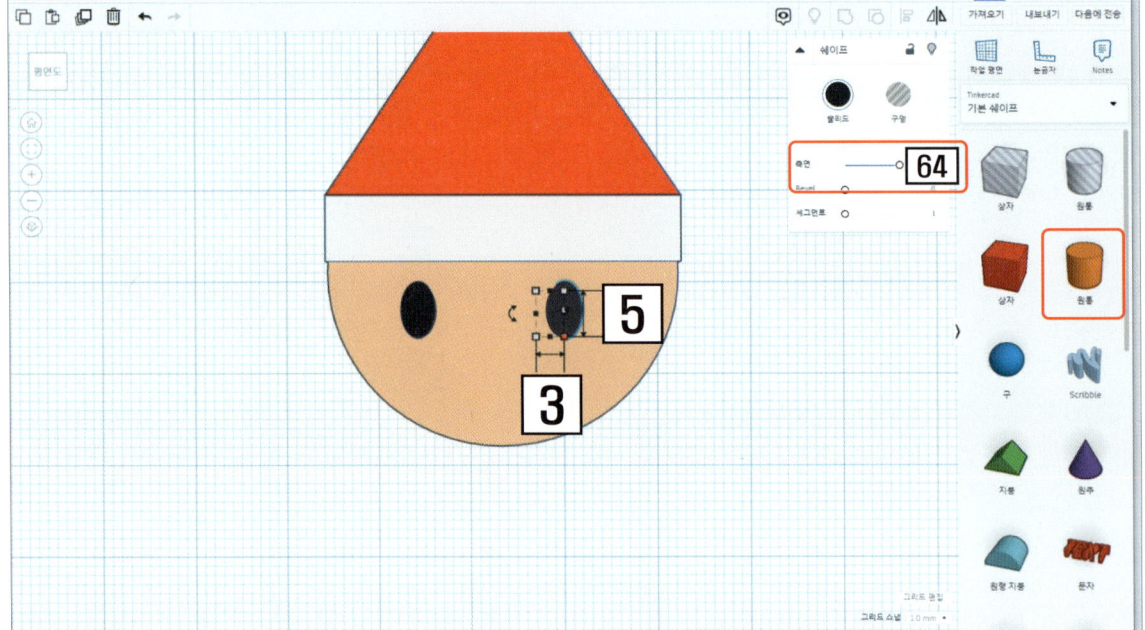

기본 쉐이프에서 원통을 선택하여 작업 평면에 놓은 후 치수를 조절합니다.
예 가로 3, 세로 5, 높이 14, 측면 64

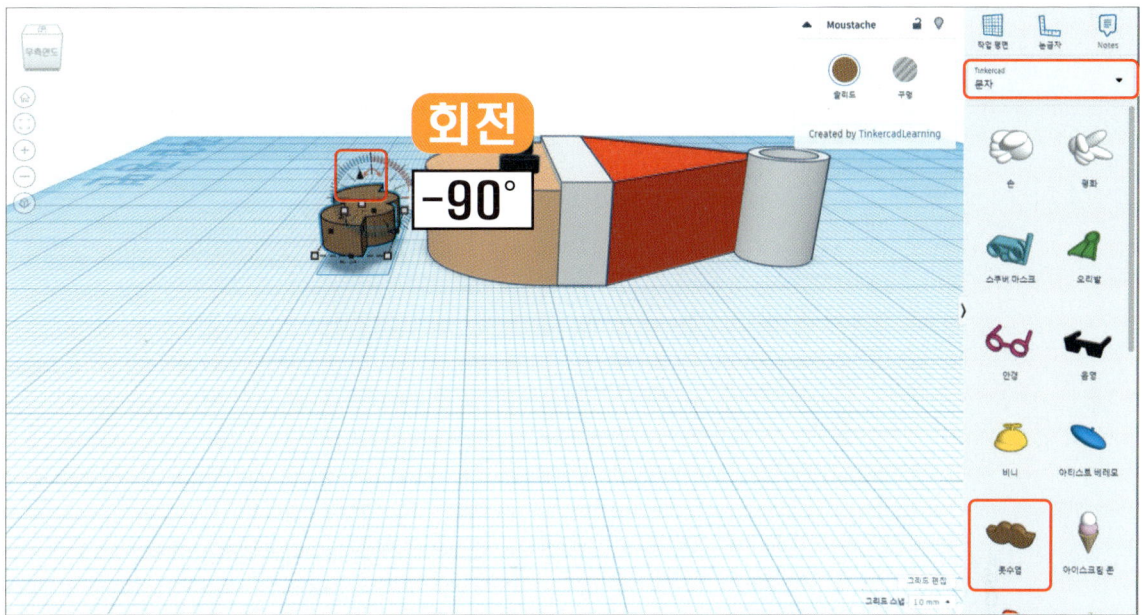

뷰박스를 우측면도로 선택합니다. 문자에서 콧수염을 선택하여 작업 평면에 놓은 후 -90˚ 회전합니다. D 키를 눌러 바닥에 붙여줍니다.

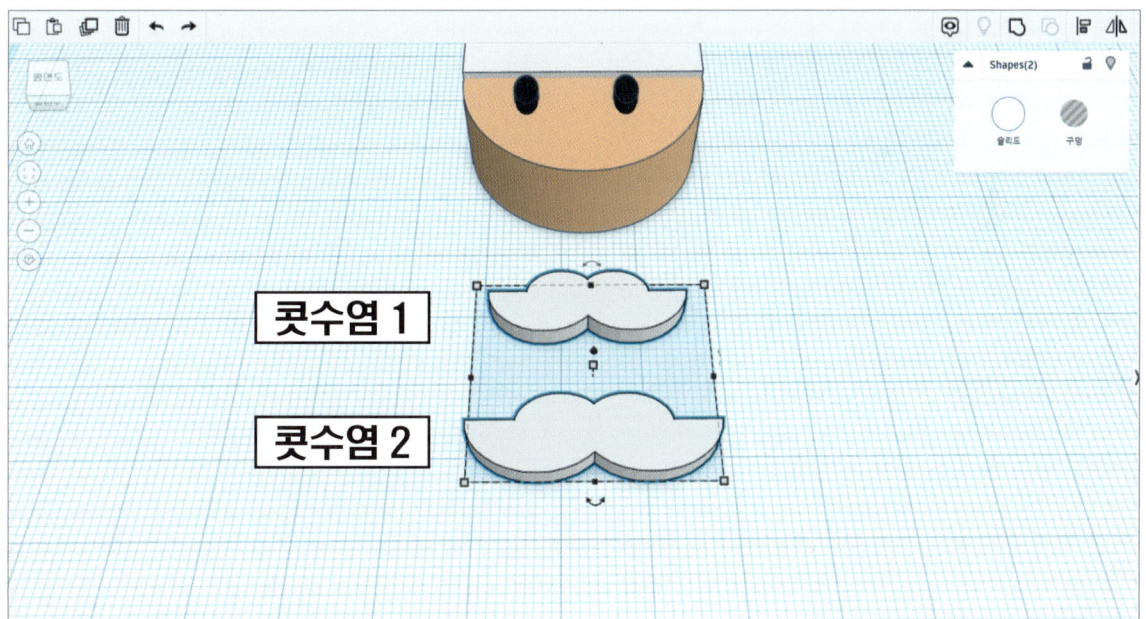

콧수염을 하나 더 복제한 후 각각의 치수를 조절합니다.
예 콧수염 1 : 가로 25, 세로 9, 높이 3
　 콧수염 2 : 가로 30, 세로 10, 높이 3

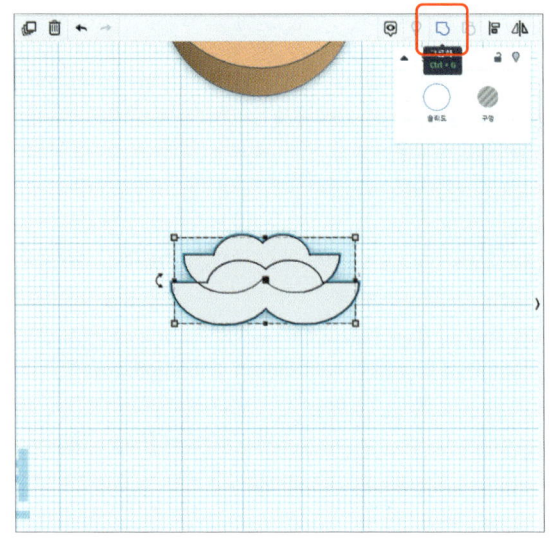

두 도형을 그룹화합니다.   그룹화된 도형을 위로 "12"만큼 올려줍니다.

콧수염을 키보드 방향키 ⬆⬅⬇➡ 로 그림과 같이 배치하여 산타 얼굴을 완성합니다.

TINKERCAD DESIGN For 3D PRINTING ―――――――――――――――――――― SECTION 02

 산타 몸통 만들기

03

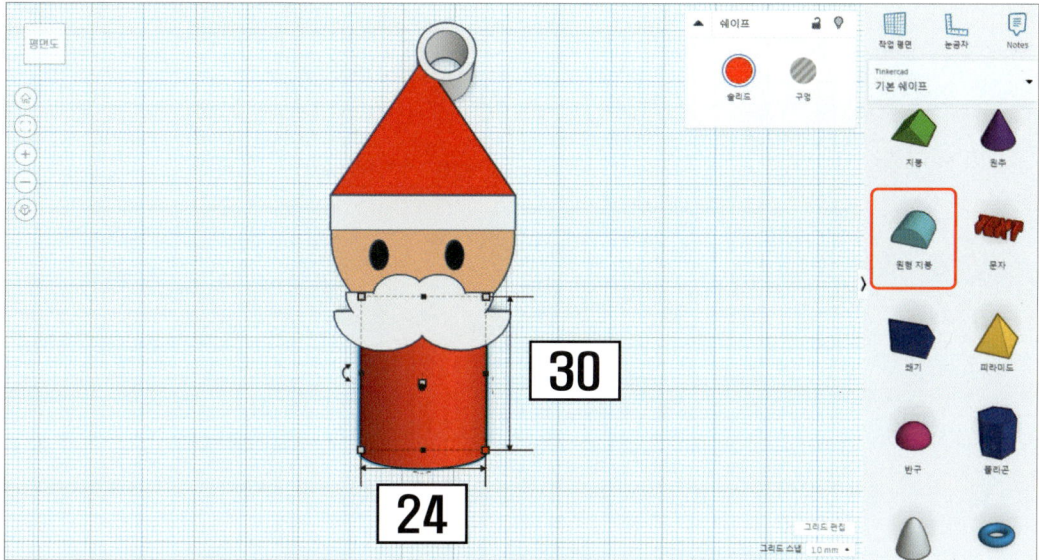

기본 쉐이프에서 원형 지붕을 선택하여 작업 평면에 놓은 후 치수를 조절합니다.
예 가로 24, 세로 30, 높이 13
몸통 도형을 산타 얼굴과 겹치도록 그림과 같이 배치합니다.

 팔 만들기

04

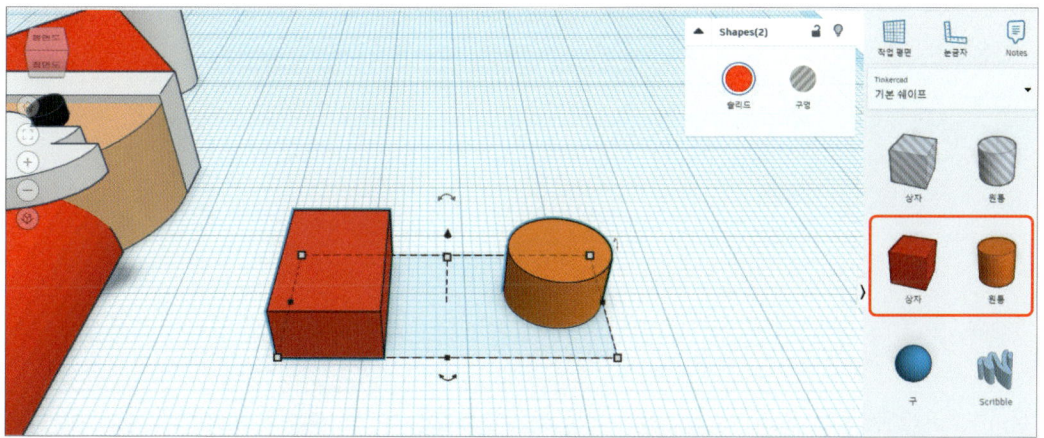

기본 쉐이프에서 상자와 원통을 각각 선택하여 작업 평면에 놓은 후 치수를 조절합니다.
예 상자 : 가로 10, 세로 15.5, 높이 6 / 원통 : 가로 10, 세로 10, 높이 6

TINKERCAD DESIGN For 3D PRINTING

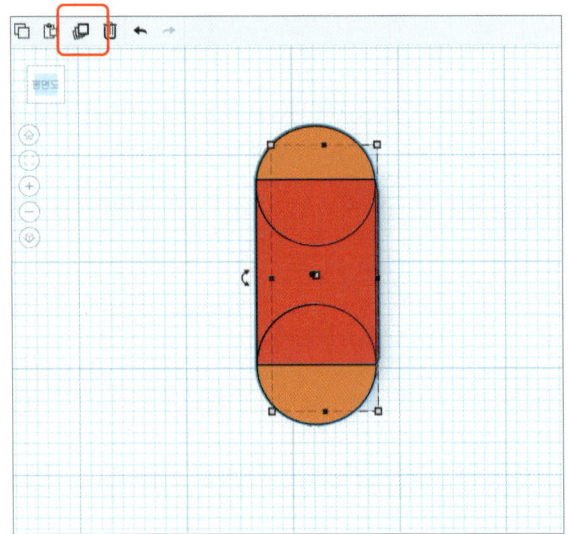

원통을 하나 더 복제한 후 그림과 같이 배치합니다.

도형을 모두 선택한 후 그룹화합니다.

뷰박스를 정면도로 선택합니다.
-90° 회전합니다.

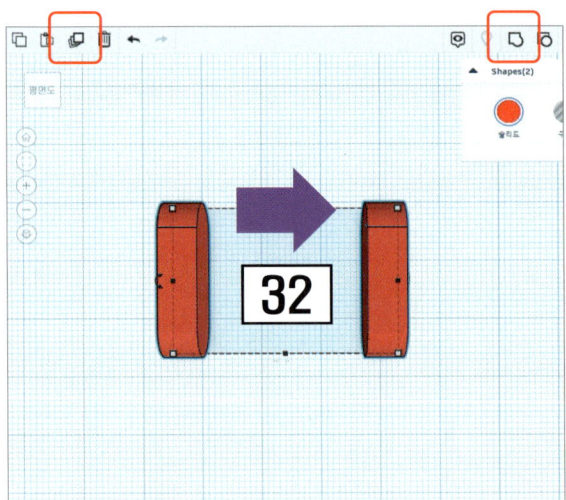

팔 도형을 하나 더 복제한 후 Shift 키를 누른 채로
"32"만큼 이동합니다.
두 도형을 그룹화합니다.

TINKERCAD DESIGN For 3D PRINTING _____ SECTION 02

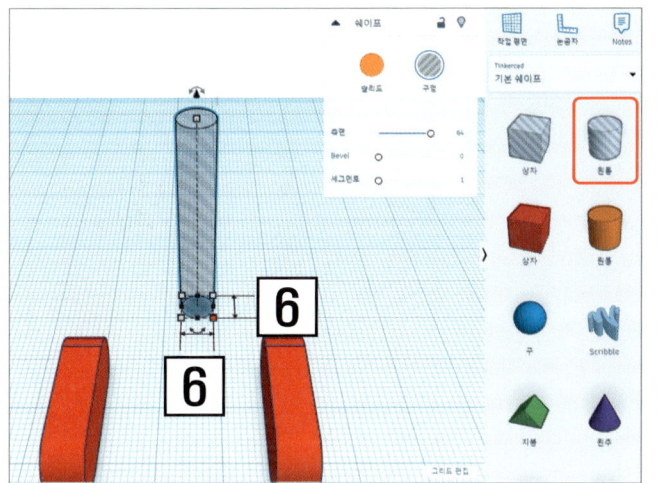
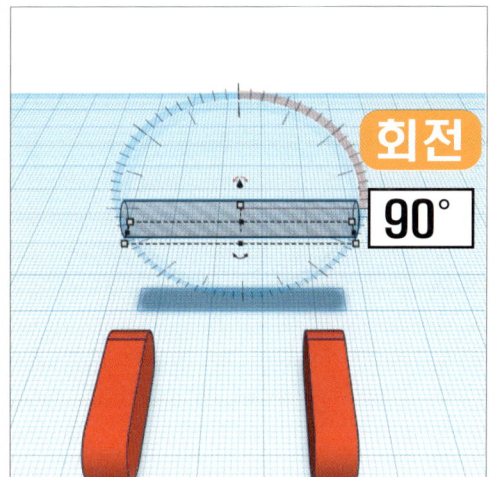

기본 쉐이프에서 구멍 원통을 선택한 후 치수를 조절합니다.
예 가로 6, 세로 6, 높이 40, 측면 64

원통을 90°로 회전합니다.

도형을 모두 선택한 후 ❶ 정렬 버튼을 클릭한 후 ❷를 클릭하여 정렬합니다.

TINKERCAD DESIGN For 3D PRINTING SECTION 02

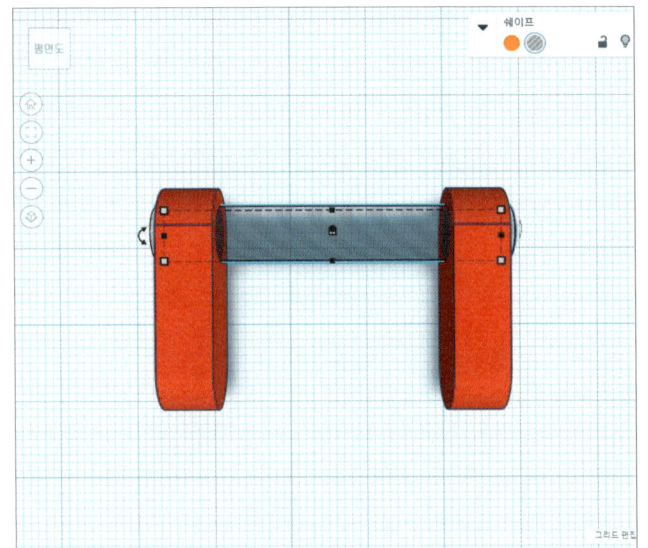

구멍 원통을 키보드 방향키 ↓를 2번 눌러줍니다.

두 도형을 선택한 후 그룹화합니다.

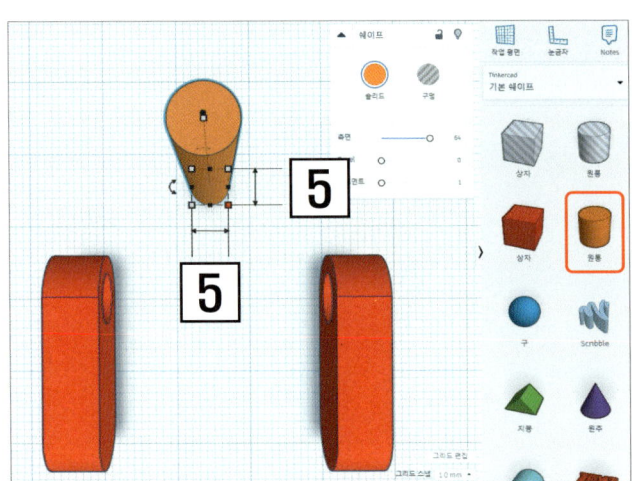

기본 쉐이프에서 원통을 선택한 후 치수를 조절합니다.
예 가로 5, 세로 5, 높이 40, 측면 64

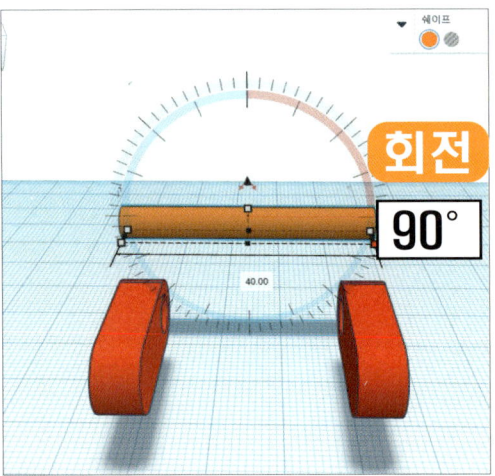

원통을 90°로 회전합니다.

TINKERCAD DESIGN For 3D PRINTING SECTION 02

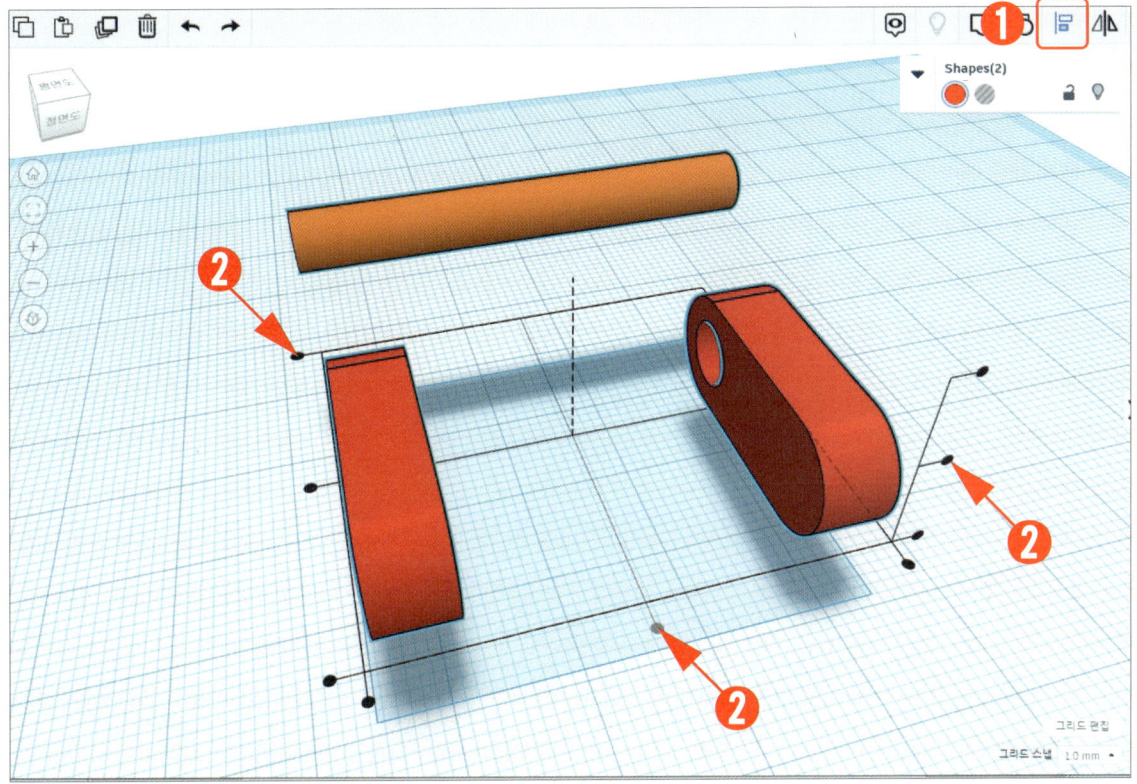

도형을 모두 선택한 후 ❶ 정렬 버튼을 클릭한 후 ❷를 클릭하여 정렬합니다.

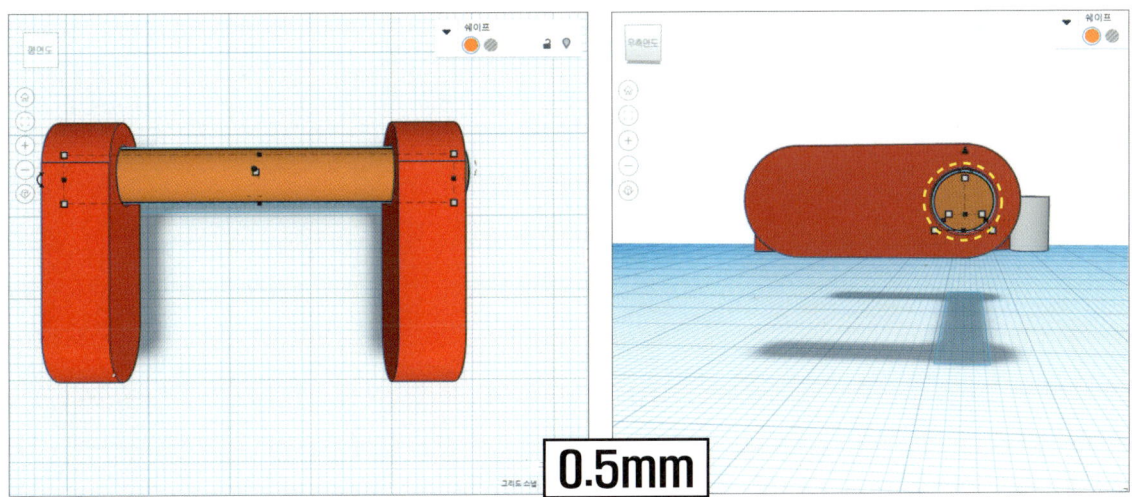

그리드 스냅을 0.5mm로 바꿔줍니다.   구멍 원통을 키보드 방향키 [↓]를 5번 눌러줍니다.

TINKERCAD DESIGN For 3D PRINTING   SECTION 02

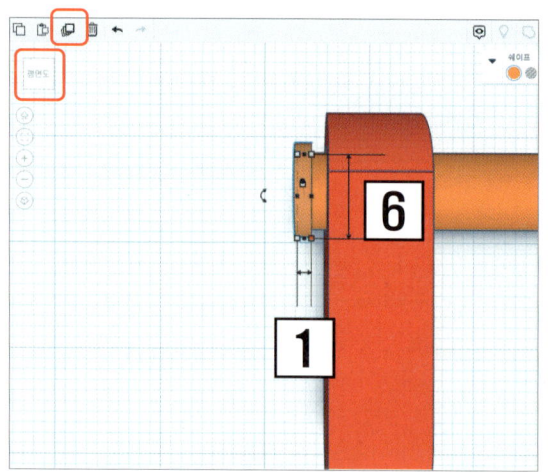

뷰박스를 평면도로 선택합니다.
원통을 복제한 후 치수를 조절합니다.
예 가로 6, 세로 6, 높이 1

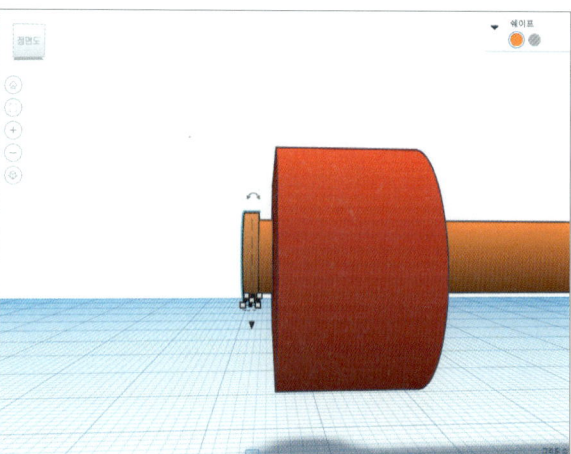

정면도를 보고 그림과 같이 원통의 위치를 중심에 맞게 조절합니다.

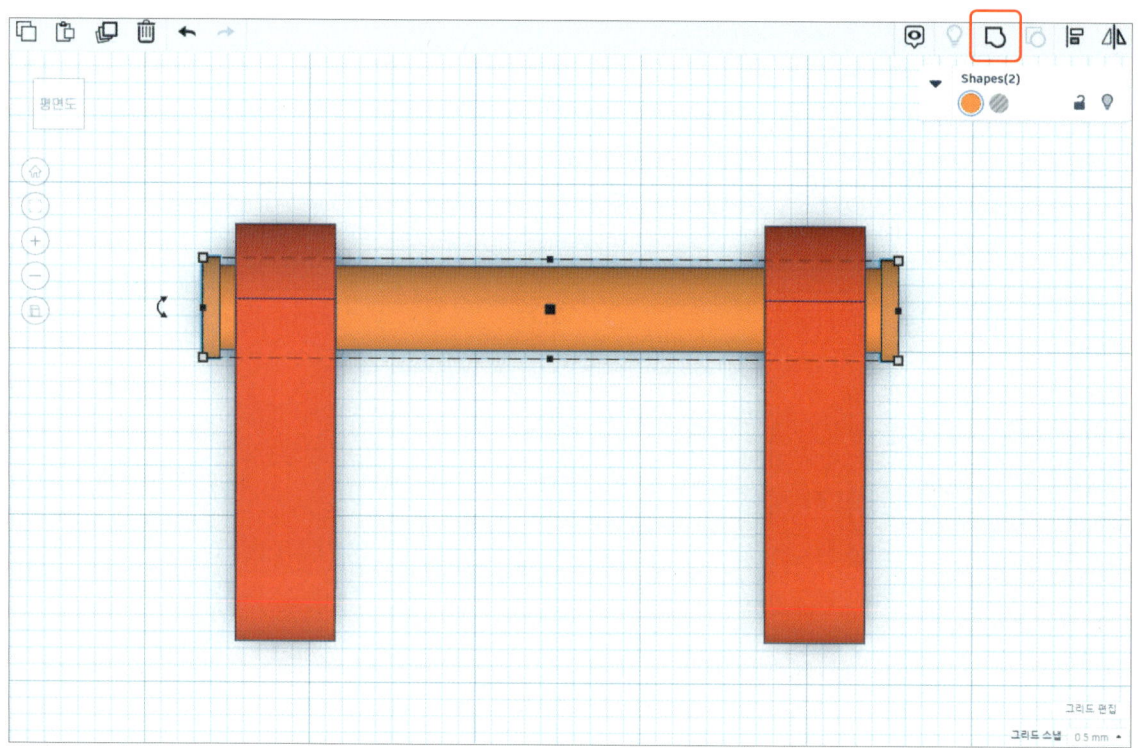

도형을 모두 선택한 후 그룹화합니다. 영문 D 키를 눌러 작업 평면에 붙여줍니다.
팔모양 완성!

TINKERCAD DESIGN For 3D PRINTING   SECTION 02

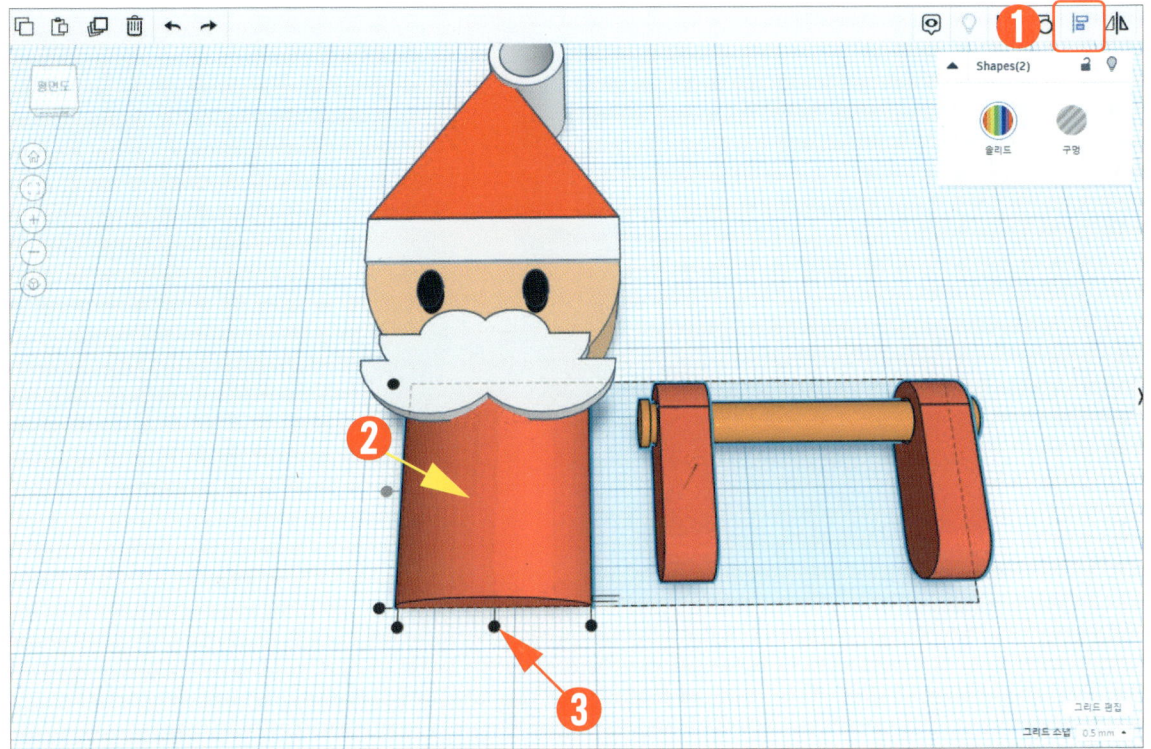

몸통과 팔 모양을 선택한 후 ❶ 정렬 버튼을 클릭합니다. 몸통을 먼저 ❷ 클릭한 후 세로 가운데 ❸ 정렬을 합니다.(정렬 전 몸통을 먼저 클릭하면 몸통을 중심으로 정렬이 됩니다.)

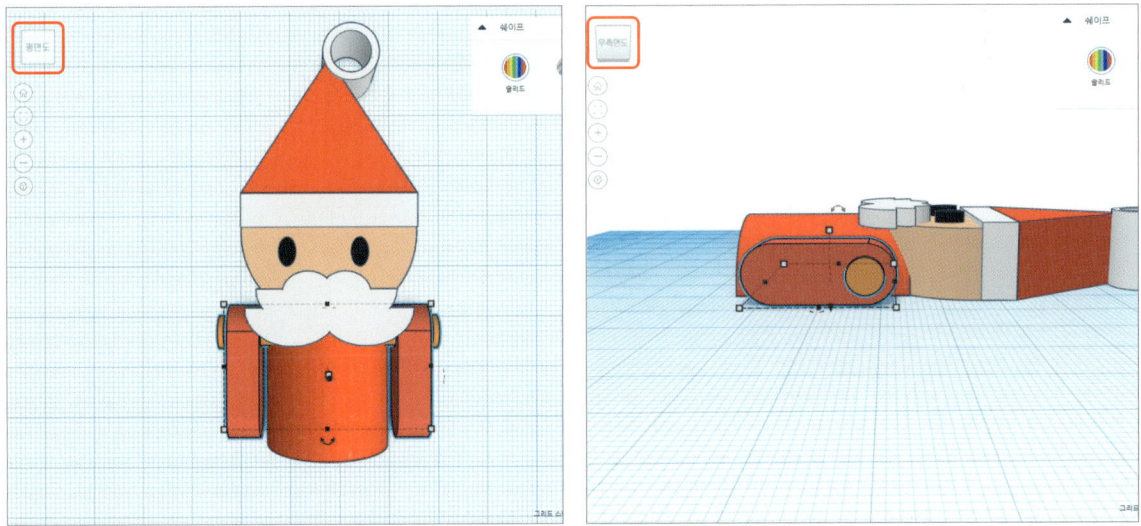

뷰박스를 평면도와 측면도를 확인하며 팔 모양을 그림과 같이 적절한 위치에 배치합니다.

TINKERCAD DESIGN For 3D PRINTING   SECTION 02

다리 만들기

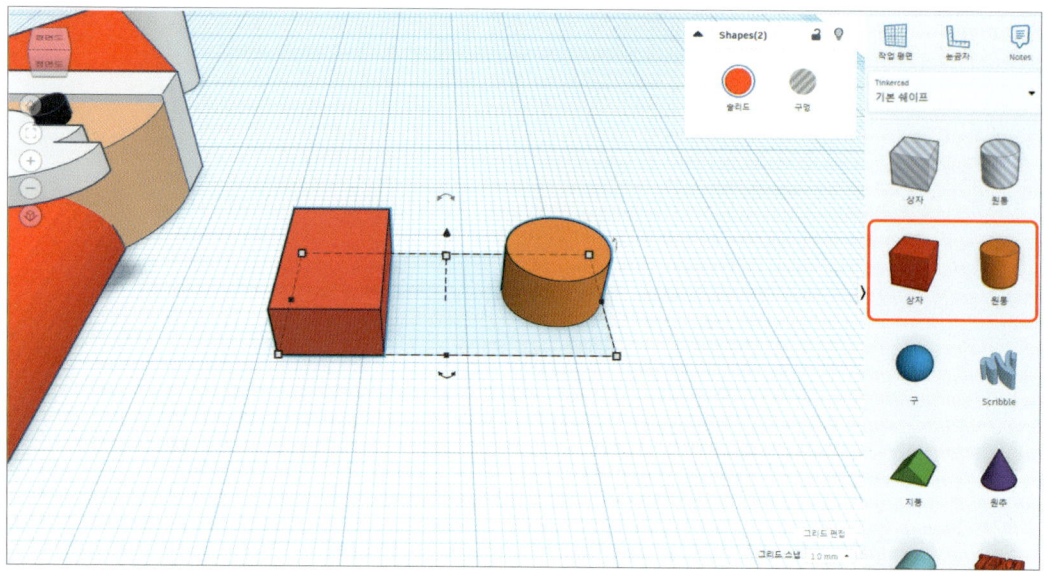

기본 쉐이프에서 상자와 원통을 각각 선택하여 작업 평면에 놓은 후 치수를 조절합니다.
- 상자 : 가로 13, 세로 13, 높이 9
  원통 : 가로 13, 세로 13, 높이 9

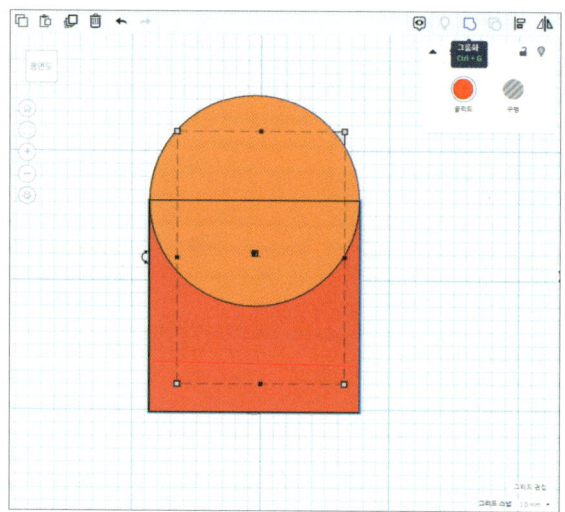

원통의 반이 상자에 겹치도록 그림과 같이 배치합니다.

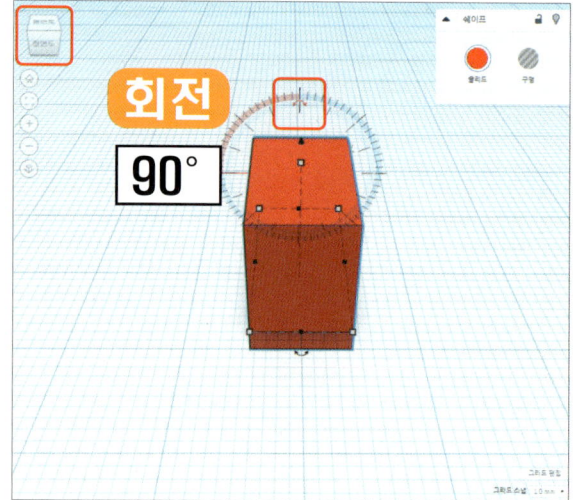

뷰박스를 정면도로 선택합니다.
90° 회전합니다.

42 3D 프린팅 수업을 위한 **틴커캐드 디자인**

TINKERCAD DESIGN For 3D PRINTING SECTION 02

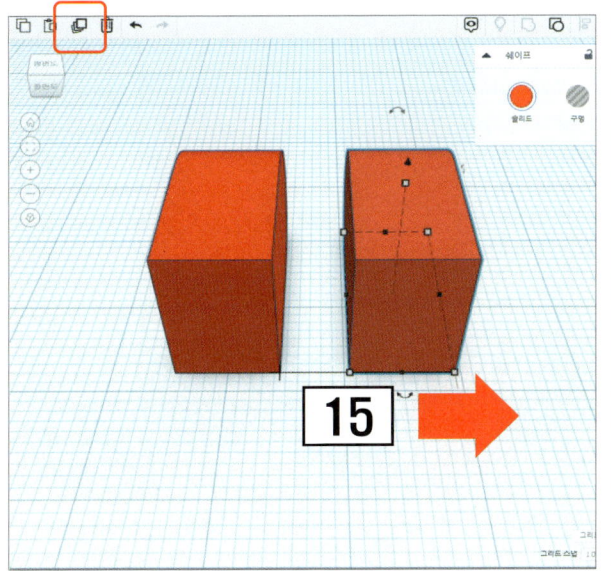

다리 도형을 하나 더 복제한 후 Shift 키를 누른 채로 "15"만큼 이동합니다.

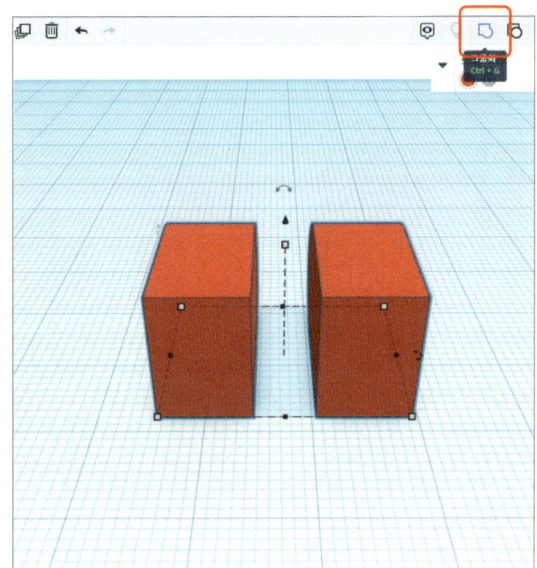

두 도형을 그룹화합니다.

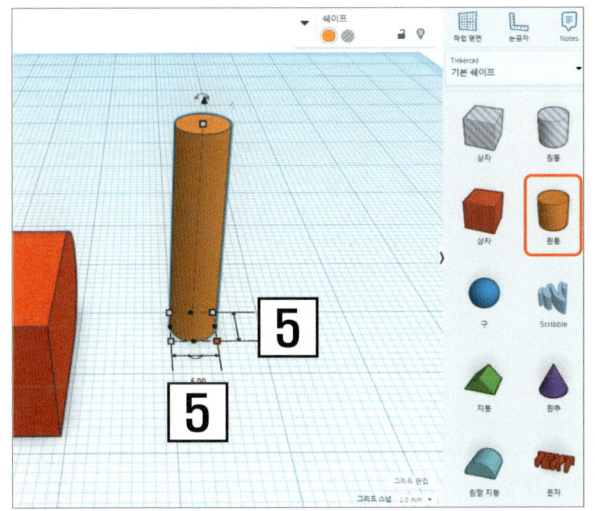

기본 쉐이프에서 원통을 선택한 후 치수를 조절합니다.
예 가로 5, 세로 5, 높이 24

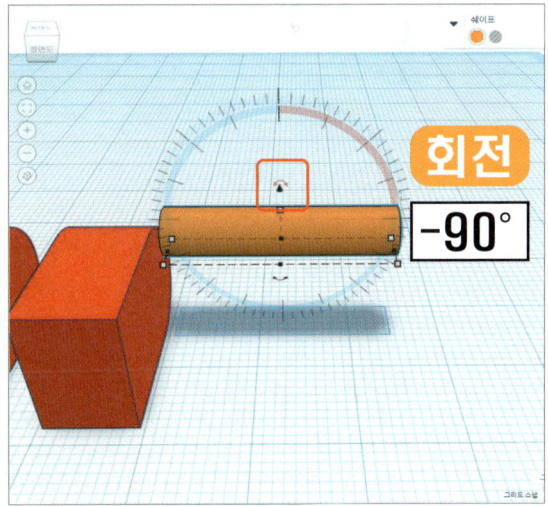

원통을 -90° 회전합니다.

SECTION 02_ 움직이는 산타토이

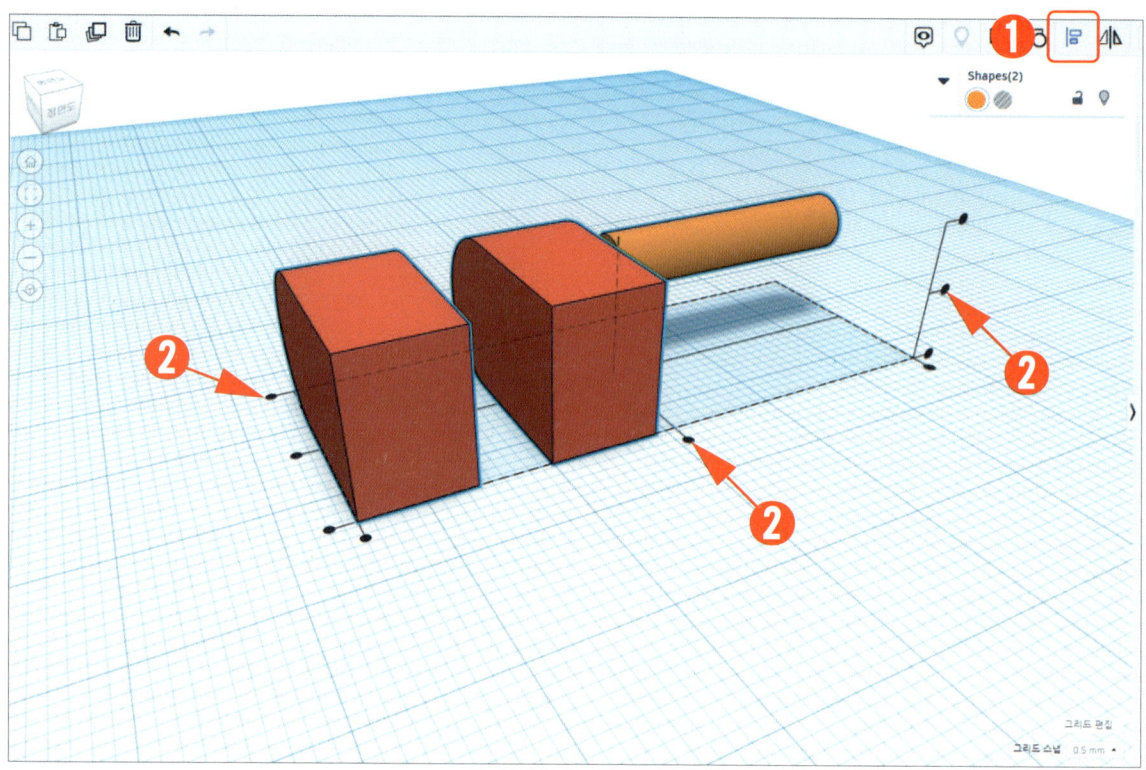

도형을 모두 선택한 후 ❶ 정렬 버튼을 클릭한 후 ❷를 클릭하여 정렬합니다.

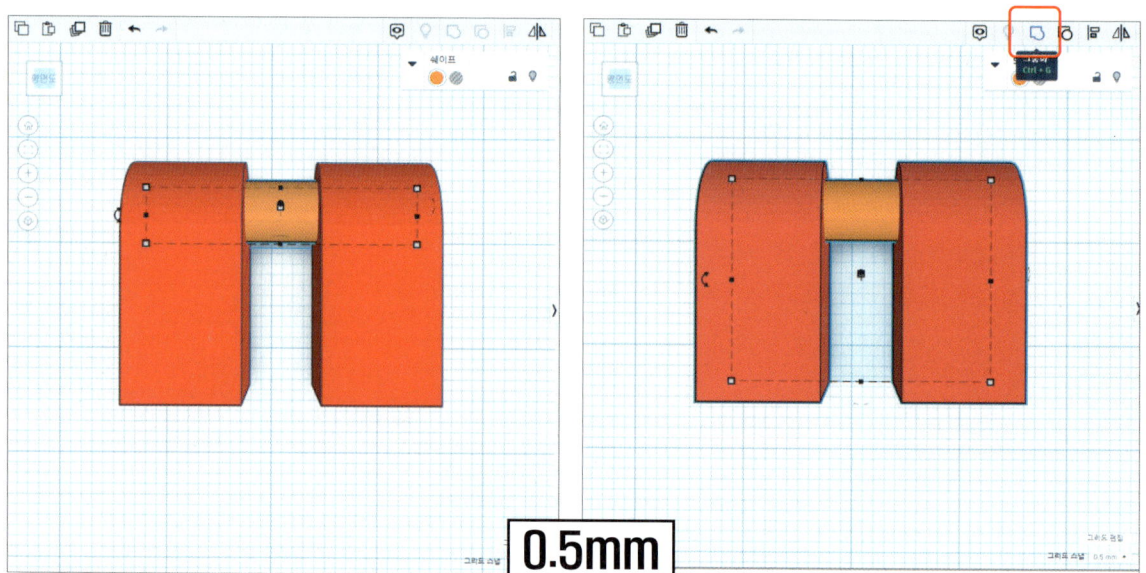

그리드 스냅을 0.5mm로 바꿔줍니다.
구멍 원통을 키보드 방향키 [↓]를 3번 눌러줍니다.

두 도형을 선택한 후 그룹화합니다.

TINKERCAD DESIGN For 3D PRINTING

다리 연결 부위 만들기

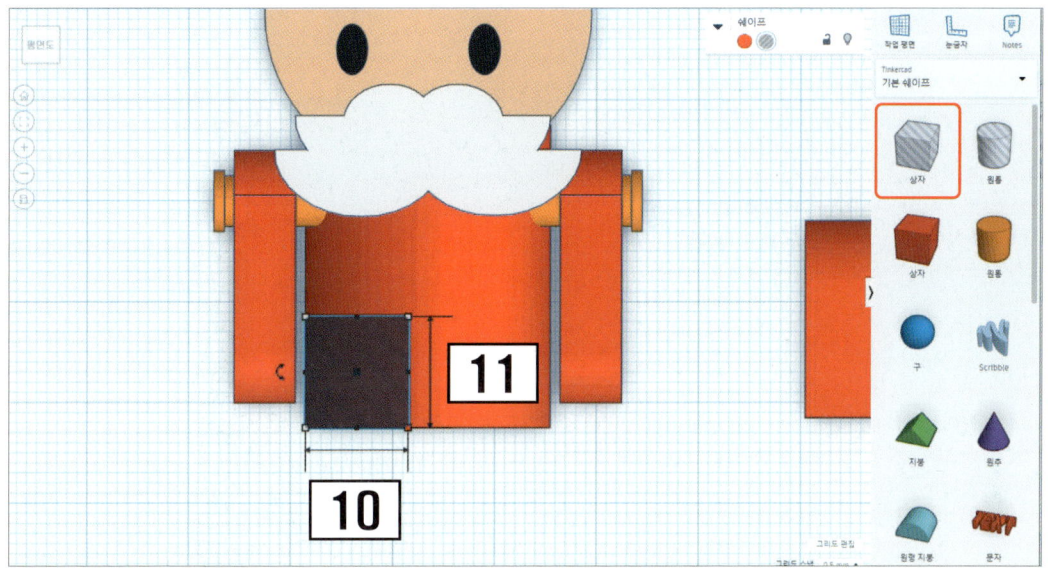

기본 쉐이프에서 구멍 상자를 선택하여 치수를 조절한 후 그림과 같이 모서리에 정렬해 줍니다.
예 가로 10, 세로 11

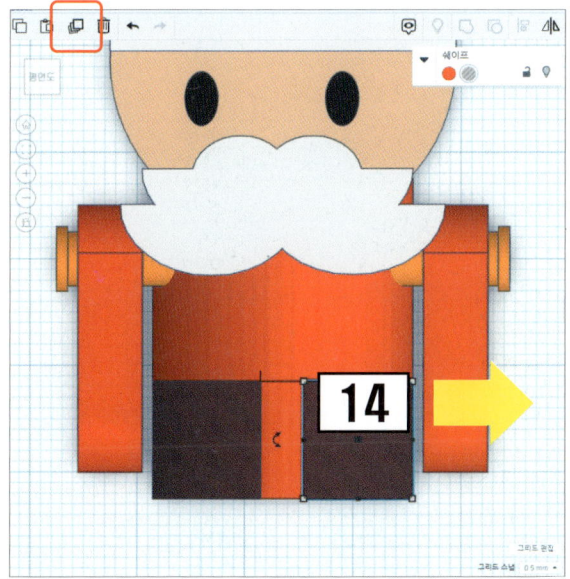

다리 도형을 하나 더 복제한 후 Shift 키를 누른 채로 "14"만큼 이동합니다.

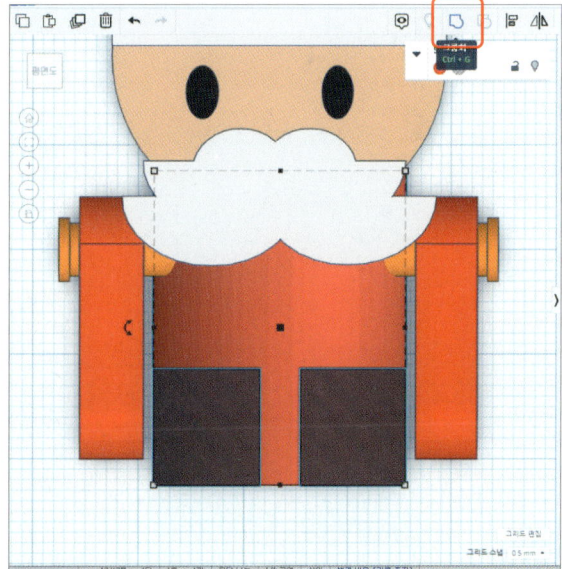

몸통과 구멍 상자 두 도형을 그룹화합니다.

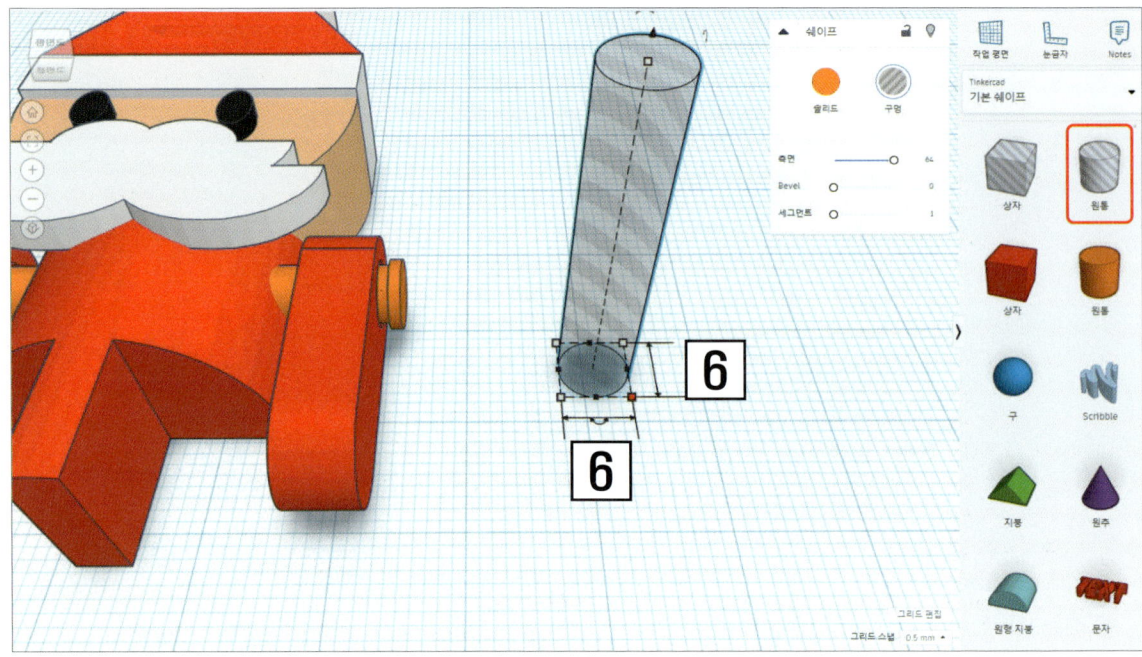

기본 쉐이프에서 구멍 원통을 선택하여 작업 평면에 놓은 후 치수를 조절합니다.
예 가로 6, 세로 6, 높이 30

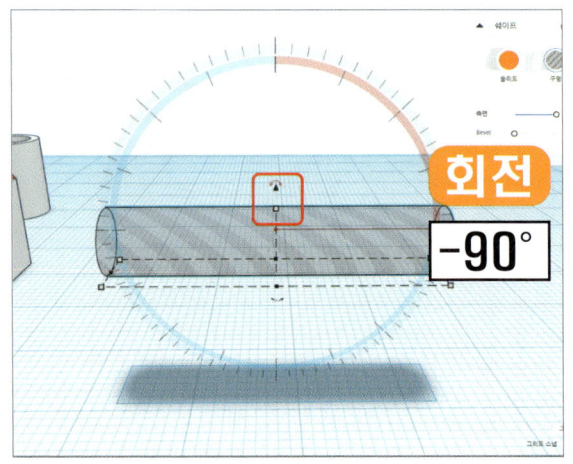

구멍 원통을 -90° 회전합니다.

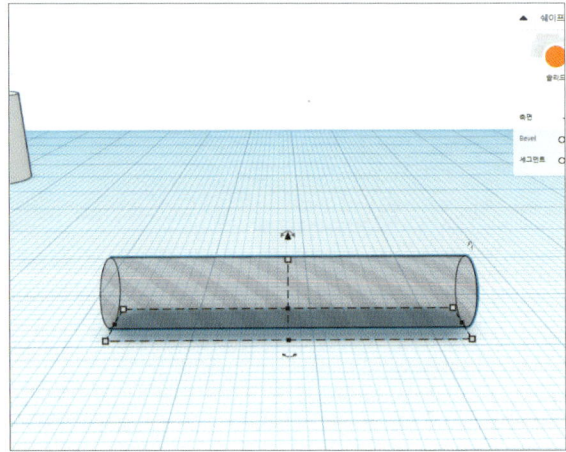

영문 D 키를 눌러 바닥에 붙여줍니다.

TINKERCAD DESIGN For 3D PRINTING _____ SECTION 02

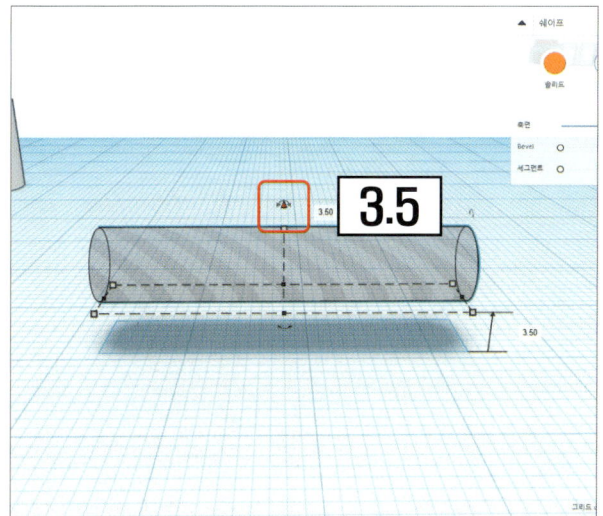

위로 "3.5"만큼 올려줍니다.

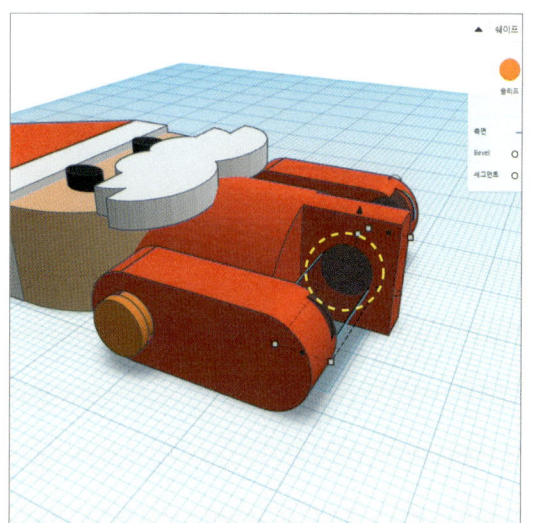

키보드 방향키 로 그림과 같이 구멍 원통을 중심에 배치해줍니다.

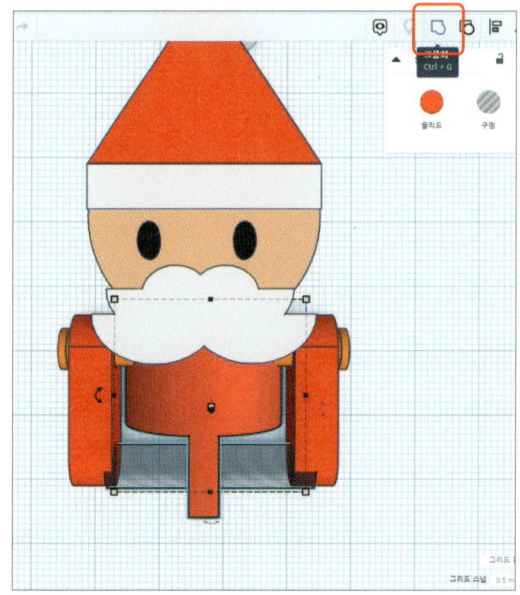

몸통과 구멍 원통을 그룹화합니다.

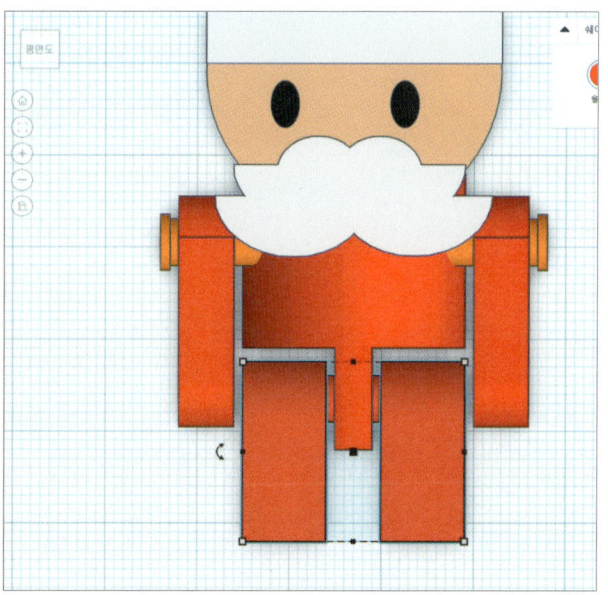

뷰박스를 평면도 직교뷰로 선택합니다.
다리 모양을 다른 도형과 겹치지 않도록 그림과 같이 배치합니다.

TINKERCAD DESIGN For 3D PRINTING   SECTION 02

뷰박스를 측면도, 직교뷰로 선택합니다.
몸통을 모두 투명 색상으로 바꿔준 후 구멍 사이에 원통 도형이 배치되었는지 확인합니다.

움직이는 산타 완성!

TINKERCAD DESIGN For 3D PRINTING _____ SECTION 02

도|전|과|제

• 움직이는 크리스마스 토이를 자유롭게 디자인하여 모델링해 봅시다.

SECTION 03

오너먼트 벨 만들기

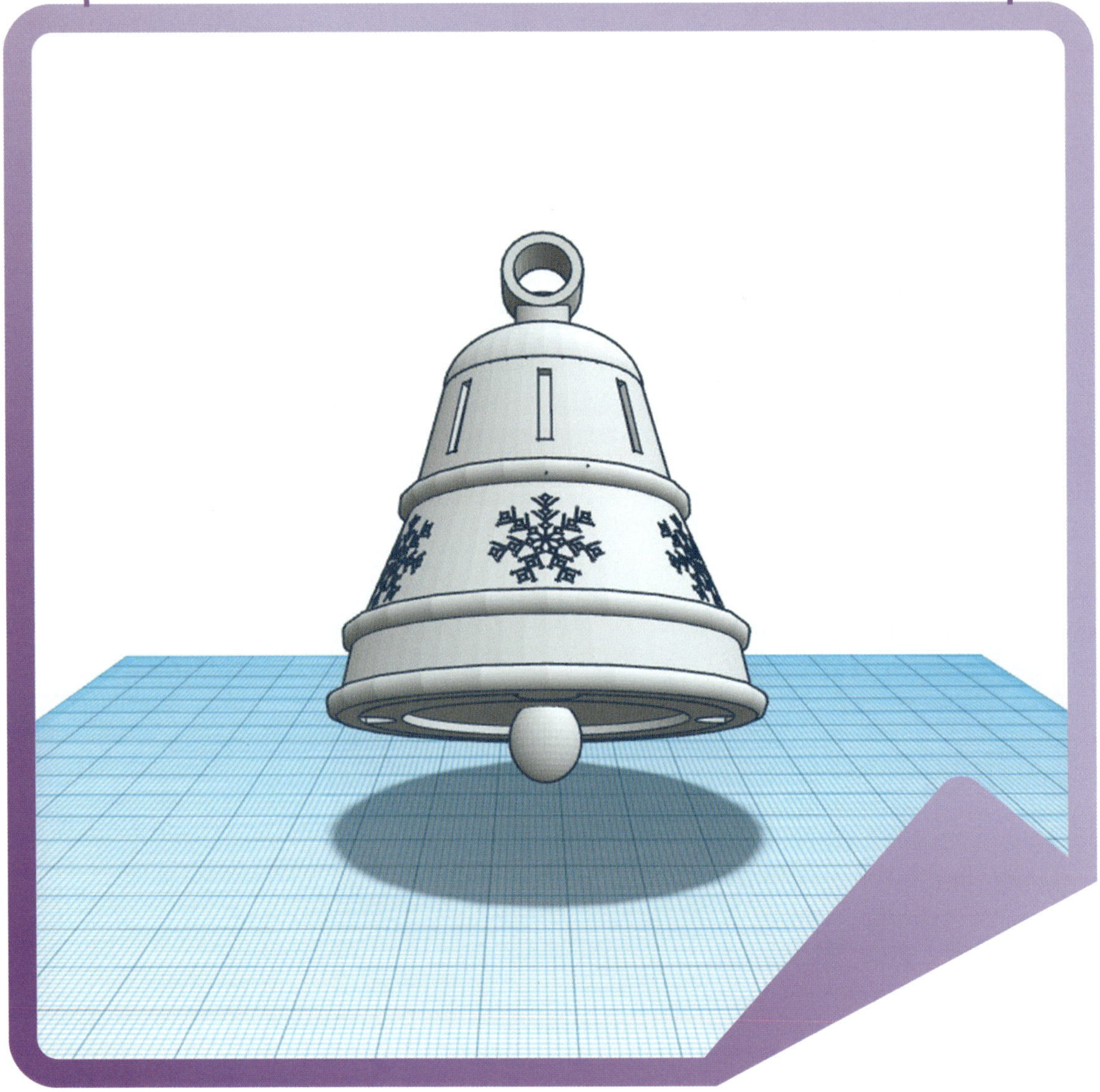

TINKERCAD DESIGN For 3D PRINTING

● 오너먼트 벨 만들기

종 모양의 크리스마스 장식품을 모델링해 봅시다.
벨 모양의 뚜껑을 만들어 크리스마스 선물 케이스로 활용해 봅시다.

TINKERCAD DESIGN For 3D PRINTING

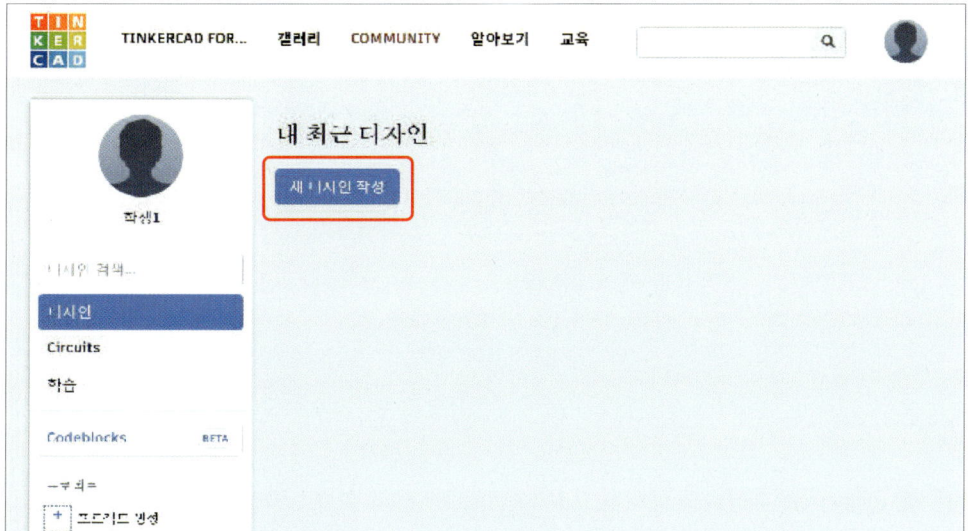

구글크롬 에서 틴커캐드 웹사이트(www.tinkercad.com)에 접속합니다.
로그인 후 대시보드의 새 디자인 작성 을 클릭합니다.

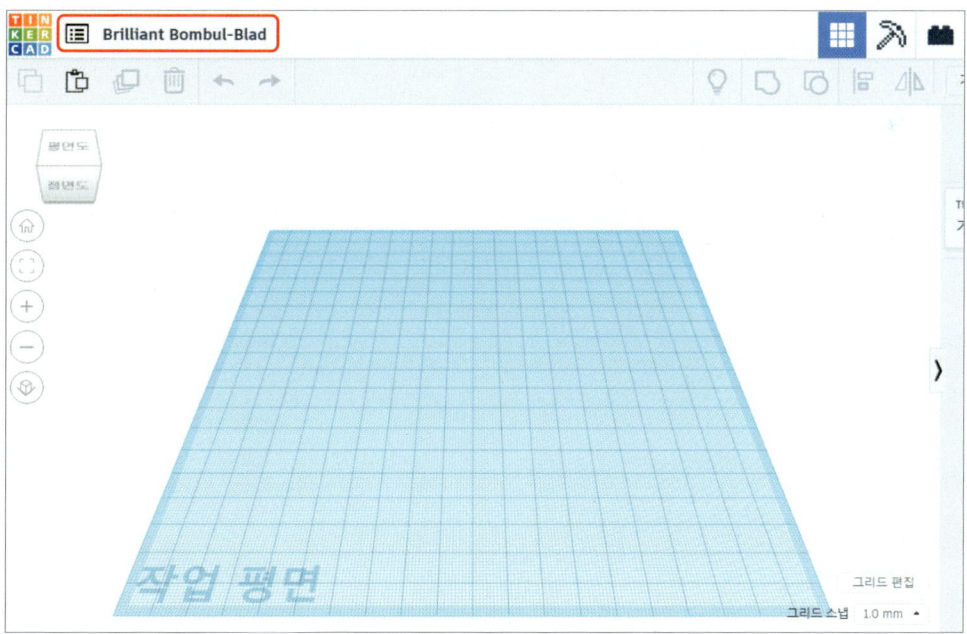

틴커캐드는 저장 버튼이 따로 없으며 웹에서 작업하고 모델링 작업파일 역시 인터넷 저장 공간에 자동으로 저장됩니다. 임의로 주어진 영어이름을 클릭하면 파일명을 수정할 수 있습니다.

TINKERCAD DESIGN For 3D PRINTING

SECTION 03

파일명을 "**오너먼트 벨 만들기**"로 수정하고 엔터키 또는 화면의 빈 공간 아무 곳이나 클릭합니다.

 벨 모양 만들기

02

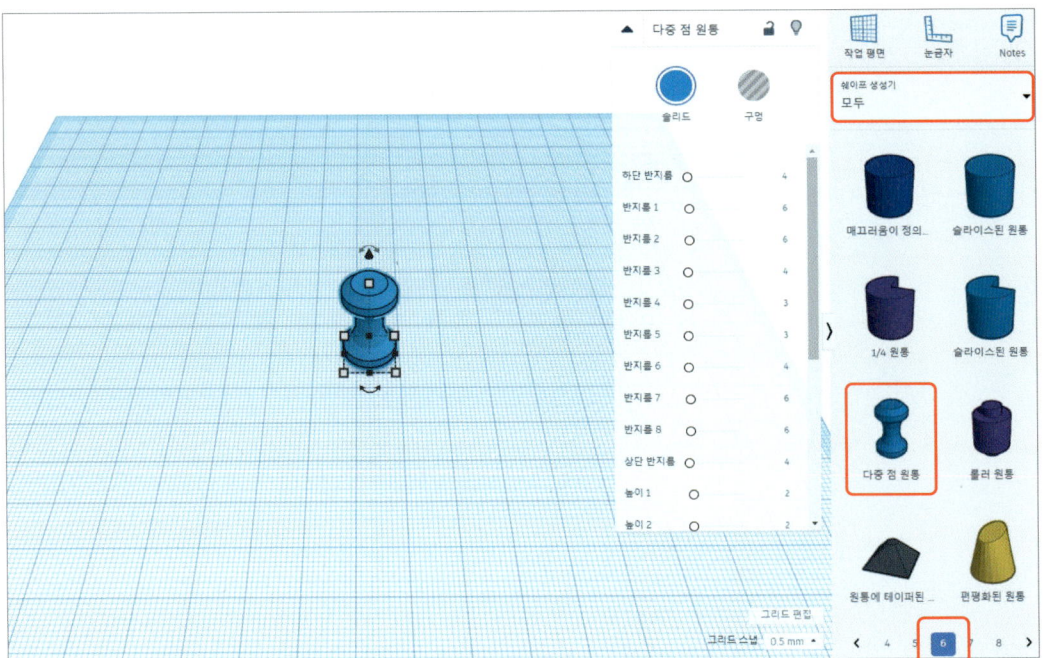

기본 쉐이프에서 다중점 원통(페이지 6)을 선택하여 작업 평면을 가져옵니다.

TINKERCAD DESIGN For 3D PRINTING

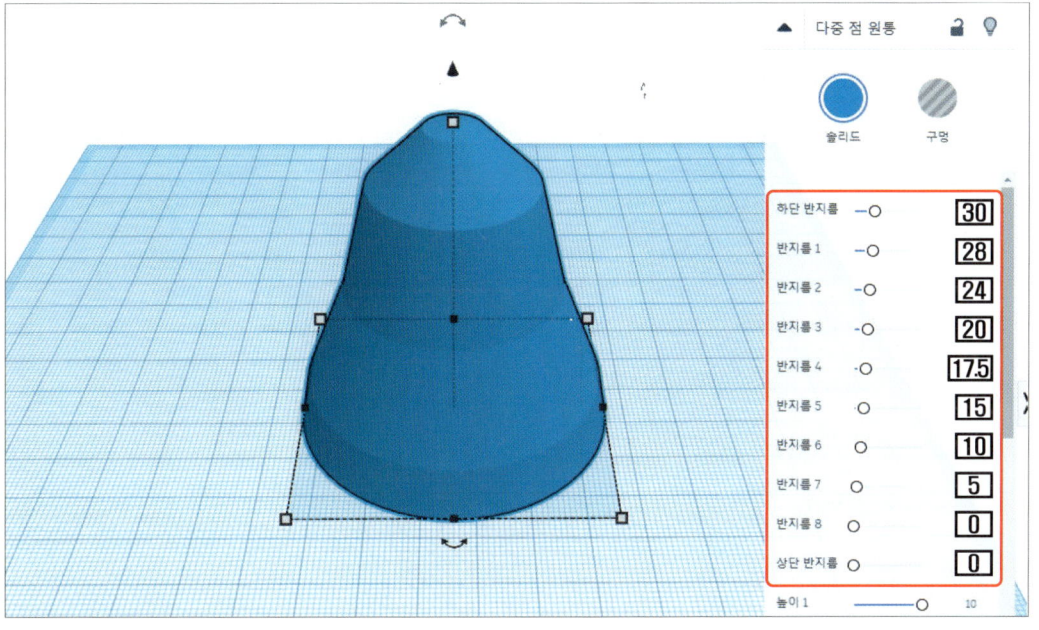

다중점 원통의 반지름 치수를 조절합니다.

예) 하단 반지름=30, 반지름1=28, 반지름2=24, 반지름3=20, 반지름4=17.5
반지름5=15, 반지름6=10, 반지름7=5, 반지름8=0, 상단 반지름=0

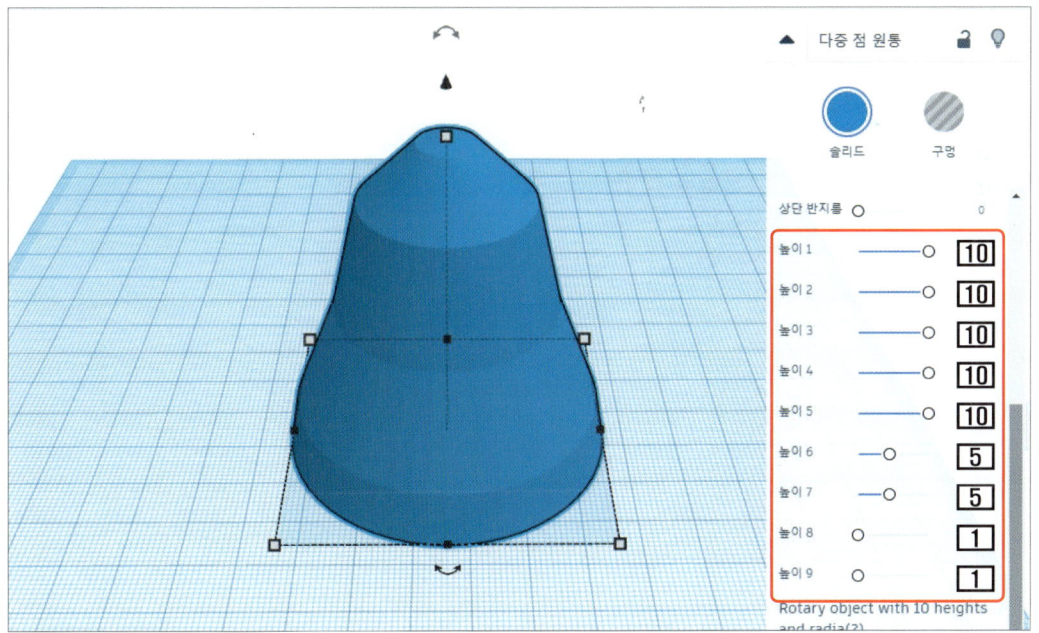

다중점 원통의 높이 치수를 조절합니다.

예) 높이1=10, 높이2=10, 높이3=10, 높이4=10, 높이5=10, 높이6=5, 높이7=5, 높이8=1, 높이9=1

TINKERCAD DESIGN For 3D PRINTING   SECTION 03

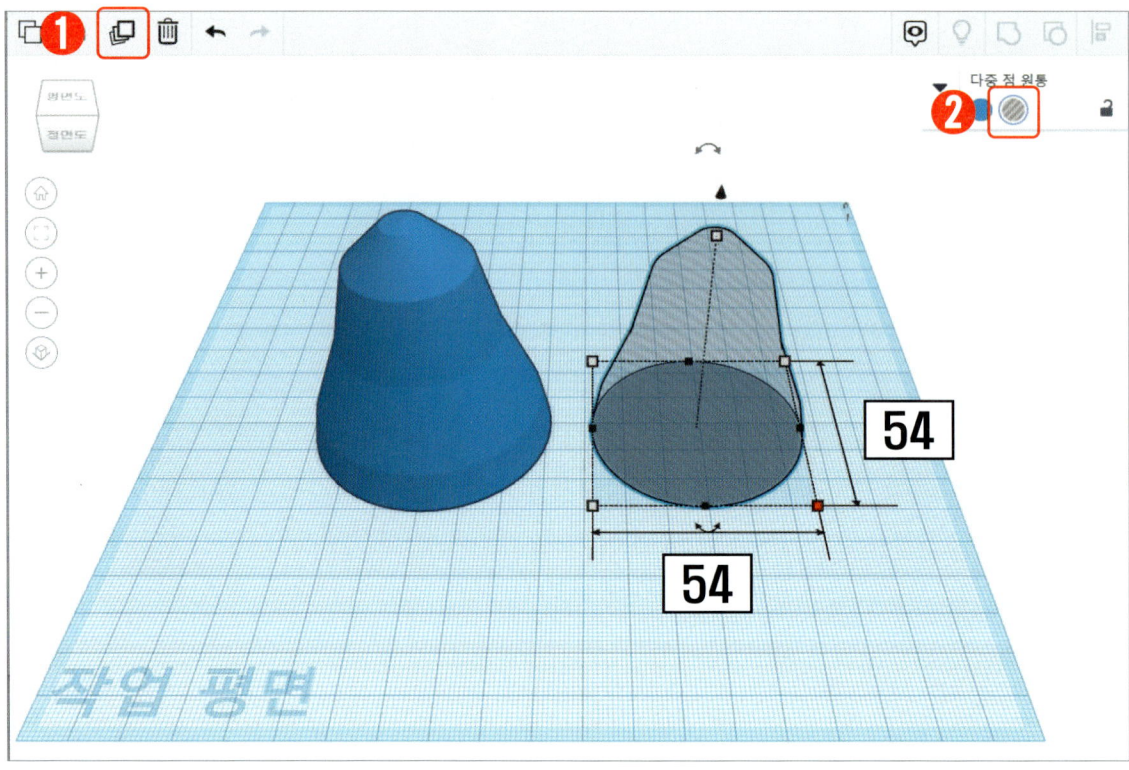

벨 모양을 ❶ 복제하여 ❷ 구멍 도형으로 바꾼 후 치수를 조절합니다.
예 가로 54, 세로 54, 높이 58

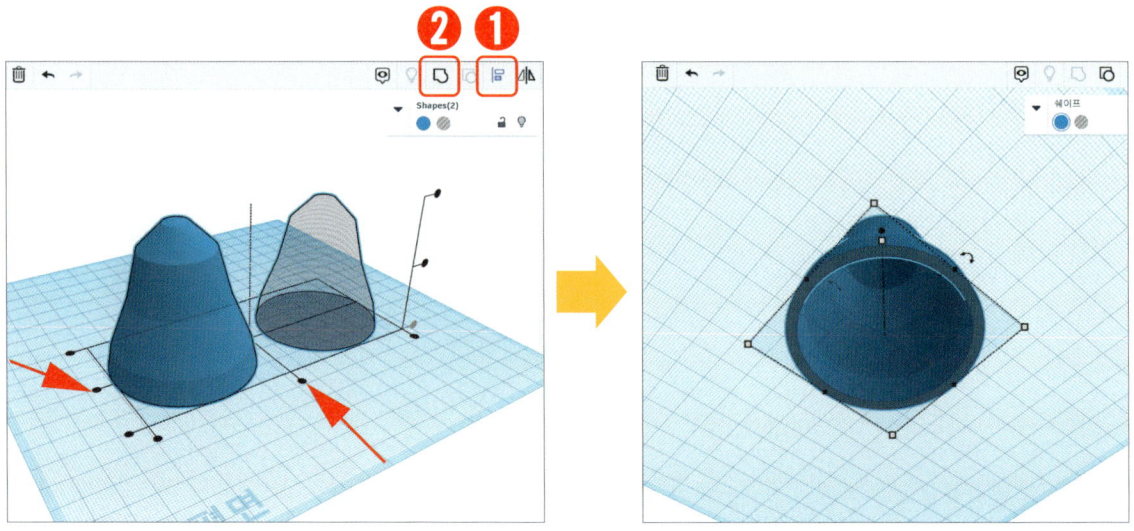

두 도형을 ❶ 가운데 정렬한 후 ❷ 그룹화합니다.

TINKERCAD DESIGN For 3D PRINTING

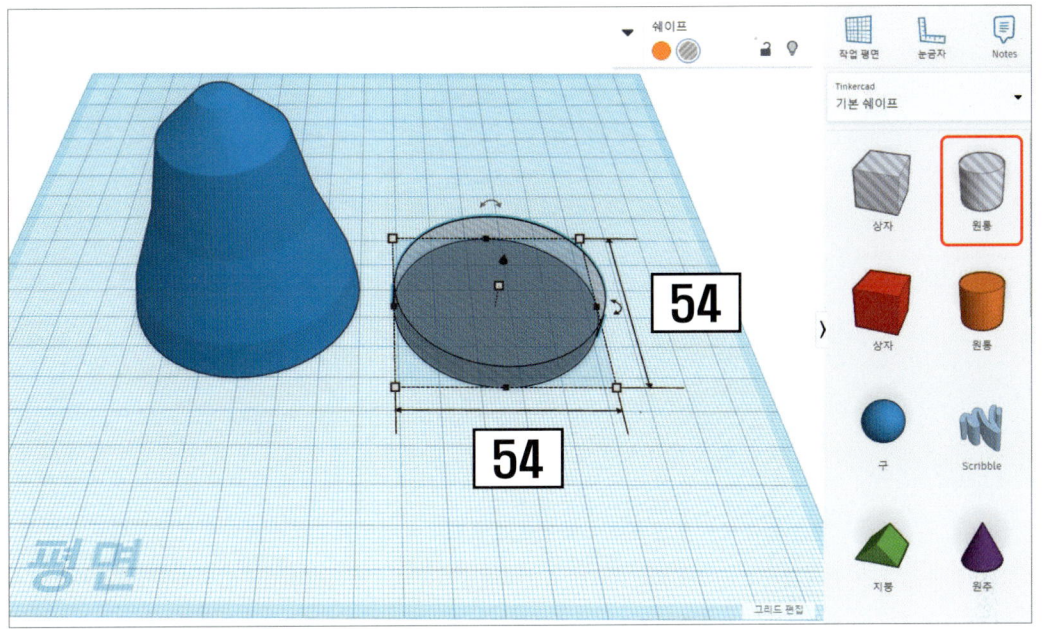

기본 쉐이프에서 구멍 원통을 선택하여 작업 평면에 놓은 후 치수를 조절합니다.
예 가로 54, 세로 54, 높이 8

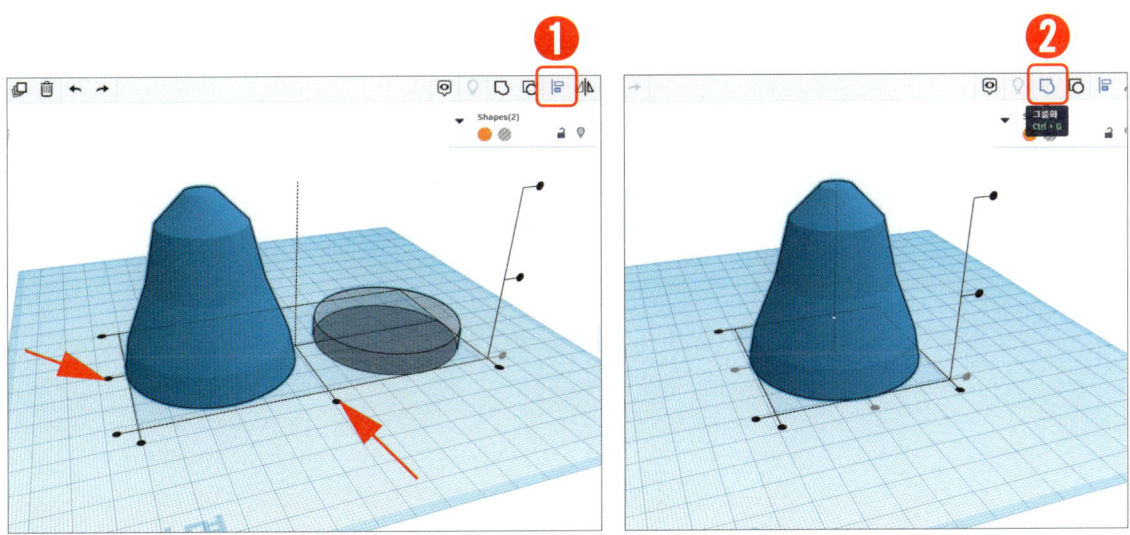

두 도형을 ❶ 가운데 정렬한 후 ❷ 그룹화합니다.

SECTION 03_ 오너먼트 벨 만들기

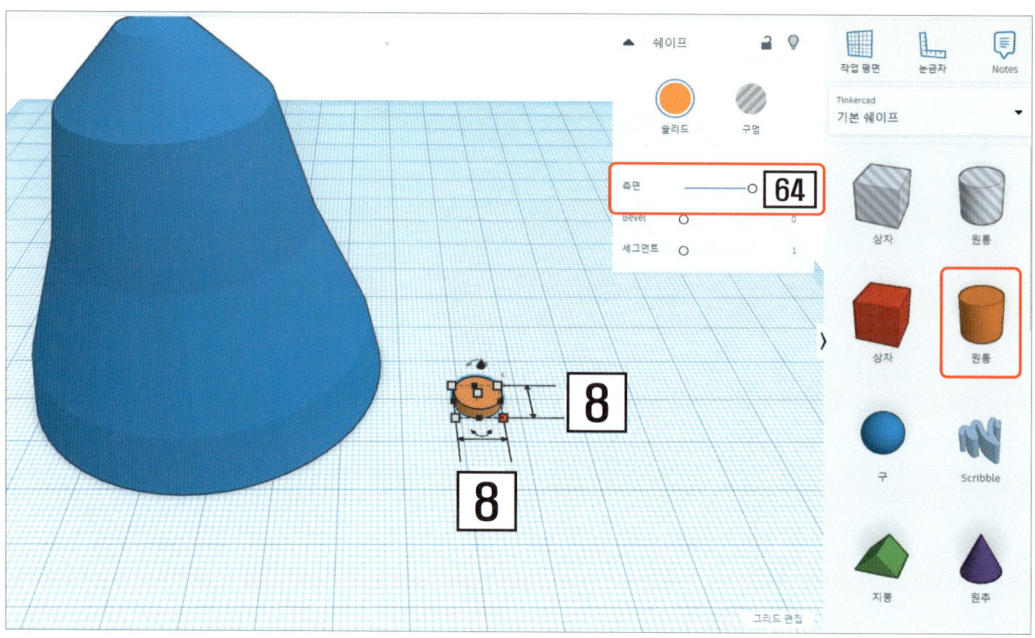

기본 쉐이프에서 원통을 선택하여 작업 평면에 놓은 후 치수를 조절합니다.
예 가로 8, 세로 8, 높이 2, 측면 64

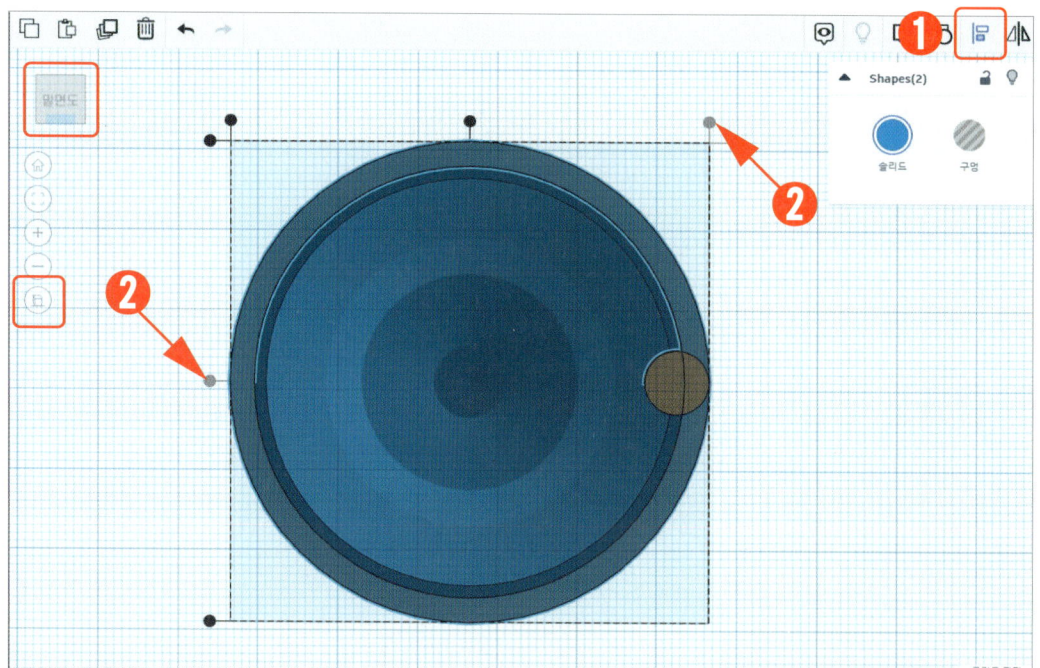

뷰박스를 밑면도, 직교뷰로 선택합니다.
두 도형을 ❶ 정렬 버튼을 클릭한 후 ❷를 클릭하여 정렬합니다.

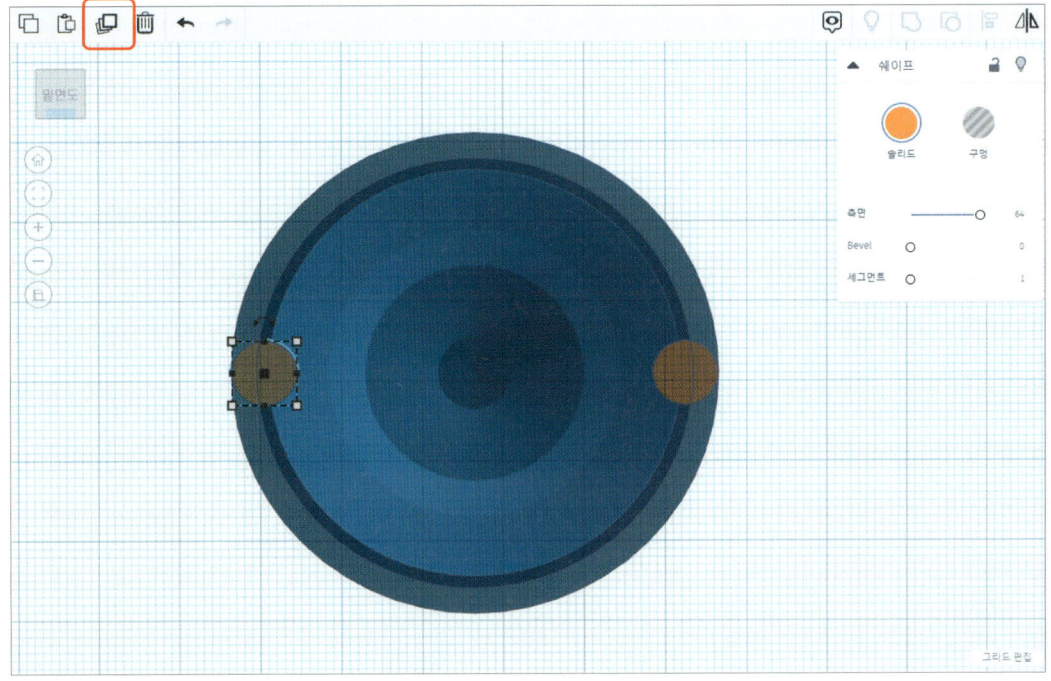

원통을 복제한 후 키보드 방향키로 그림과 같이 이동합니다.

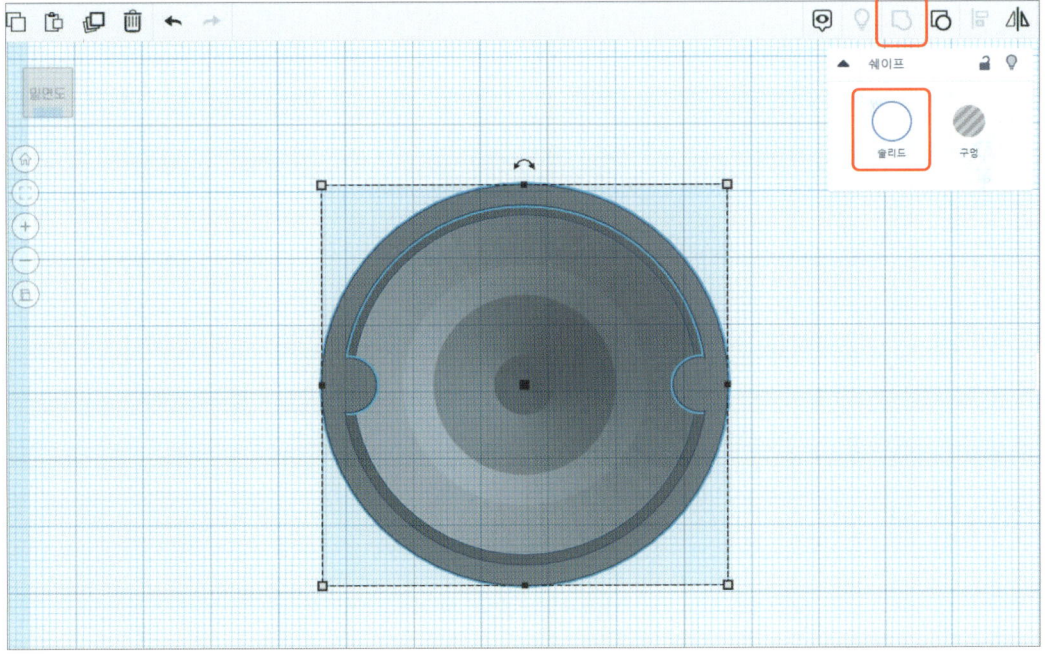

도형을 모두 선택한 후 그룹화합니다. 솔리드로 색상도 변경합니다.

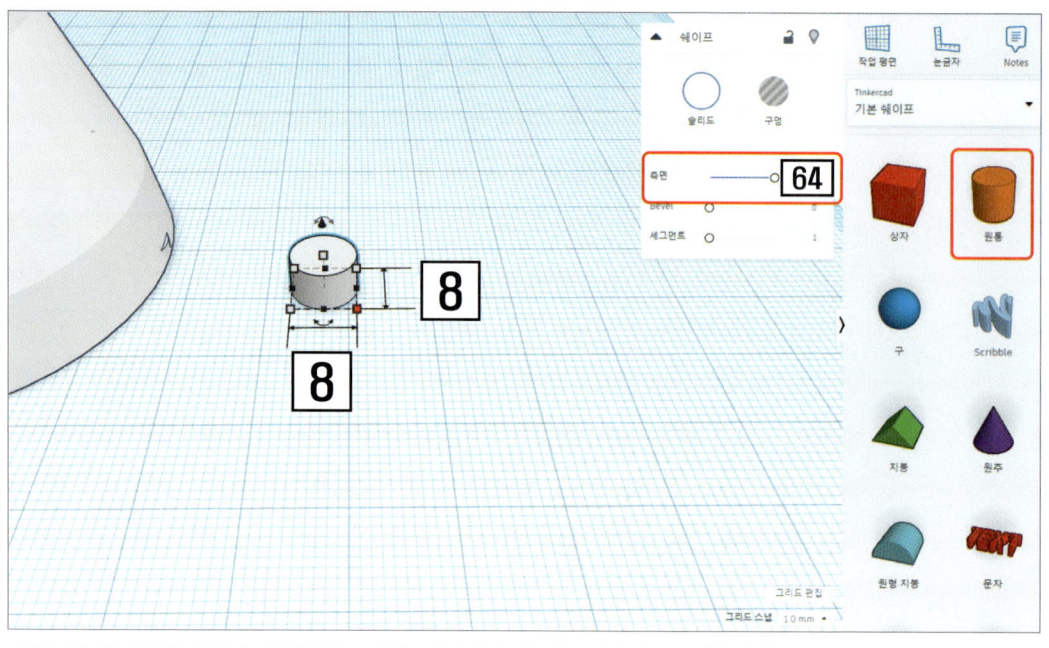

기본 쉐이프에서 원통을 선택하여 작업 평면에 놓은 후 치수를 조절합니다.
예 가로 8, 세로 8, 높이 5, 측면 64

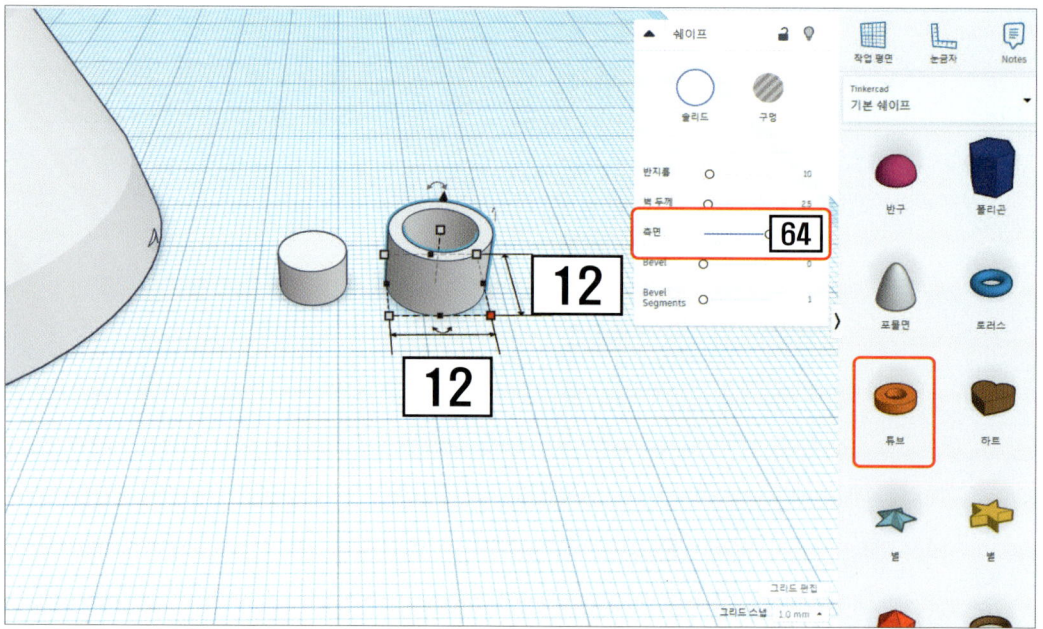

기본 쉐이프에서 튜브를 선택하여 작업 평면에 놓은 후 치수를 조절합니다.
예 가로 12, 세로 12, 높이 8, 측면 64

TINKERCAD DESIGN For 3D PRINTING

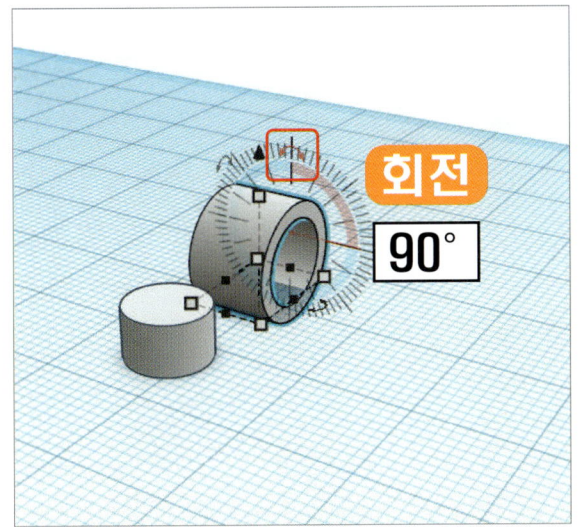

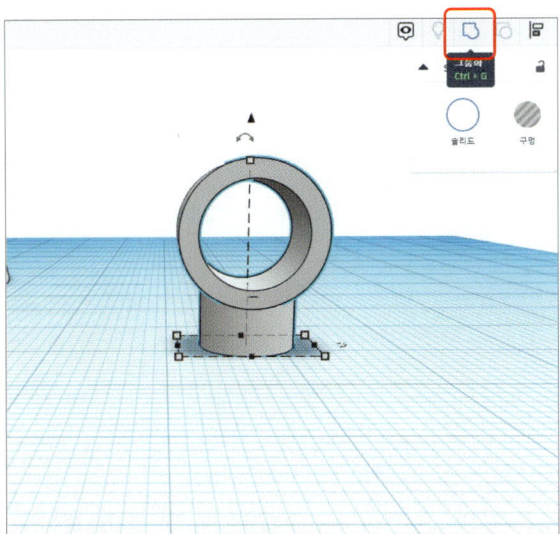

튜브 도형을 90° 회전한 후 그림과 같이 원통 위로 올려 고리 모양을 만들어 줍니다.

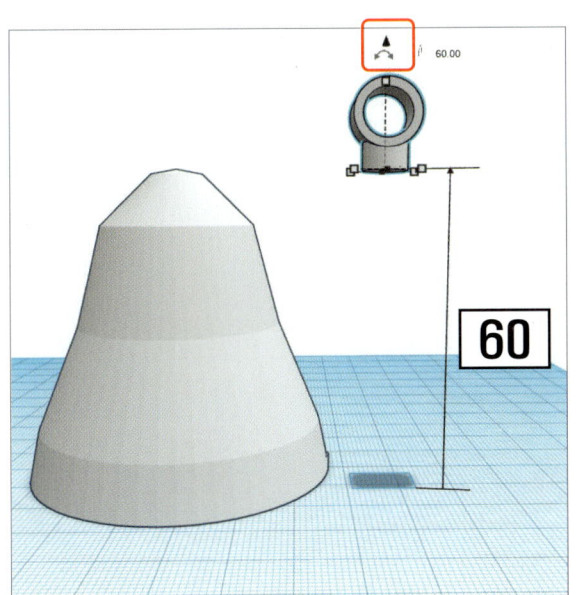

고리 모양을 위로 "60"만큼 올려줍니다.

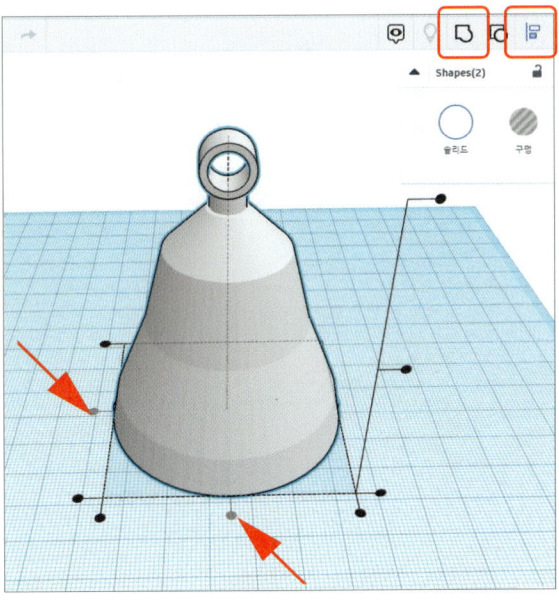

전체 도형을 가운데 정렬한 후 그룹화합니다.

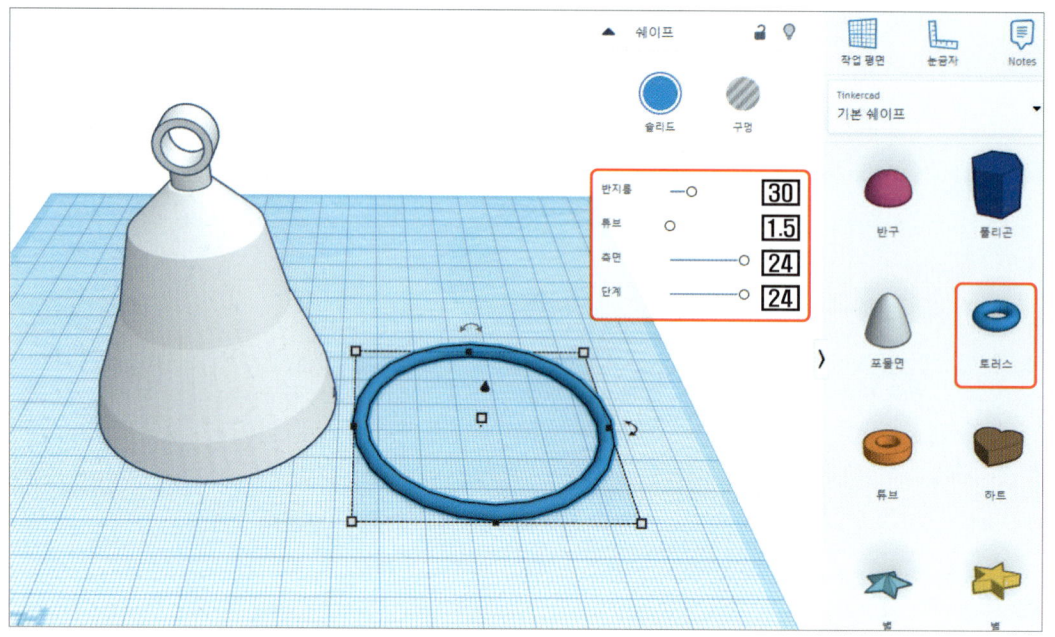

기본 쉐이프에서 토러스를 선택하여 작업 평면에 놓은 후 치수를 조절합니다.
예 반지름 30, 튜브 1.5, 측면 24, 단계 24

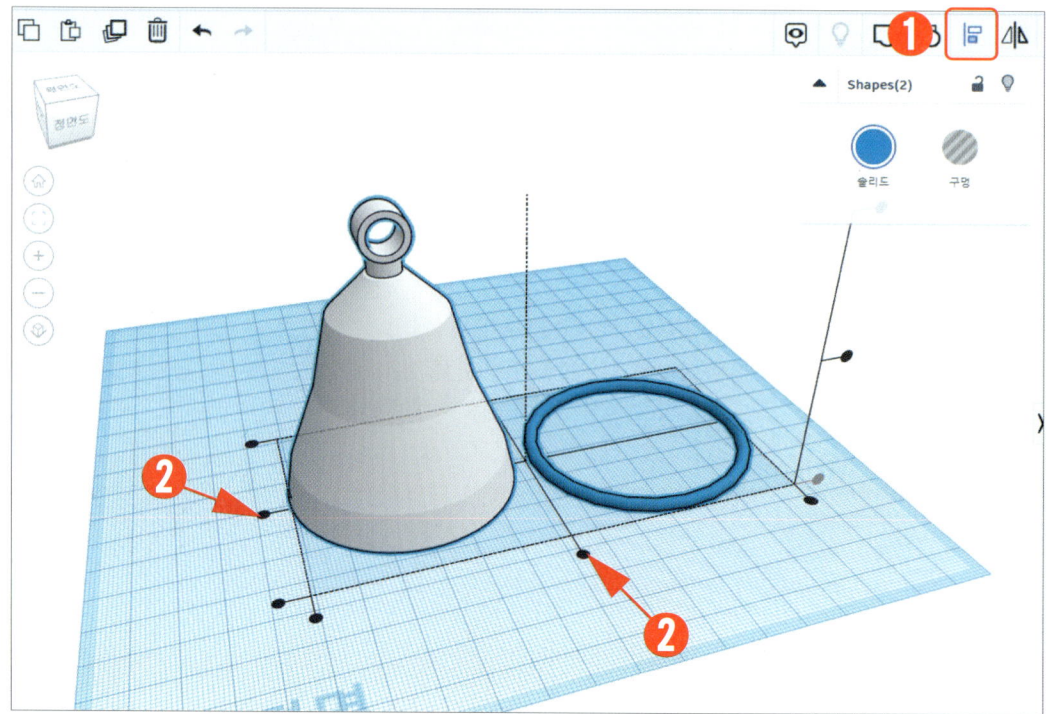

두 도형을 ❶ 정렬 버튼을 클릭한 후 ❷를 클릭하여 정렬합니다.

TINKERCAD DESIGN For 3D PRINTING

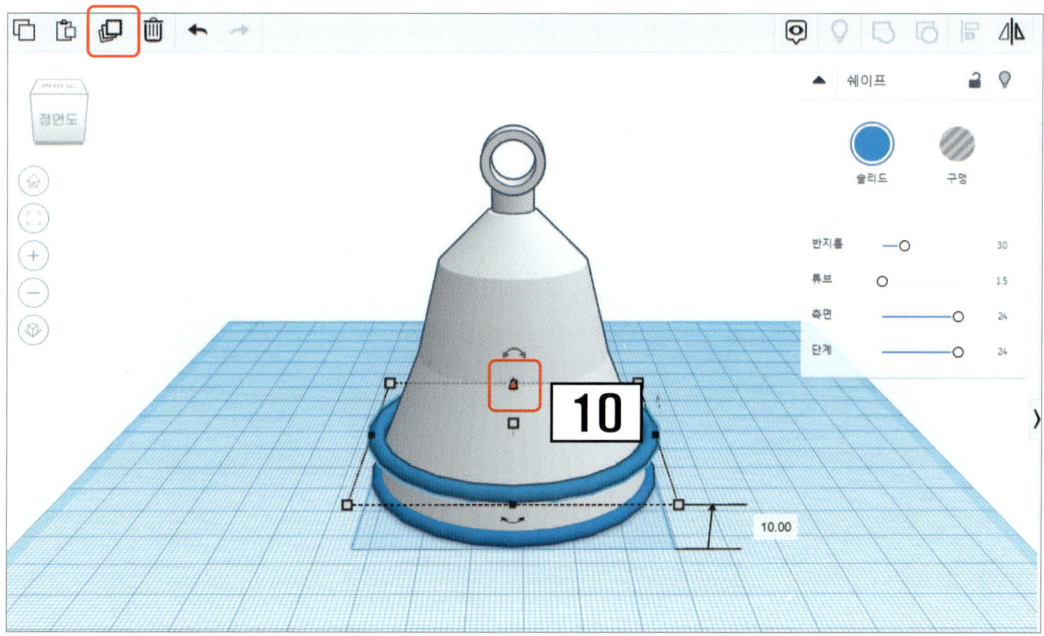

튜브 도형을 복제한 뒤 위로 "10"만큼 올려줍니다.

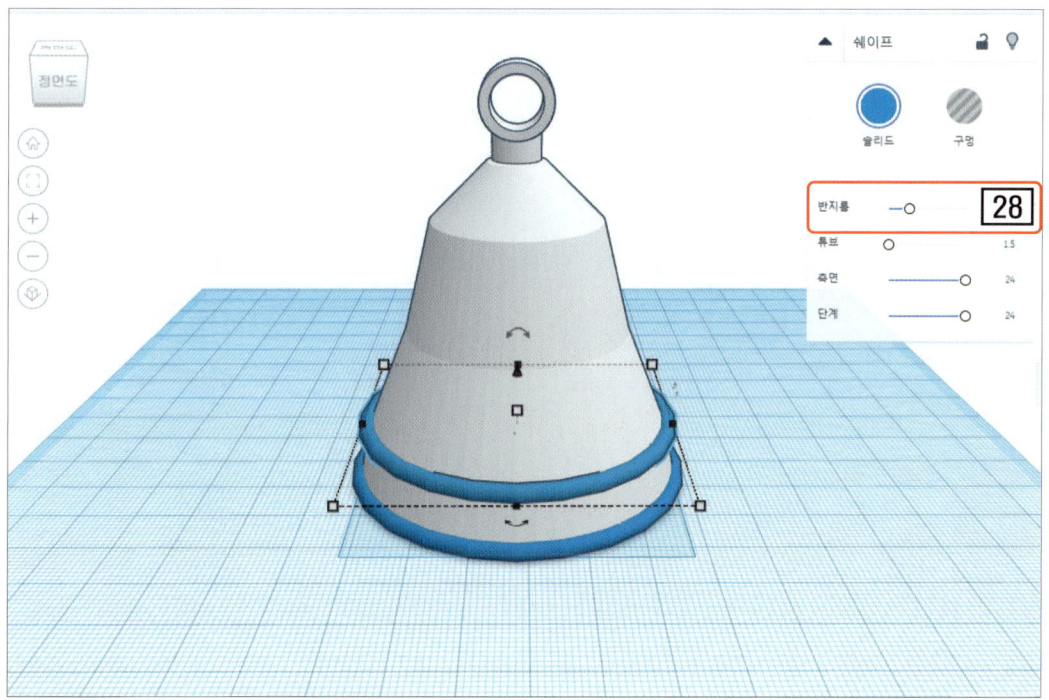

복제된 튜브 도형의 치수를 조절합니다.
예 반지름 28

TINKERCAD DESIGN For 3D PRINTING SECTION 03

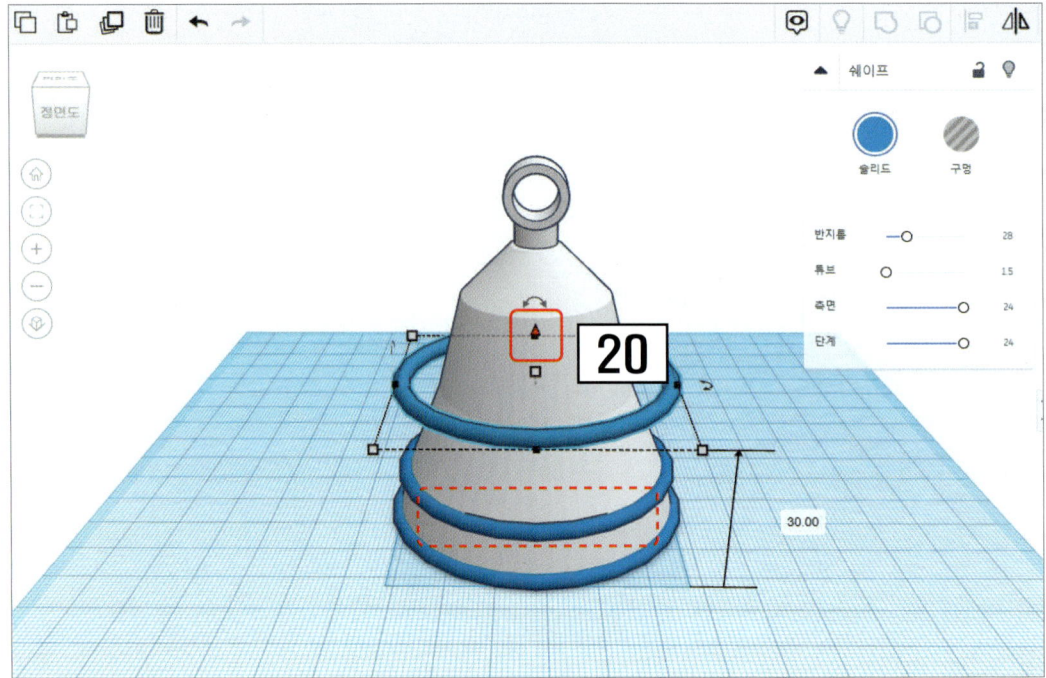

튜브 도형을 복제한 뒤 위로 "20"만큼 올려줍니다.

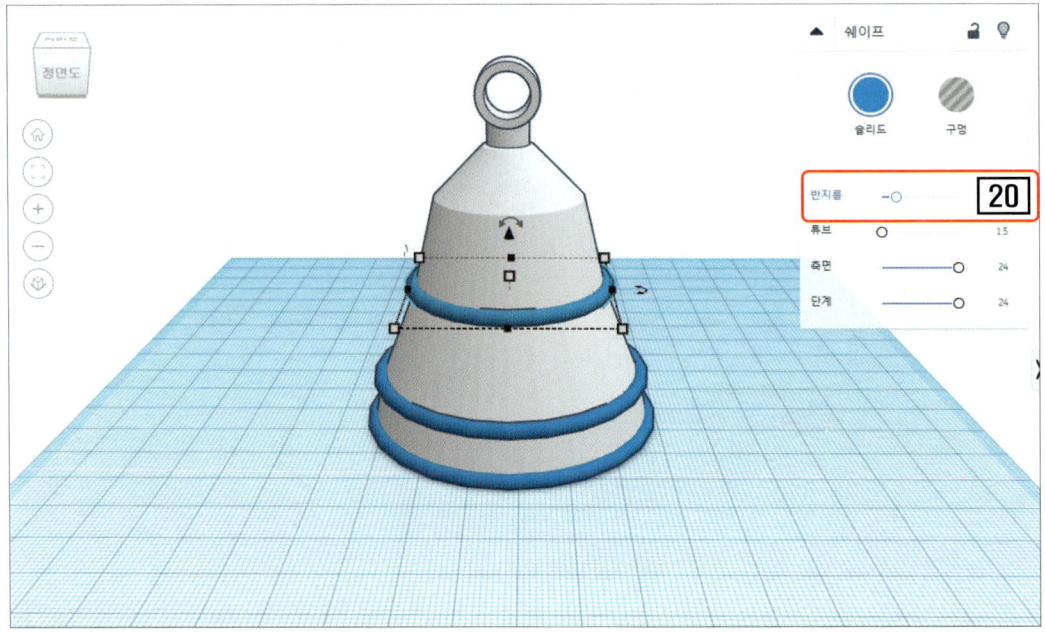

복제된 튜브 도형의 치수를 조절합니다.
예 반지름 20

TINKERCAD DESIGN For 3D PRINTING

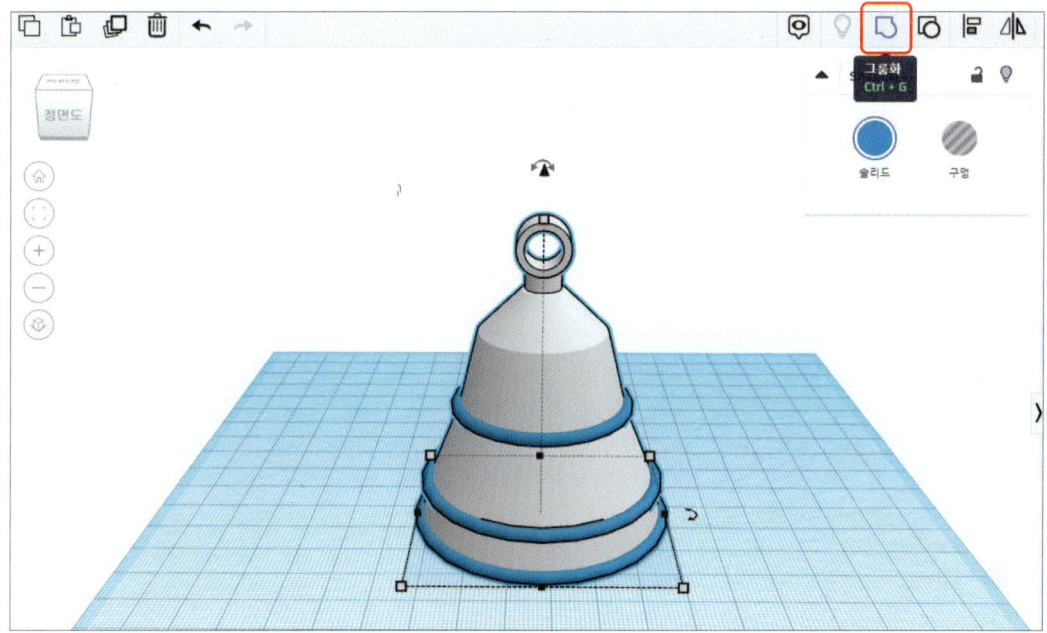

도형을 모두 선택한 후 그룹화합니다. 벨 모양 완성!

벨 뚜껑 만들기

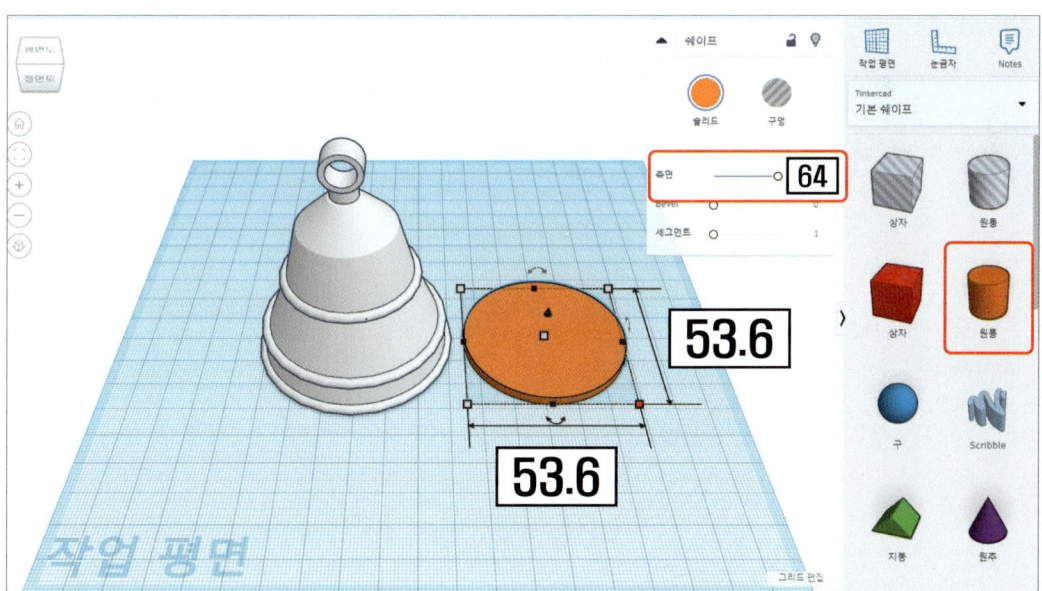

기본 쉐이프에서 원통을 선택하여 작업 평면에 놓은 후 치수를 조절합니다.
예 가로 53.6, 세로 53.6, 높이 3, 측면 64

TINKERCAD DESIGN For 3D PRINTING   SECTION 03

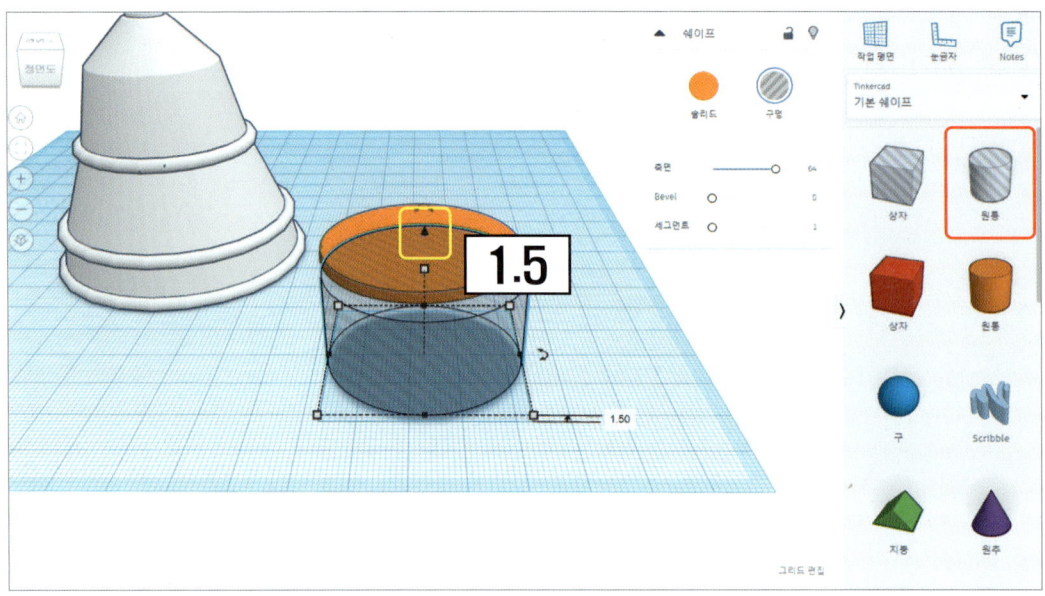

기본 쉐이프에서 구멍 원통을 선택하여 작업 평면에 놓은 후 치수를 조절한 후 위로 "1.5"만큼 올려 줍니다.

예 구멍 원통 : 가로 40, 세로 40

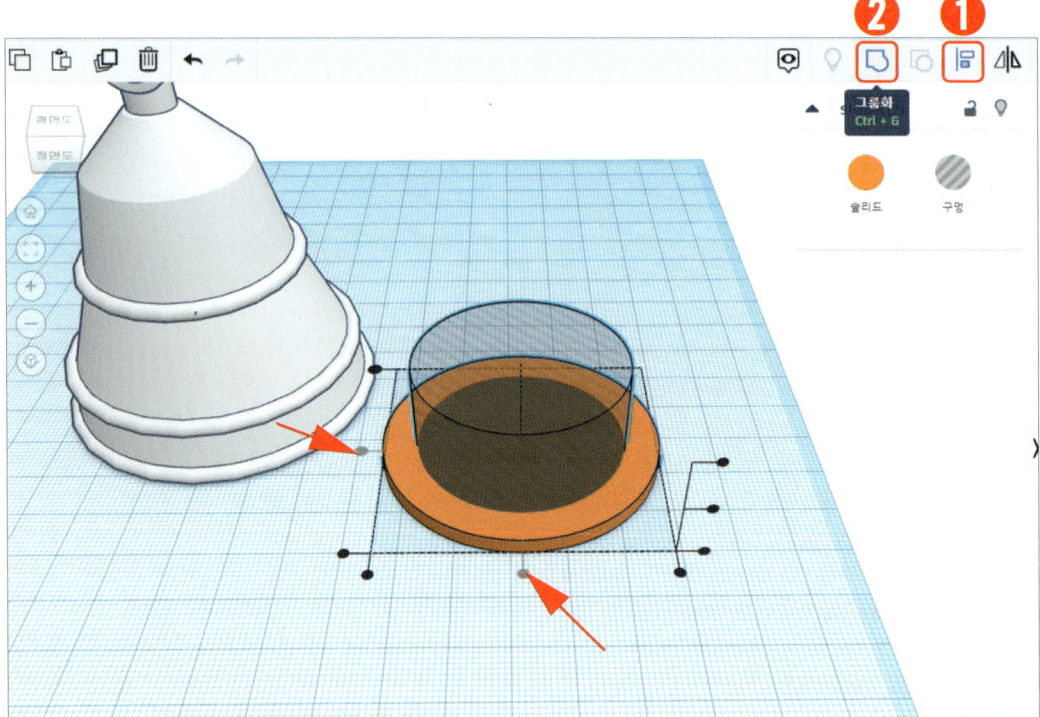

두 도형을 ❶ 가운데 정렬 후 ❷ 그룹화합니다.

TINKERCAD DESIGN For 3D PRINTING

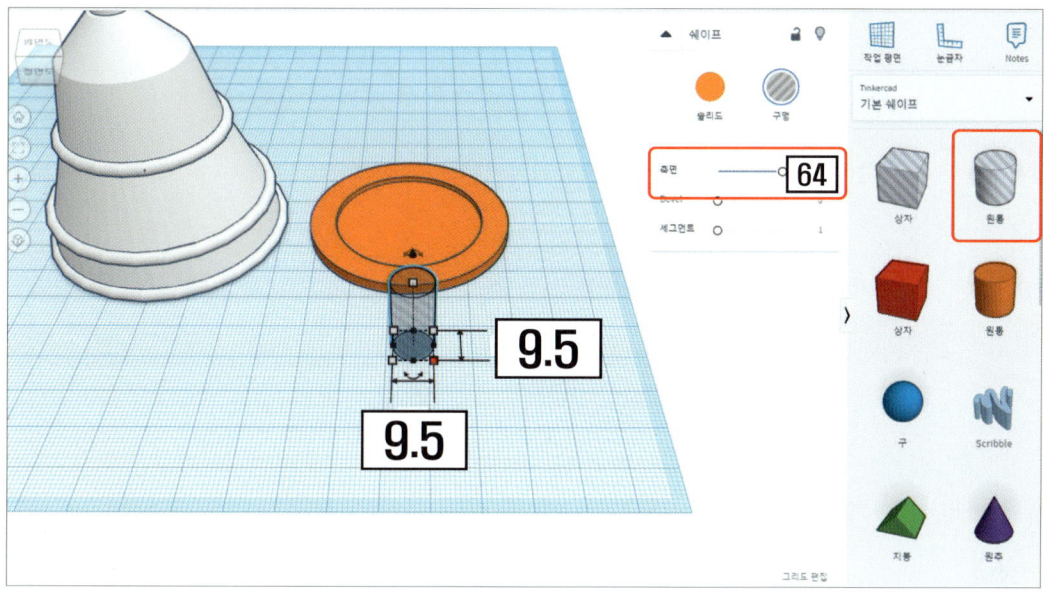

기본 쉐이프에서 구멍 원통을 선택하여 작업 평면에 놓은 후 치수를 조절합니다.
예 가로 9.5, 세로 9.5, 측면 64

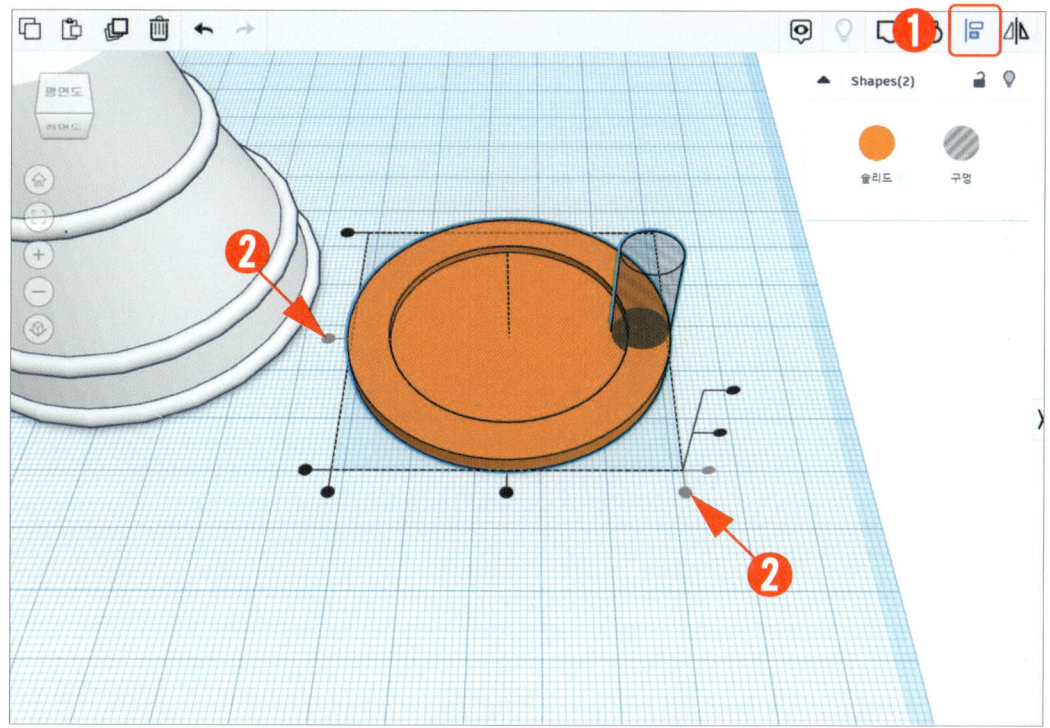

두 도형을 선택한 후 ❶ 정렬 버튼을 클릭한 후 ❷를 클릭하여 정렬합니다.

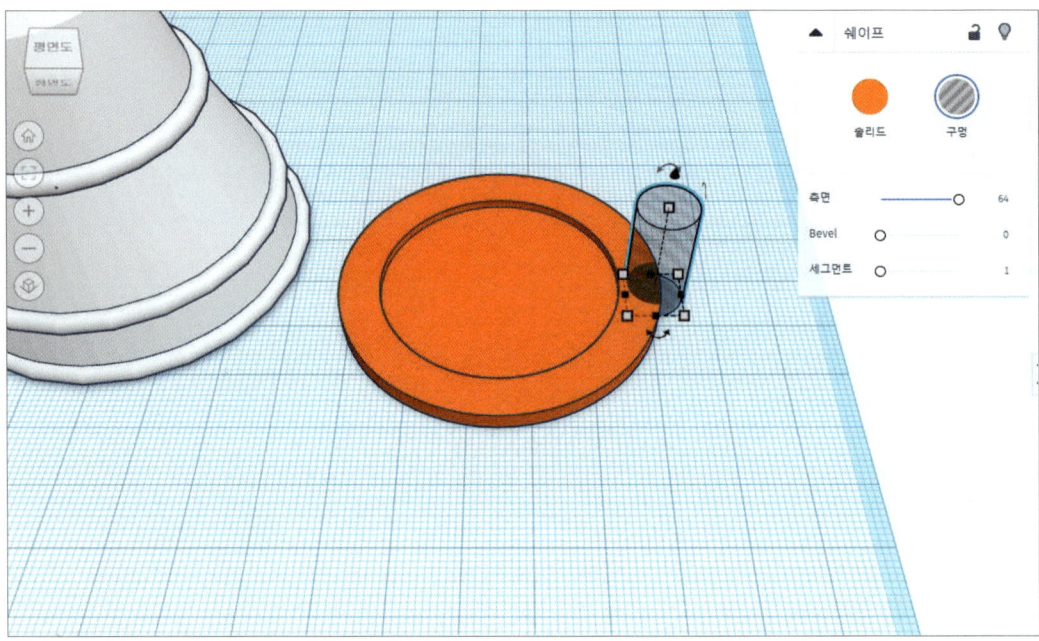

구멍 원통을 키보드 방향키 →를 4번 눌러줍니다.

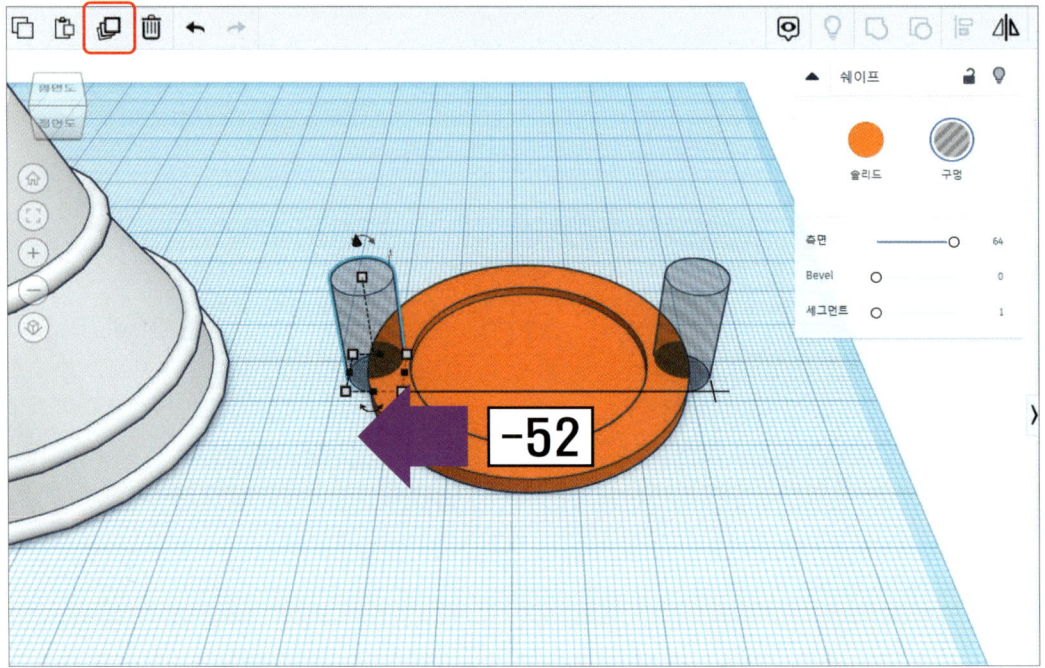

구멍 도형을 복제한 뒤 (Shift) 키를 누른 채로 옆으로 "-52"만큼 이동합니다.
((Shift) 키를 누른 채로 이동하면 일정한 방향으로 이동됩니다.)

TINKERCAD DESIGN For 3D PRINTING

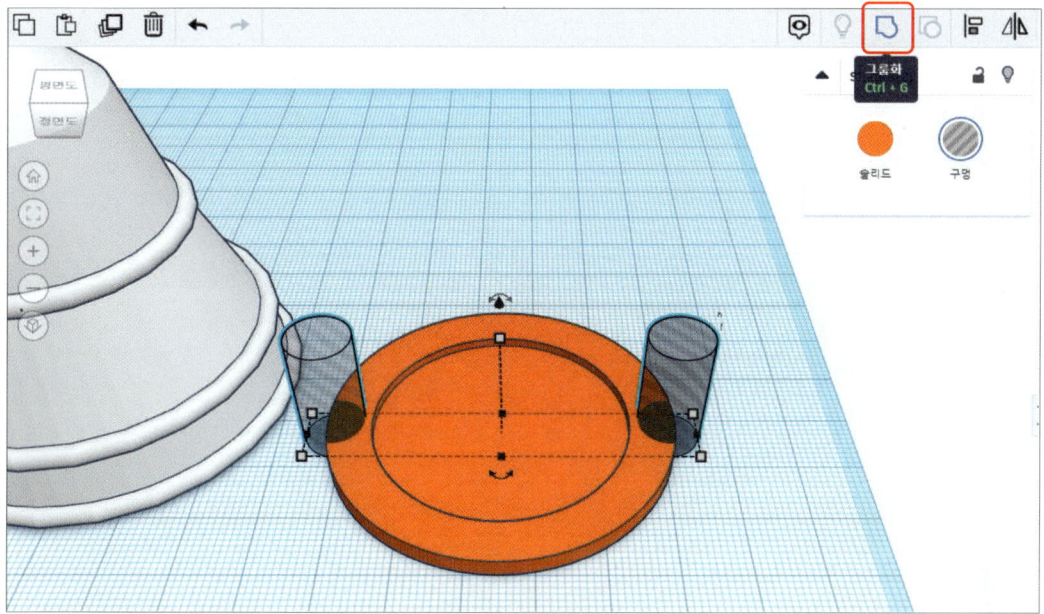

두 구멍 원통을 선택한 뒤 그룹화합니다.(구멍 원통만 선택합니다.)

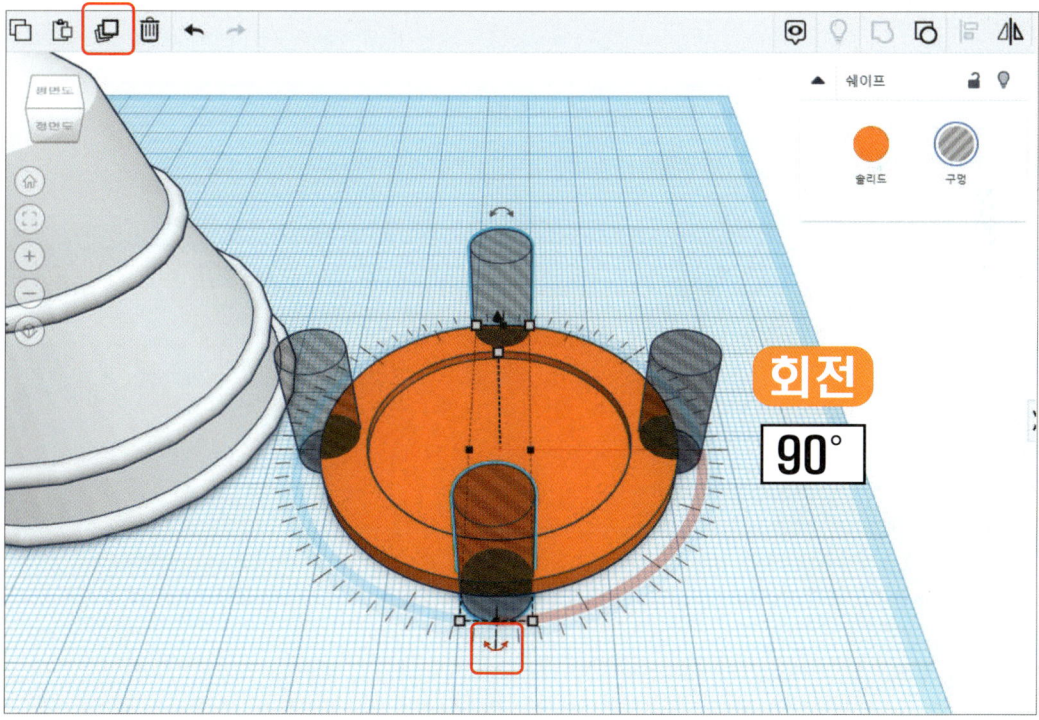

그룹화된 구멍 원통을 복제한 뒤 90° 회전합니다.

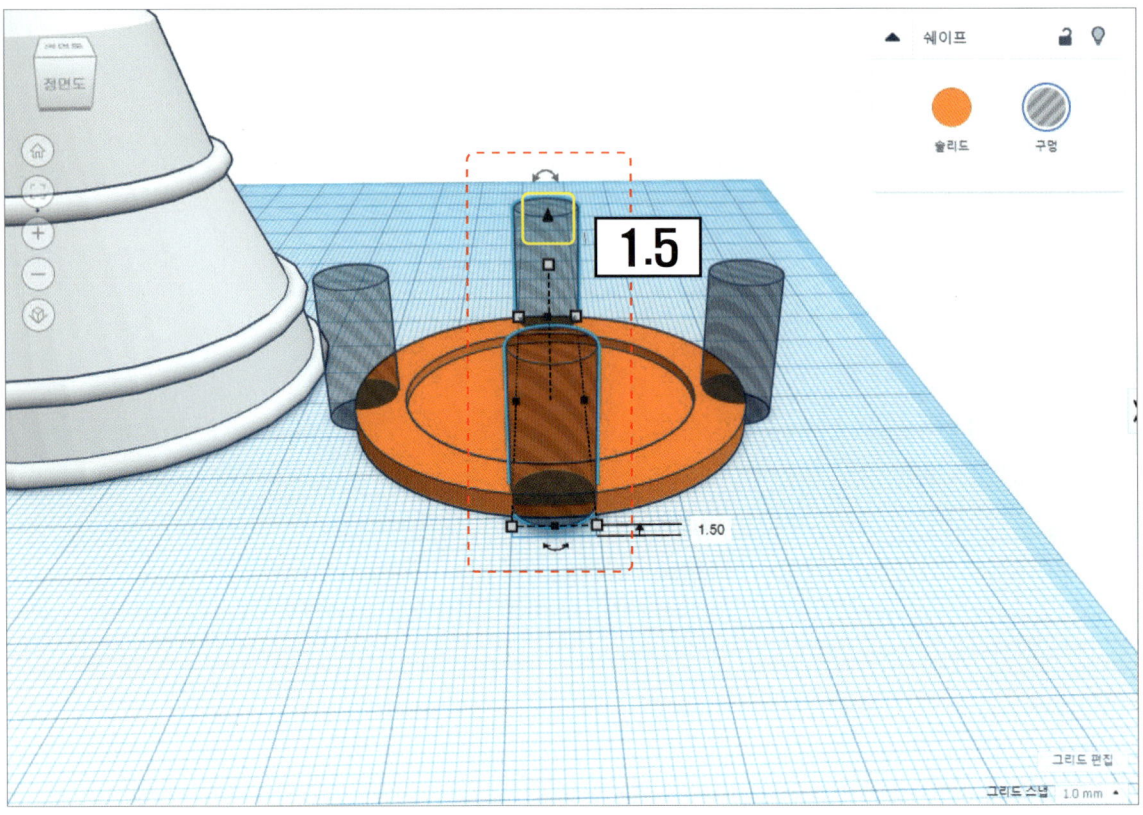

복제 회전된 ┆┄┄┆ 구멍 원통을 위로 "1.5"만큼 올려줍니다.

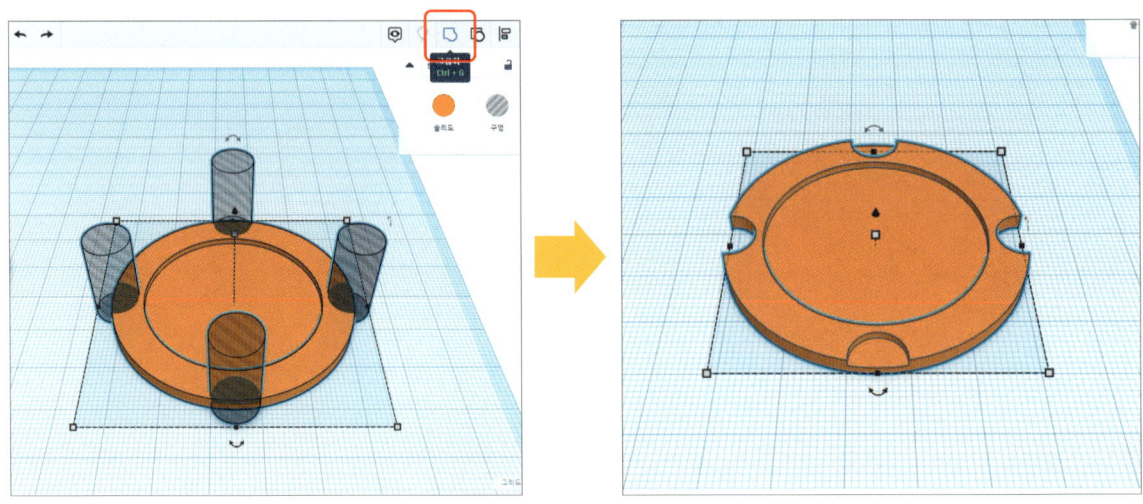

도형을 모두 선택한 후 그룹화합니다.

TINKERCAD DESIGN For 3D PRINTING

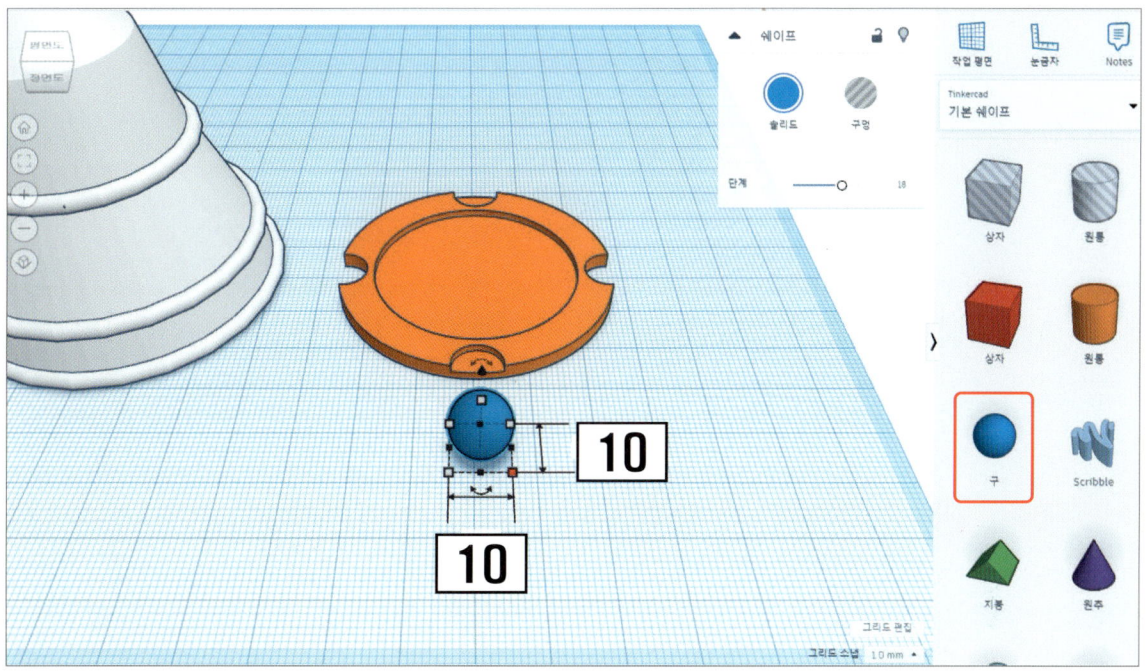

기본 쉐이프에서 구를 선택하여 작업 평면에 놓은 후 치수를 조절합니다.
예 가로 10, 세로 10, 높이 12

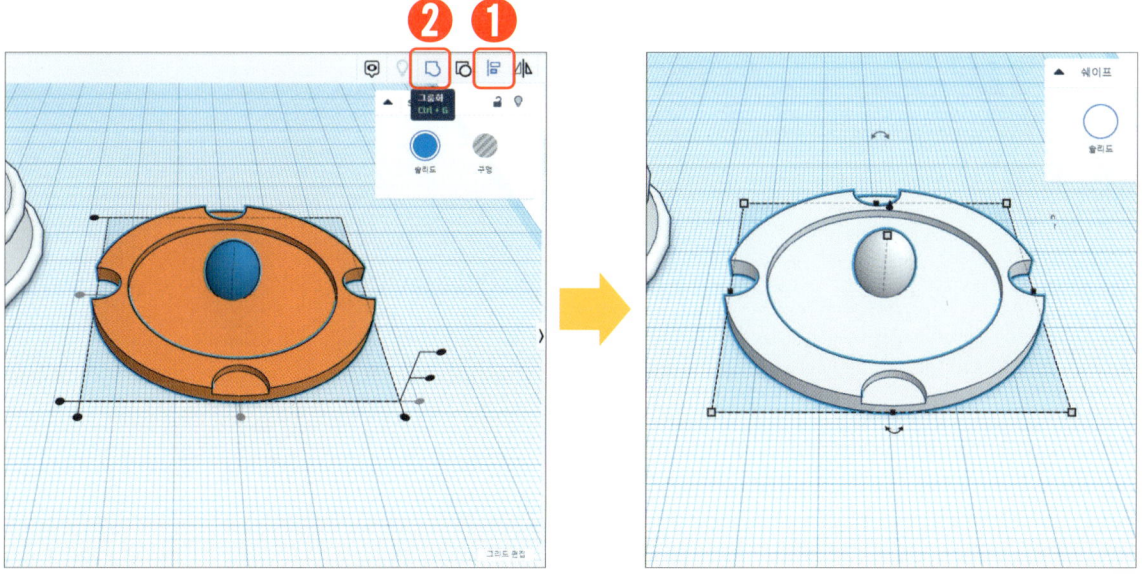

두 도형을 ❶ 가운데 정렬 후 ❷ 그룹화합니다.

TINKERCAD DESIGN For 3D PRINTING   SECTION 03

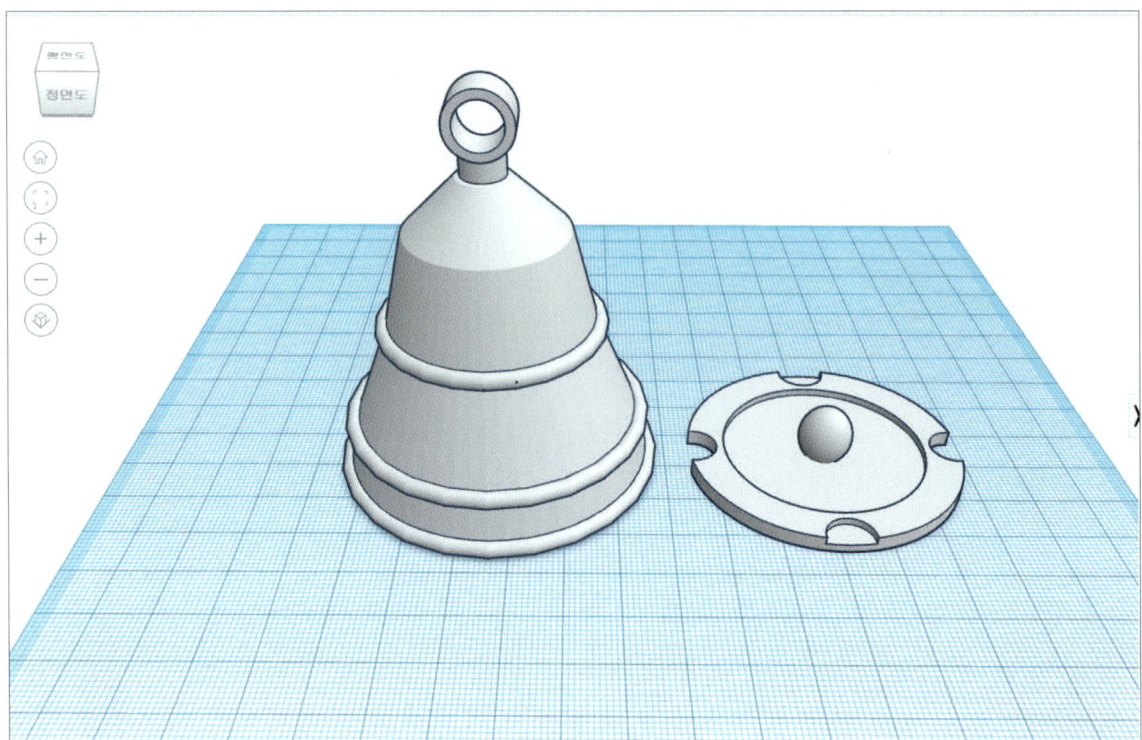

기본 벨 모양 완성!

TINKERCAD DESIGN For 3D PRINTING

도│전│과│제

- 다양한 도형을 활용하여 나만의 종 모양을 꾸며봅시다.

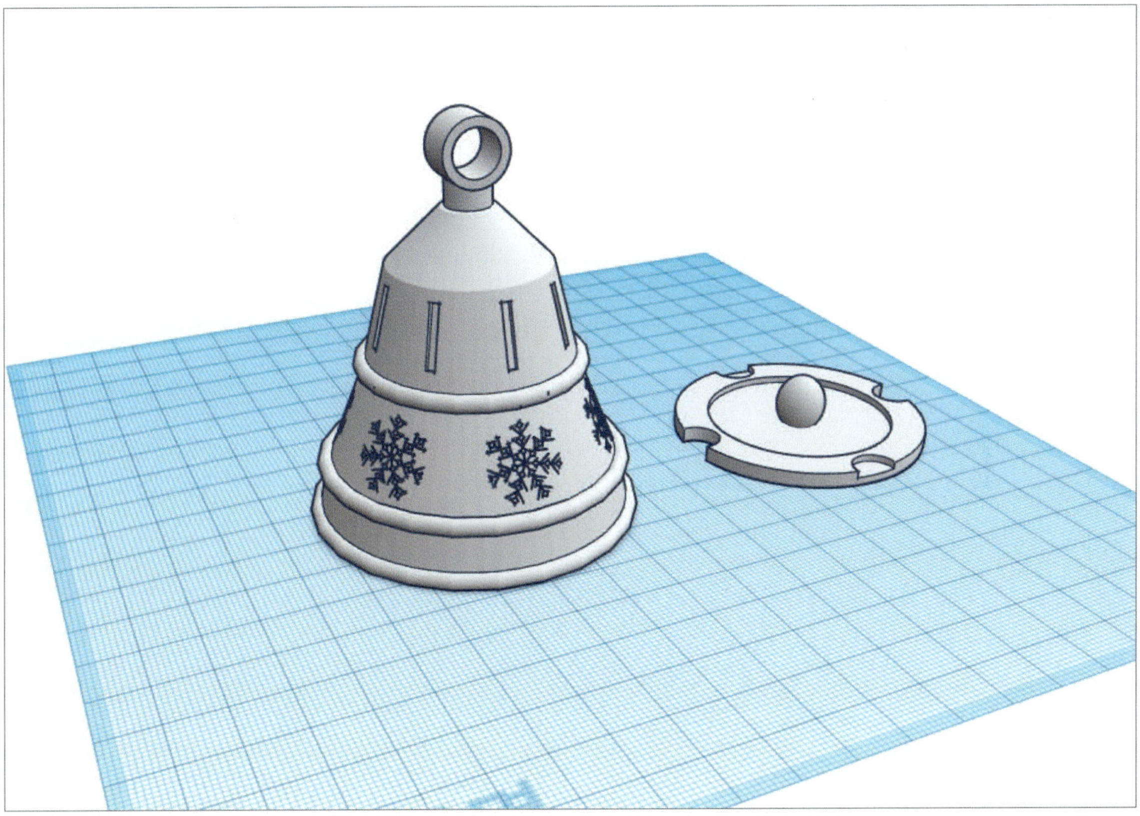

SECTION 04 다용도 후크 만들기

TINKERCAD DESIGN For 3D PRINTING

● **다용도 후크 만들기**

여러 가지 쓰임새를 가진 갈고리 모양의 다용도 후크를 모델링해 봅시다.

TINKERCAD DESIGN For 3D PRINTING

SECTION 04

01

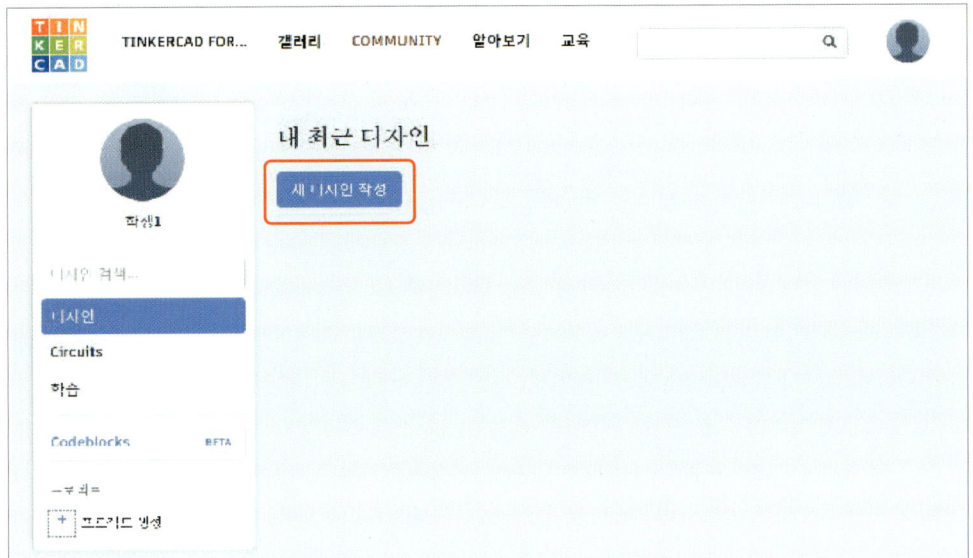

구글크롬 에서 틴커캐드 웹사이트(www.tinkercad.com)에 접속합니다.
로그인 후 대시보드의 새 디자인 작성 을 클릭합니다.

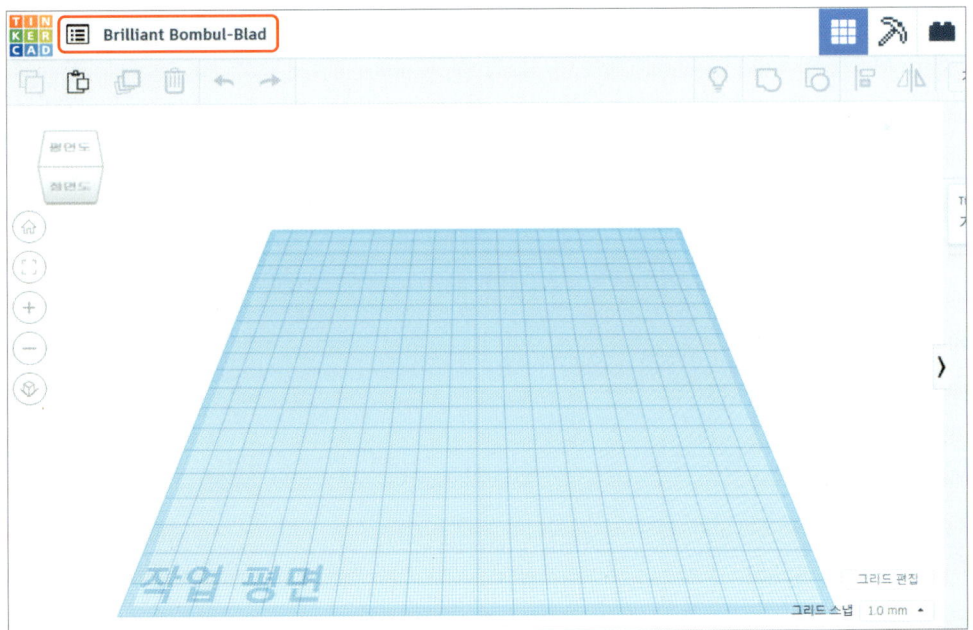

틴커캐드는 저장 버튼이 따로 없으며 웹에서 작업하고 모델링 작업파일 역시 인터넷 저장 공간에 자동으로 저장됩니다. 임의로 주어진 영어이름을 클릭하면 파일명을 수정할 수 있습니다.

파일명을 "**다용도 후크 만들기**"로 수정하고 엔터키 또는 화면의 빈 공간 아무 곳이나 클릭합니다.

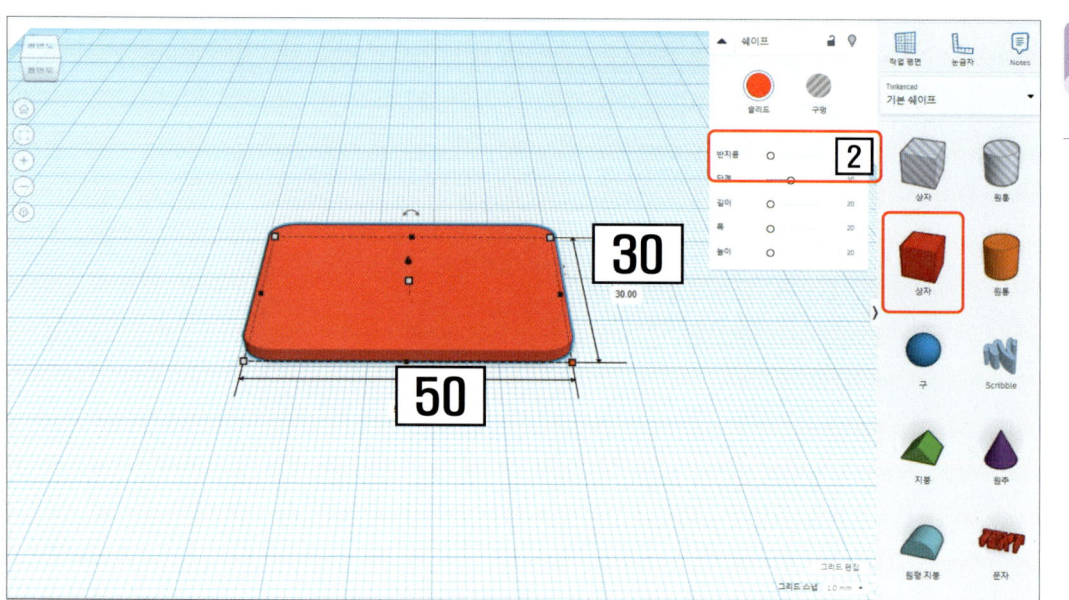

기본 쉐이프에서 상자를 선택하여 작업 평면에 놓은 후 치수를 조절합니다.
예 가로 50, 세로 30, 높이 3, 반지름 2

TINKERCAD DESIGN For 3D PRINTING SECTION 04

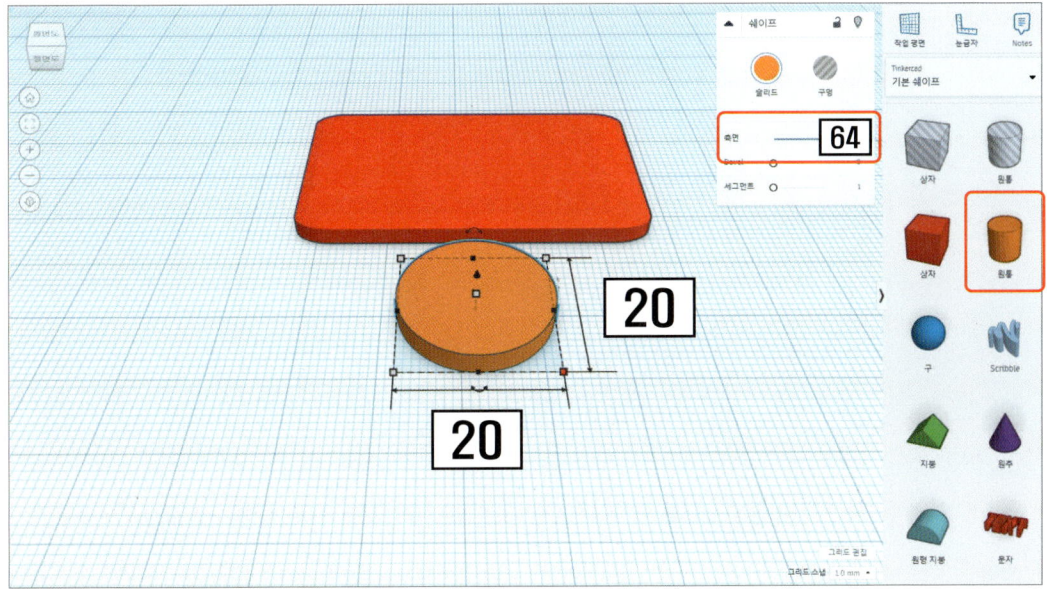

기본 쉐이프에서 원통을 선택하여 작업 평면에 놓은 후 치수를 조절합니다.
예 가로 20, 세로 20, 높이 3, 측면 64

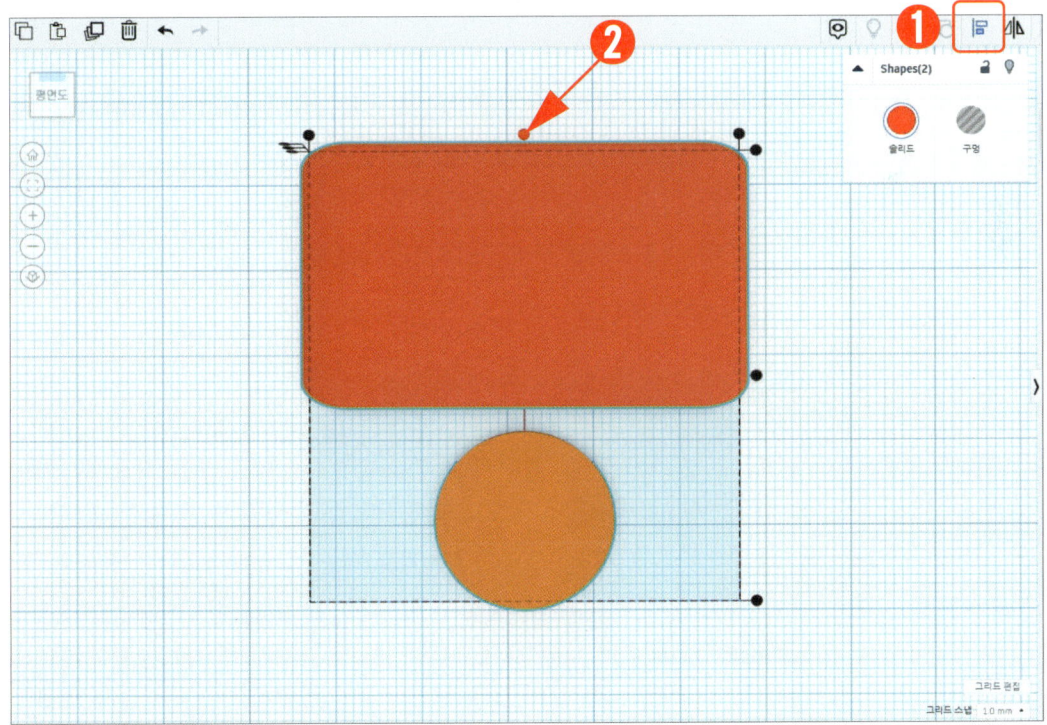

도형을 모두 선택한 후 ❶ 정렬 버튼을 클릭한 후 ❷를 클릭하여 가로 정렬합니다.

TINKERCAD DESIGN For 3D PRINTING

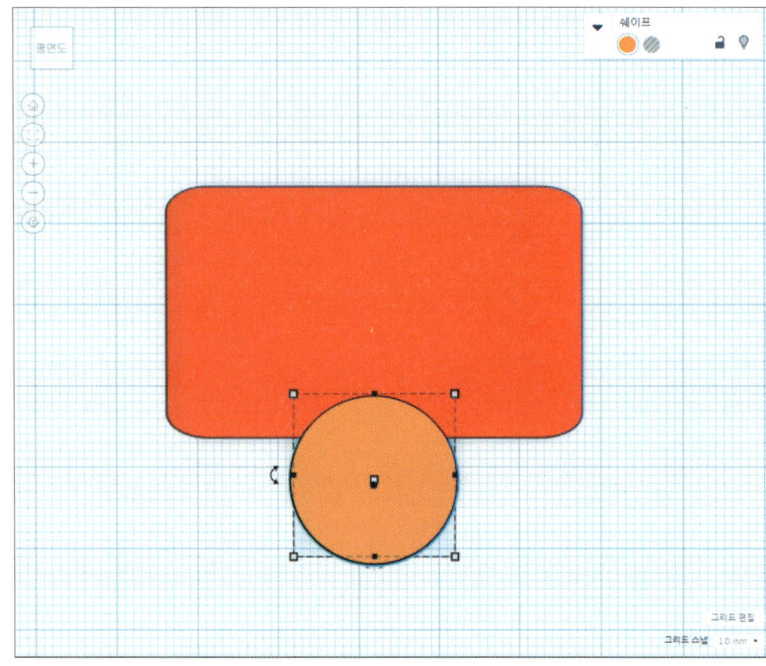

키보드 방향키 ←↑↓→ 로 그림과 같이 원통의 1/3이 상자 도형에 겹치도록 배치합니다.

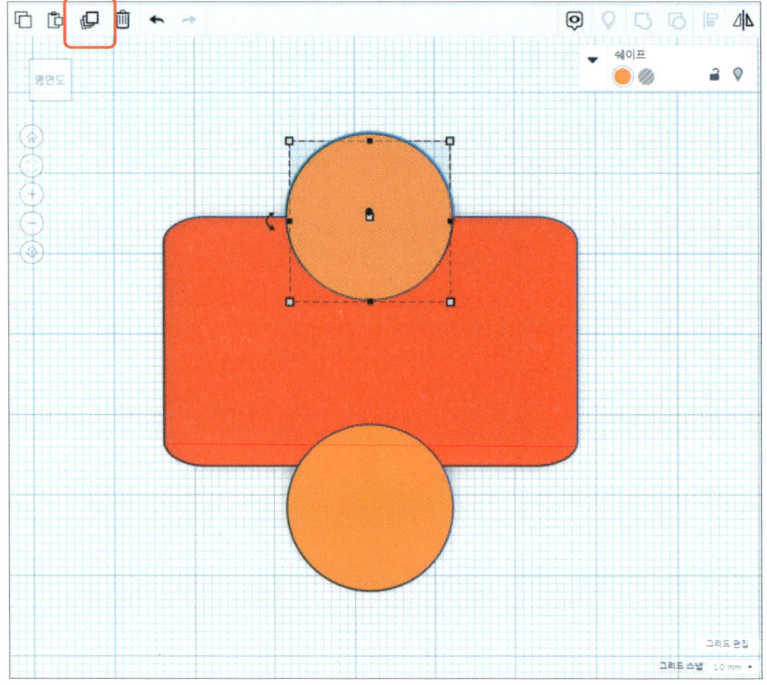

원통을 복제한 후 복제된 도형을 키보드 방향키 ←↑↓→ 로 그림과 같이 배치합니다.

TINKERCAD DESIGN For 3D PRINTING SECTION 04

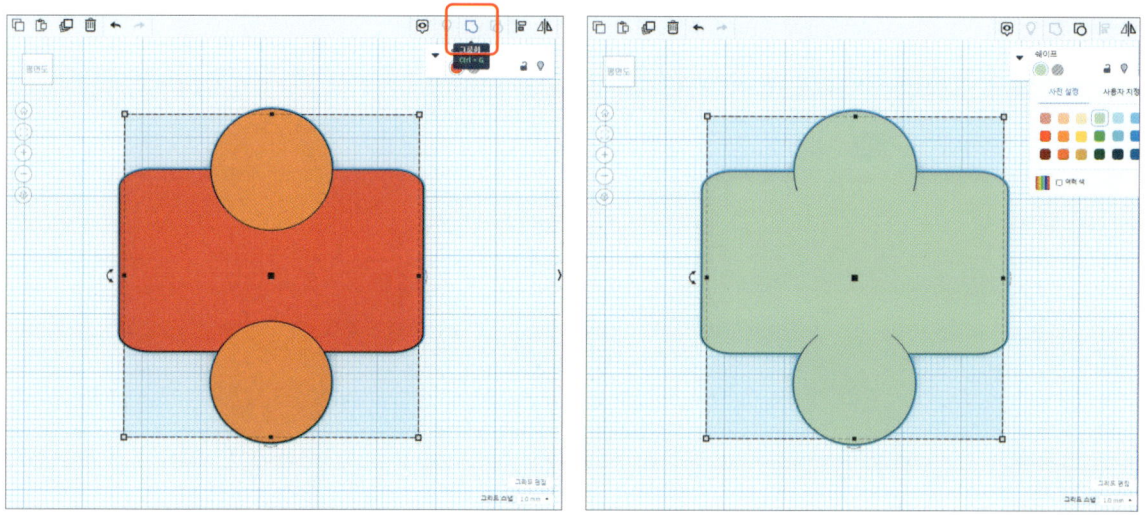

도형을 모두 선택한 후 그룹화합니다.

03

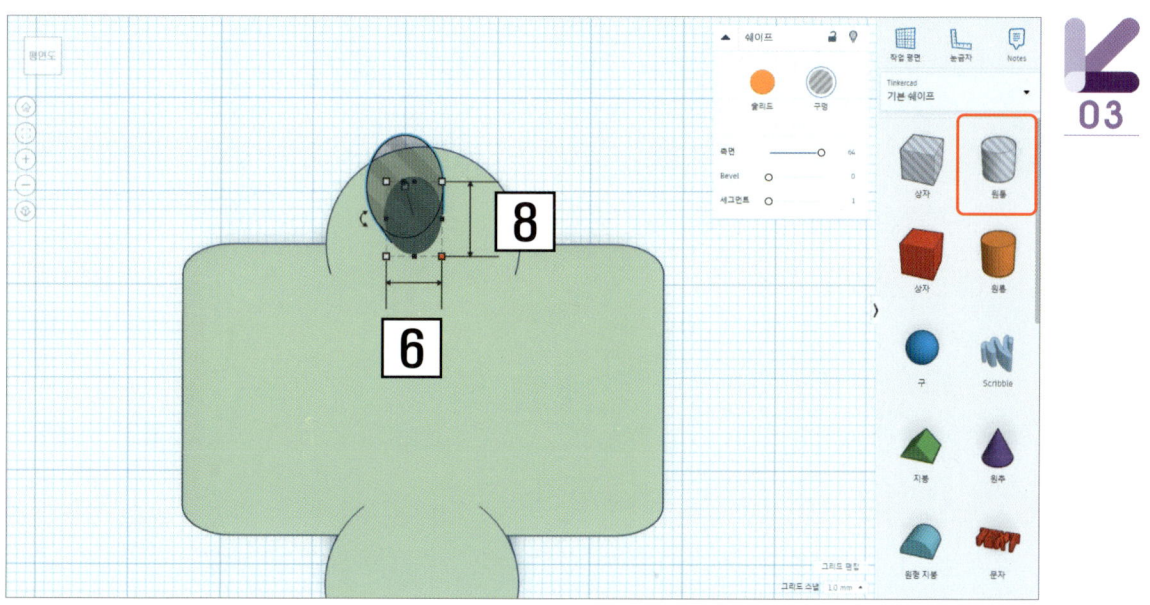

기본 쉐이프에서 구멍 원통을 선택하여 작업 평면에 놓은 후 치수를 조절합니다.
예 가로 6, 세로 8

SECTION 04_ 다용도 후크 만들기

TINKERCAD DESIGN For 3D PRINTING

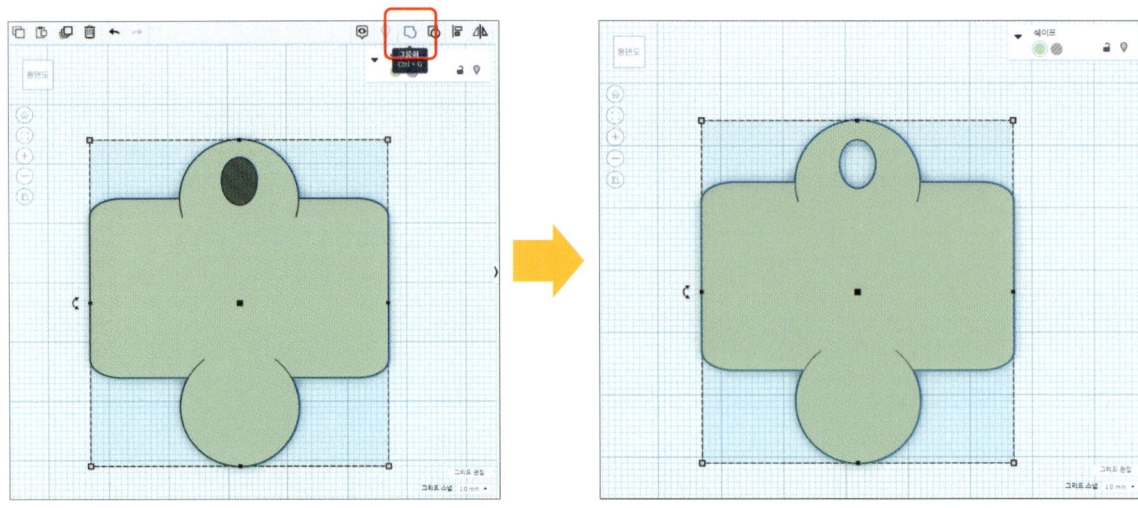

구멍 도형을 원통의 가운데 배치한 후 그룹화합니다.

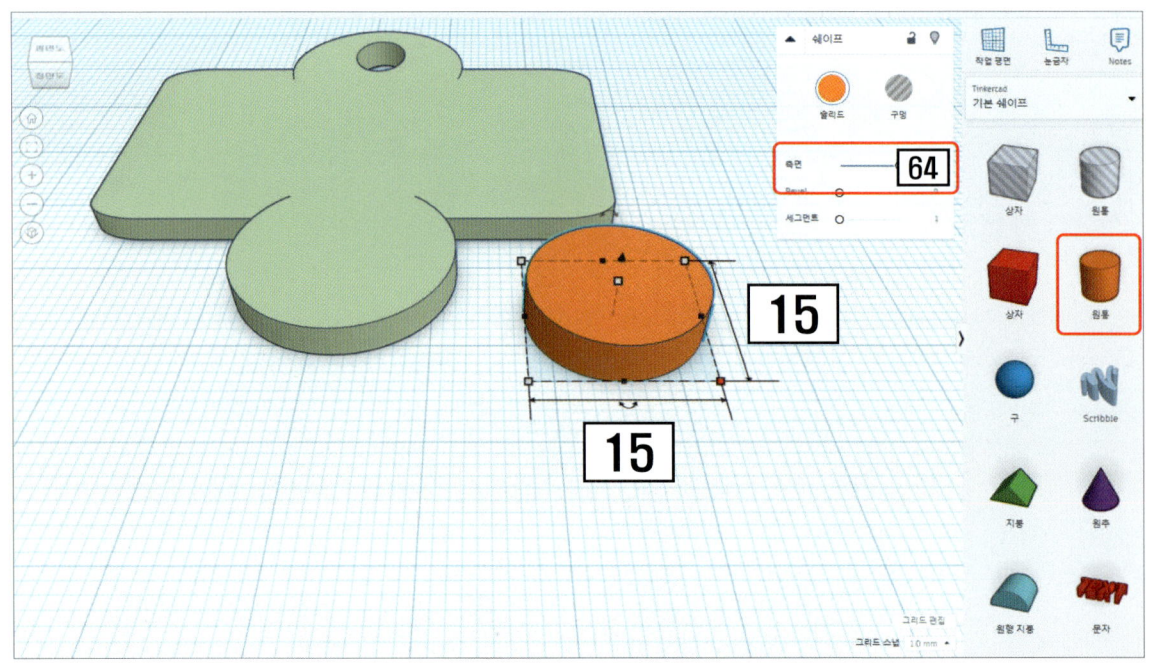

기본 쉐이프에서 원통을 선택하여 작업 평면에 놓은 후 치수를 조절합니다.
예 가로 15, 세로 15, 높이 4, 측면 64

TINKERCAD DESIGN For 3D PRINTING

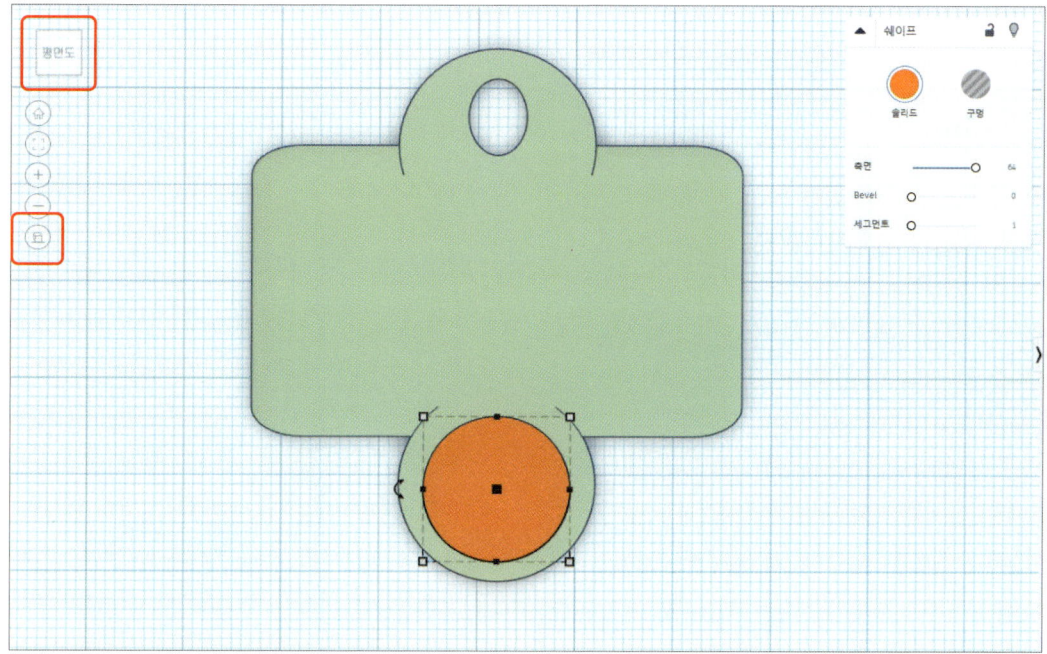

뷰박스를 평면도, 직교뷰로 선택합니다.
키보드 방향키 ←↑↓→ 로 그림과 같이 원통을 가운데에 배치합니다.

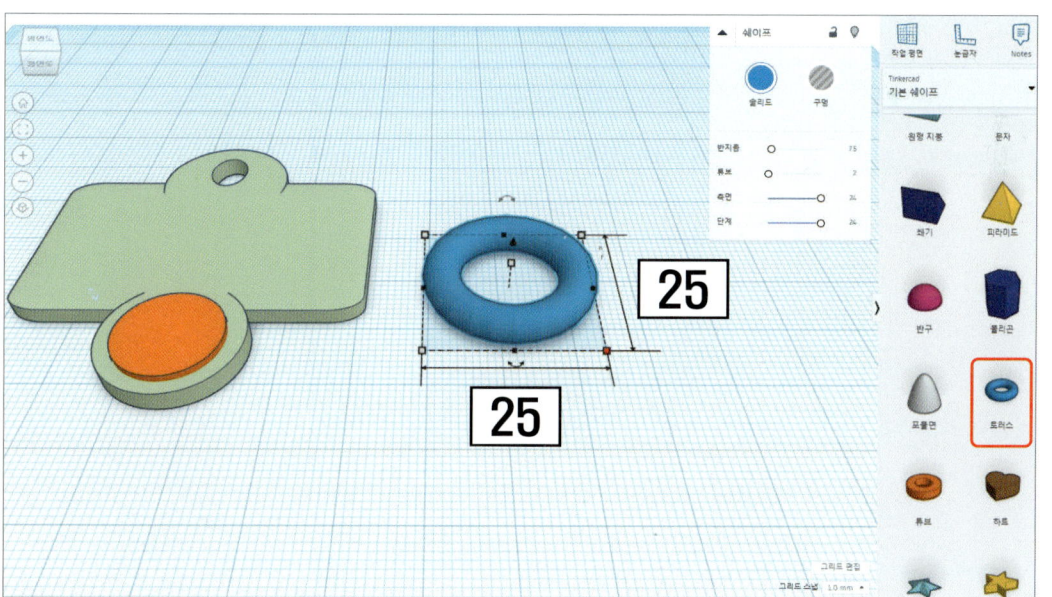

기본 쉐이프에서 토러스를 선택하여 작업 평면에 놓은 후 치수를 조절합니다.
예 가로 25, 세로 25, 높이 5

TINKERCAD DESIGN For 3D PRINTING

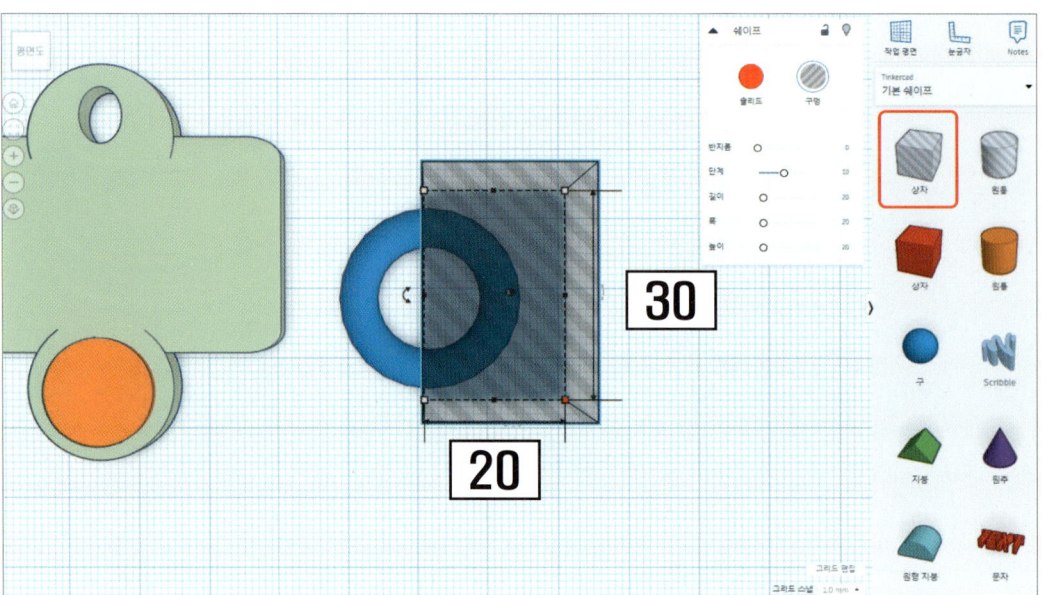

기본 쉐이프에서 구멍 상자를 치수를 조절한 후 토러스 반이 겹치도록 배치합니다.
예 가로 20, 세로 30, 높이 20

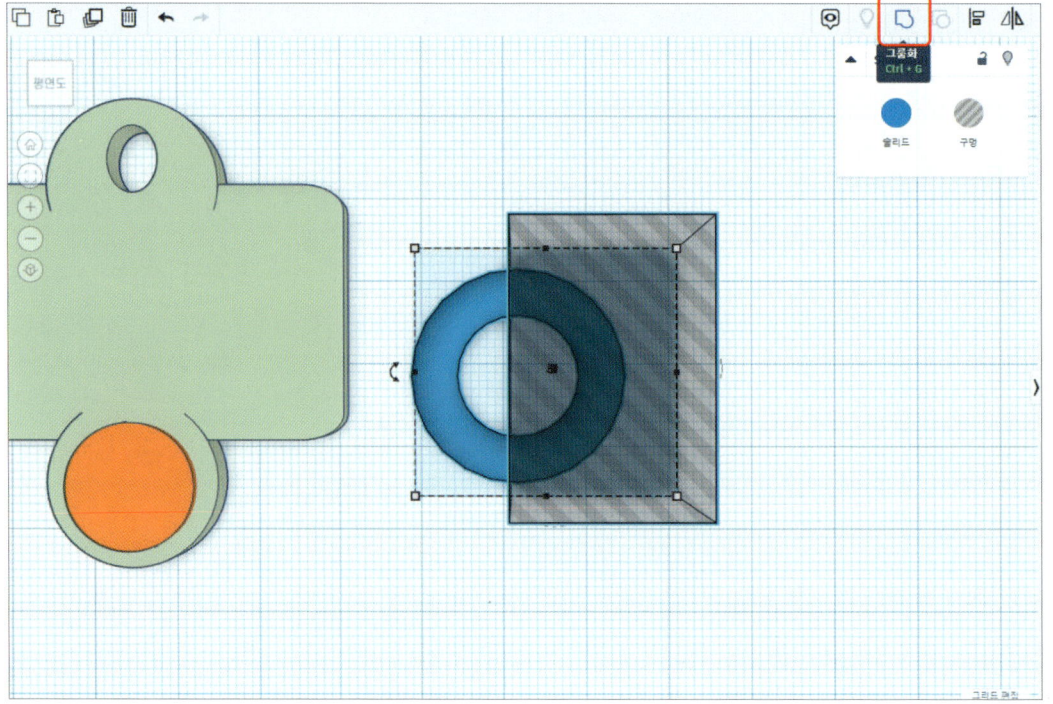

토러스와 구멍 상자를 선택한 후 그룹화합니다.

TINKERCAD DESIGN For 3D PRINTING SECTION 04

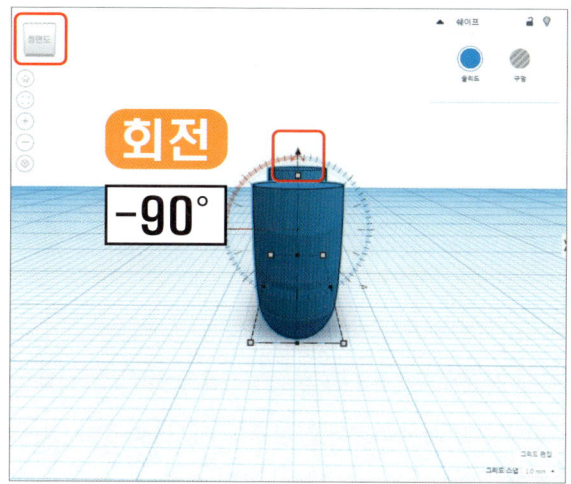
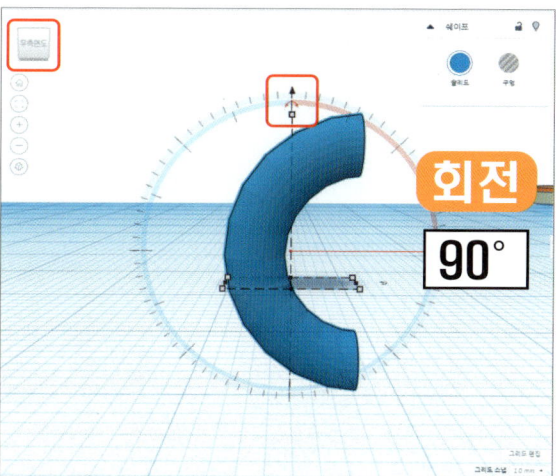

뷰박스를 정면도로 선택합니다.
-90° 회전합니다.

뷰박스를 우측면도로 선택합니다.
90° 회전합니다.

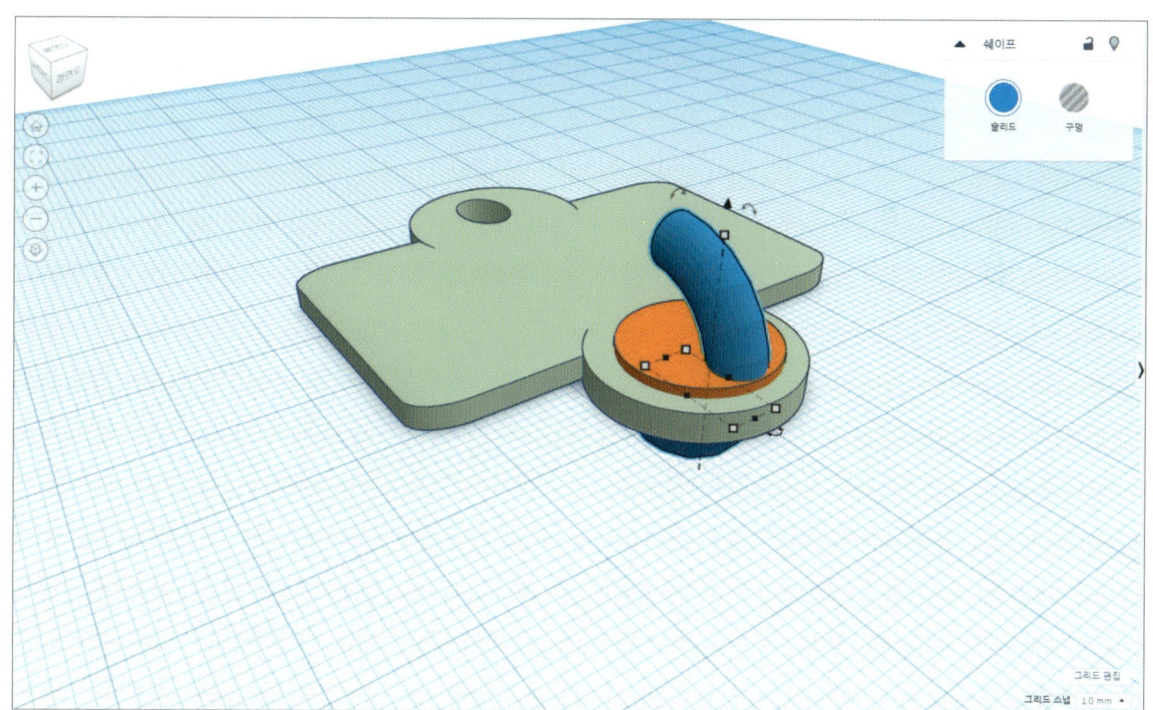

키보드 방향키 ⬆⬅⬇➡ 로 갈고리 모양을 그림과 같이 배치합니다.

SECTION 04_ 다용도 후크 만들기

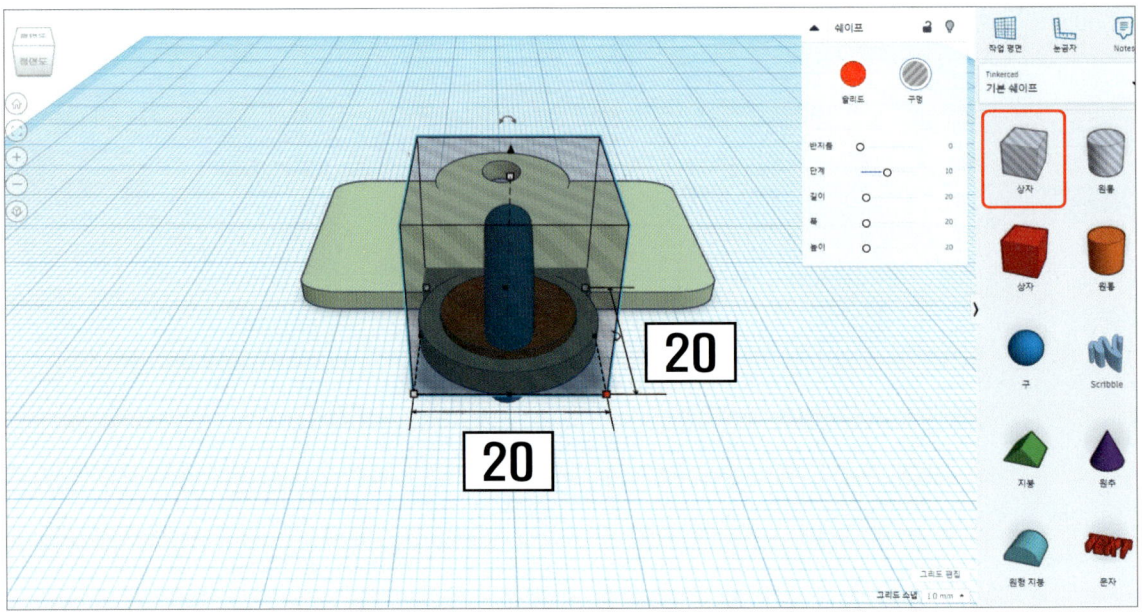

기본 쉐이프에서 구멍 상자의 치수를 조절한 후 토러스 도형이 겹치도록 배치합니다.
예 가로 20, 세로 20, 높이 20

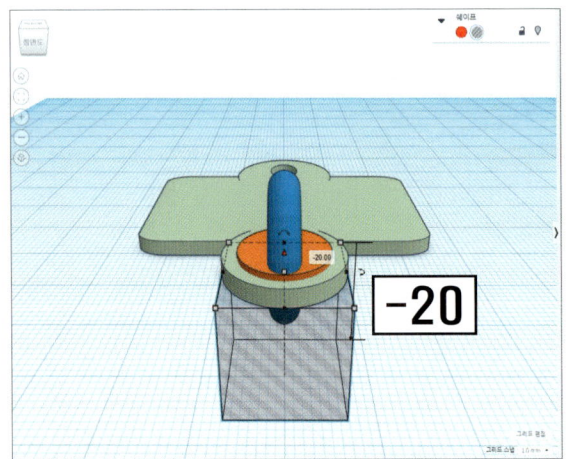

구멍 상자를 아래로 "-20"만큼 내려줍니다.
구멍 상자가 갈고리와 겹치도록 배치합니다.

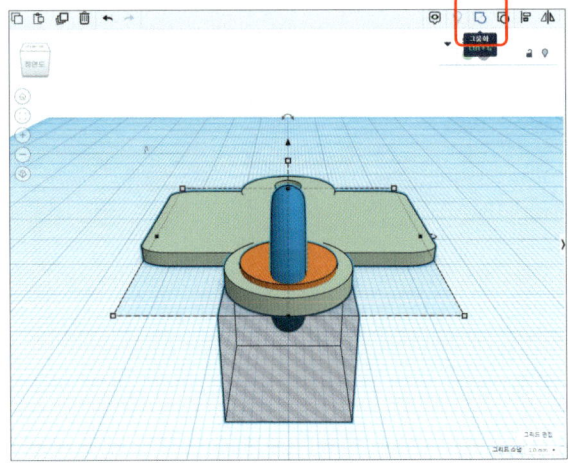

도형을 모두 선택한 후 그룹화합니다.

TINKERCAD DESIGN For 3D PRINTING _____ SECTION **04**

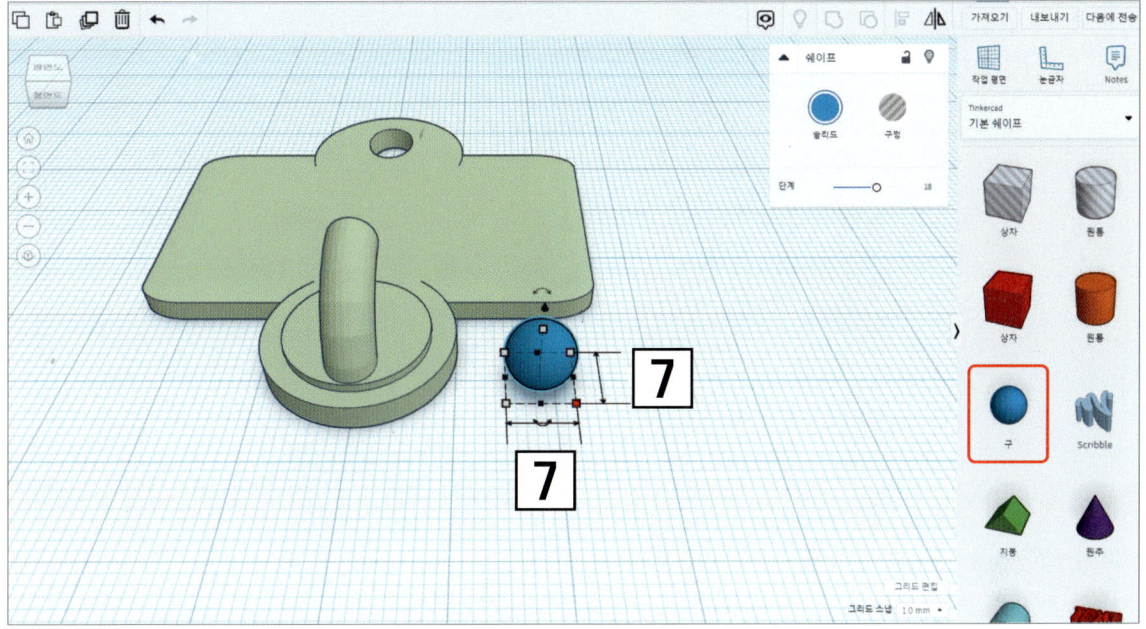

기본 쉐이프에서 구를 선택하여 작업 평면에 놓은 후 치수를 조절합니다.
예 가로 7, 세로 7, 높이 7

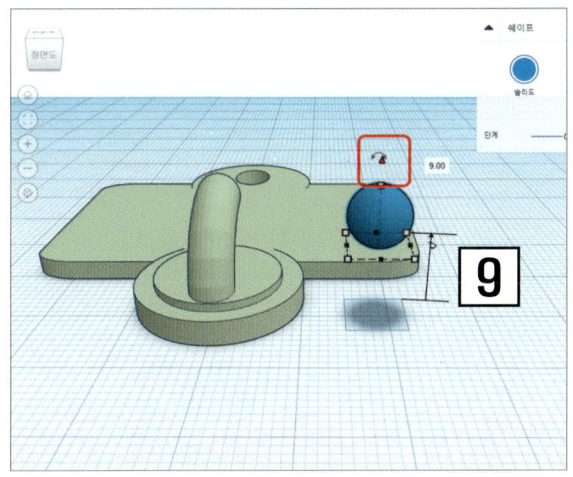

구를 위로 "9"만큼 올립니다.

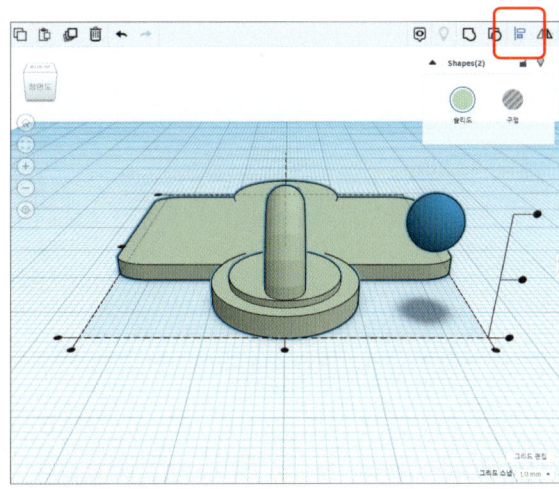

도형을 모두 선택한 후 가로 정렬합니다.

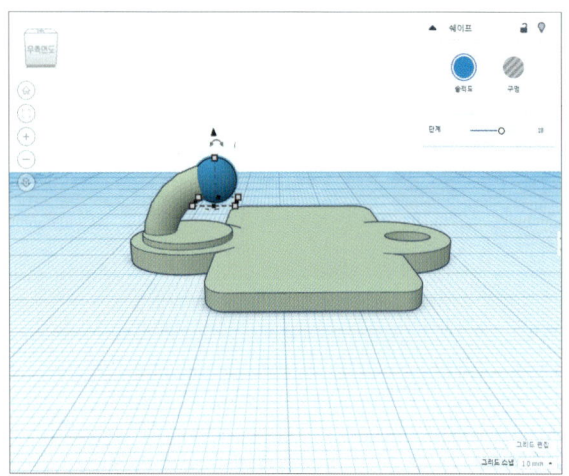

뷰박스를 측면도로 선택합니다.

키보드 방향키 로 그림과 같이 배치합니다.

도형을 모두 선택한 후 그룹화합니다.
다용도 후크 기본 모양 완성!

다용도 후크 뚜미기

다양한 도형을 활용하여 후크를 꾸며봅시다.

SECTION 05 입체 액자 만들기-1

■ 액자 케이스 만들기

● **입체 액자 만들기-1 (액자 케이스 만들기)**

다양한 도형을 활용하여 나만의 액자 키트를 만들어 봅시다.
액자 프레임을 꼽을 액자 케이스를 모델링해 봅시다.

TINKERCAD DESIGN For 3D PRINTING _____ SECTION 05

01

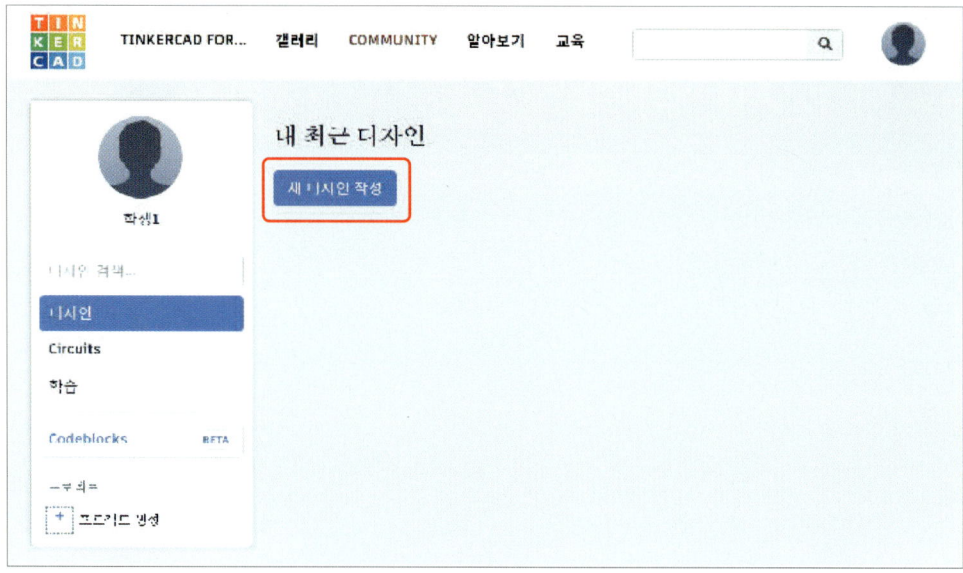

구글크롬 에서 틴커캐드 웹사이트(www.tinkercad.com)에 접속합니다.
로그인 후 대시보드의 새 디자인 작성 을 클릭합니다.

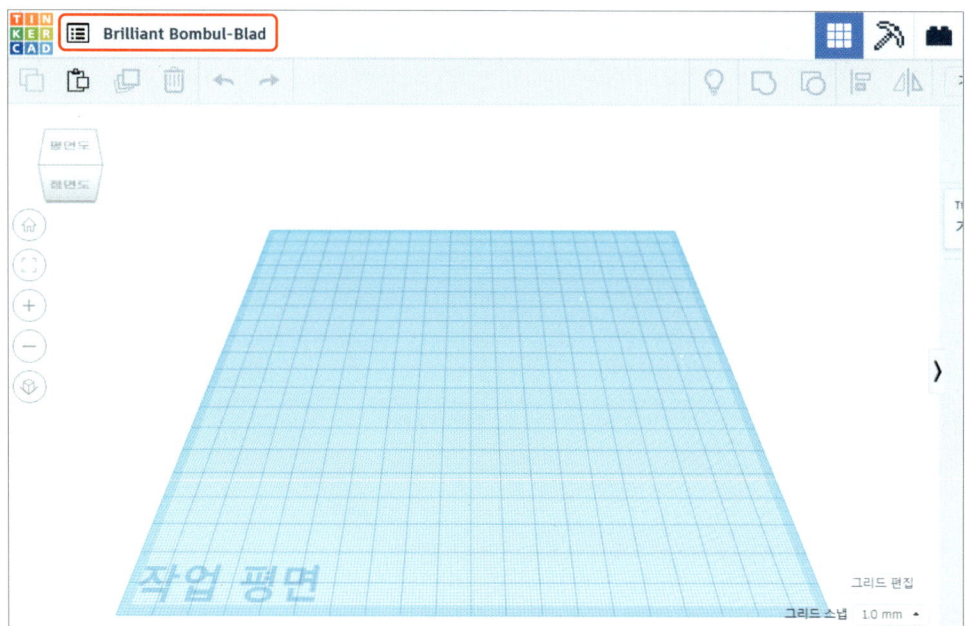

틴커캐드는 저장 버튼이 따로 없으며 웹에서 작업하고 모델링 작업파일 역시 인터넷 저장 공간에
자동으로 저장됩니다. 임의로 주어진 영어이름을 클릭하면 파일명을 수정할 수 있습니다.

TINKERCAD DESIGN For 3D PRINTING — SECTION 05

파일명을 "**입체 액자 만들기-1**"로 수정하고 엔터키 또는 화면의 빈 공간 아무 곳이나 클릭합니다.

 기본 케이스 틀 만들기  02

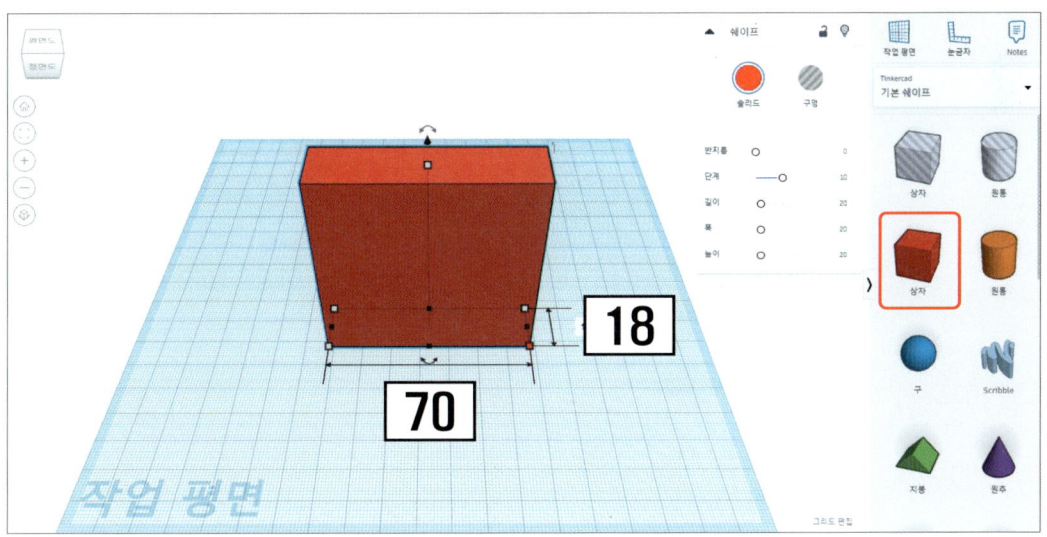

기본 쉐이프에서 상자를 선택하여 작업 평면에 놓은 후 치수를 조절합니다.
예 가로 70, 세로 18, 높이 70

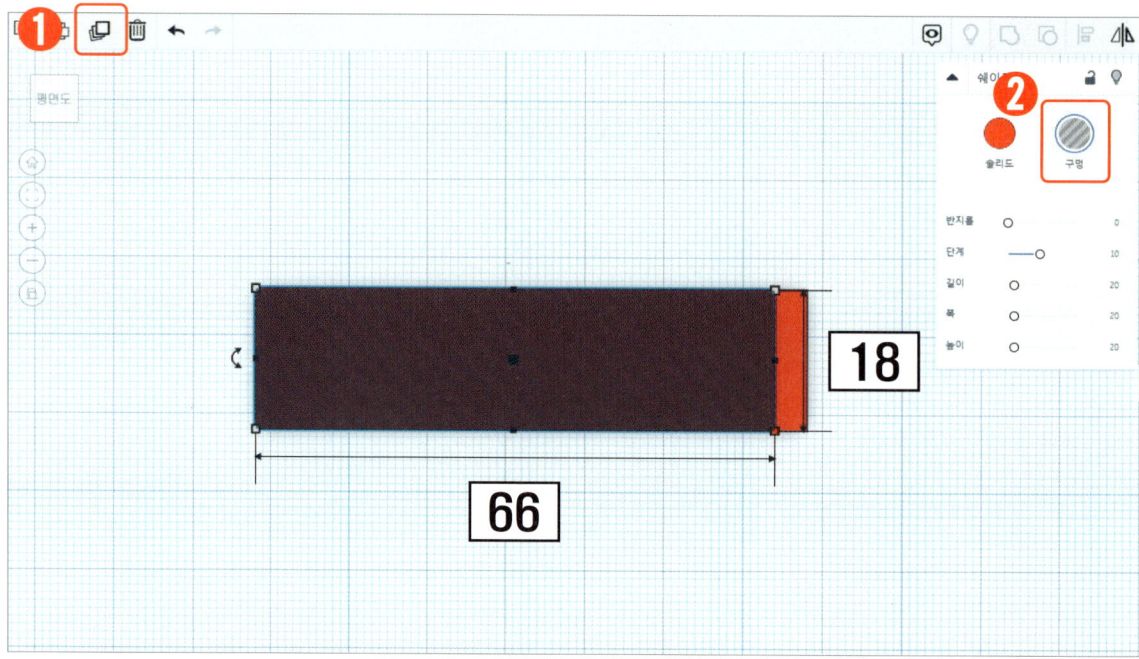

상자를 ❶ 복제한 후 ❷ 구멍 도형으로 바꾸고 치수를 조절합니다.
예 가로 66, 세로 18, 높이 70

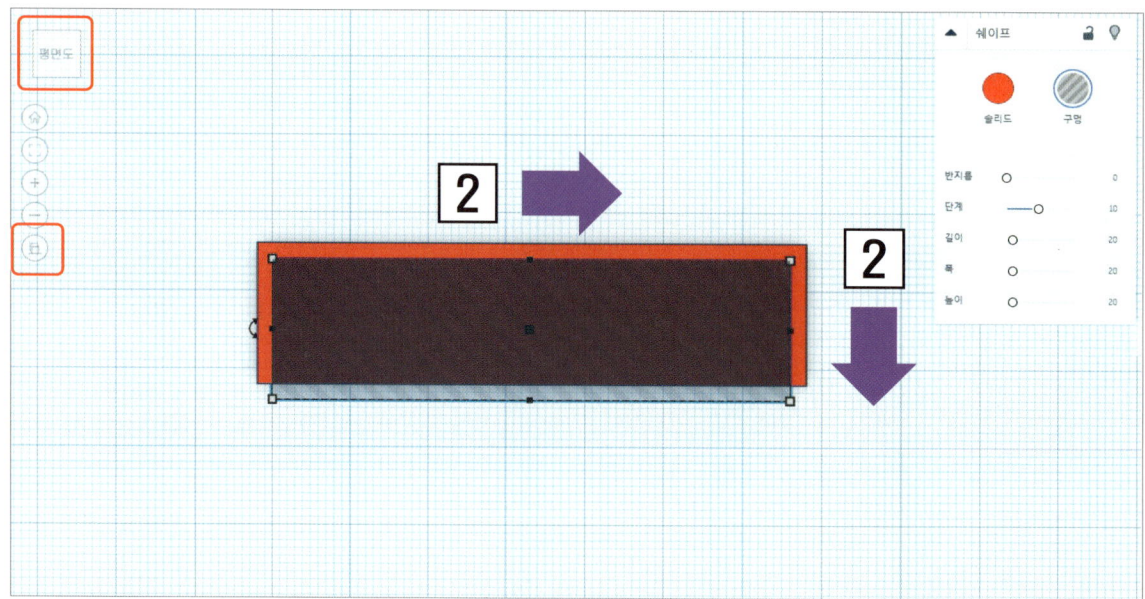

뷰박스를 평면도, 직교뷰로 선택합니다.
구멍 상자를 키보드 방향키로 옆으로 → 2칸, 아래로 ↓ 2칸 이동합니다.

TINKERCAD DESIGN For 3D PRINTING ─────────────────── SECTION 05

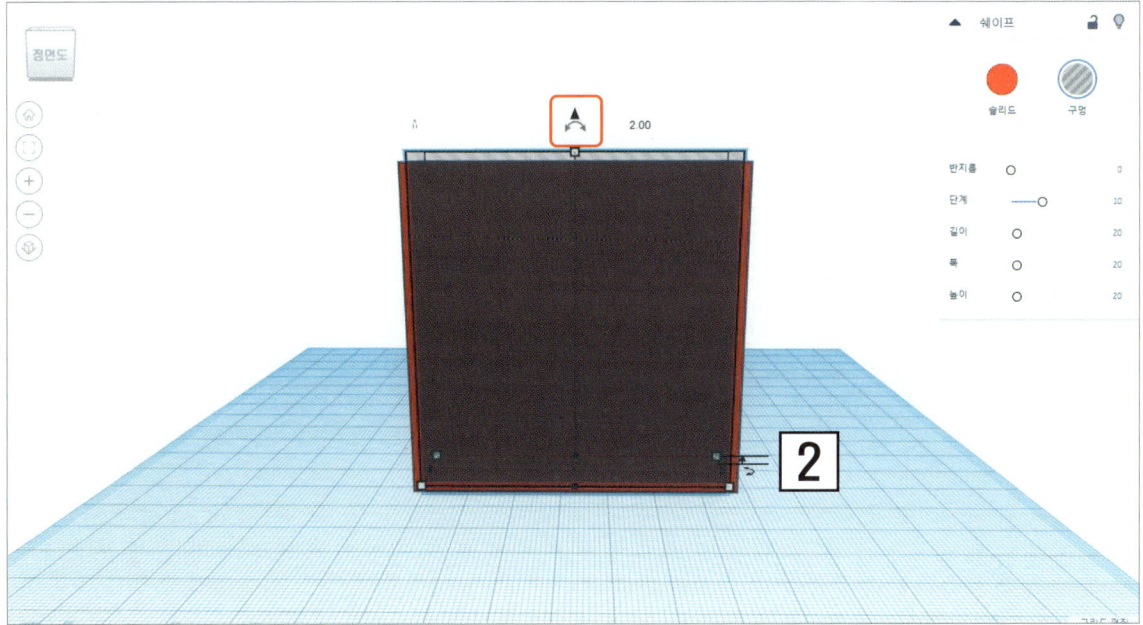

구멍 상자를 위로 "2"만큼 올려줍니다.

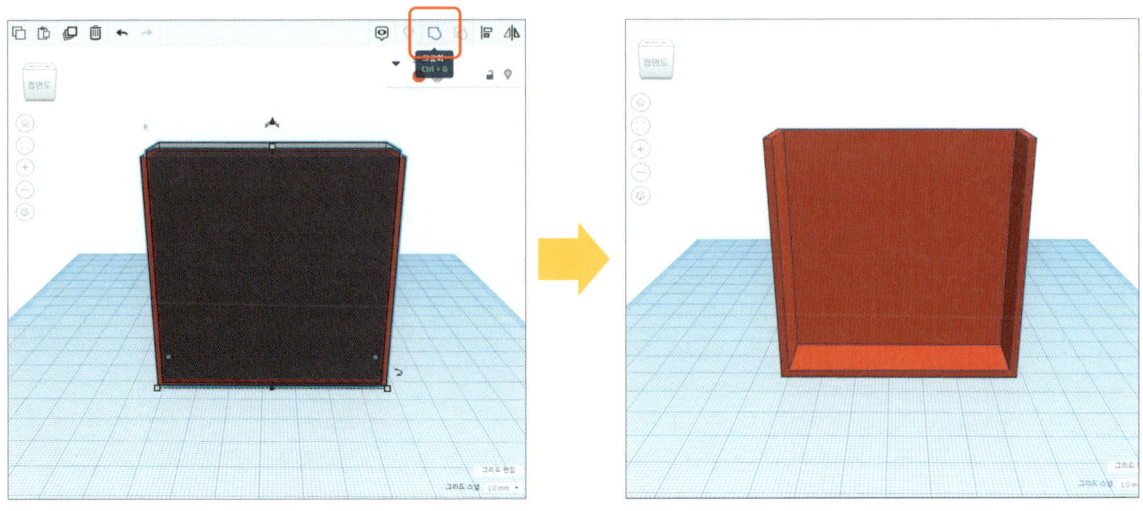

도형을 모두 선택한 후 그룹화합니다.

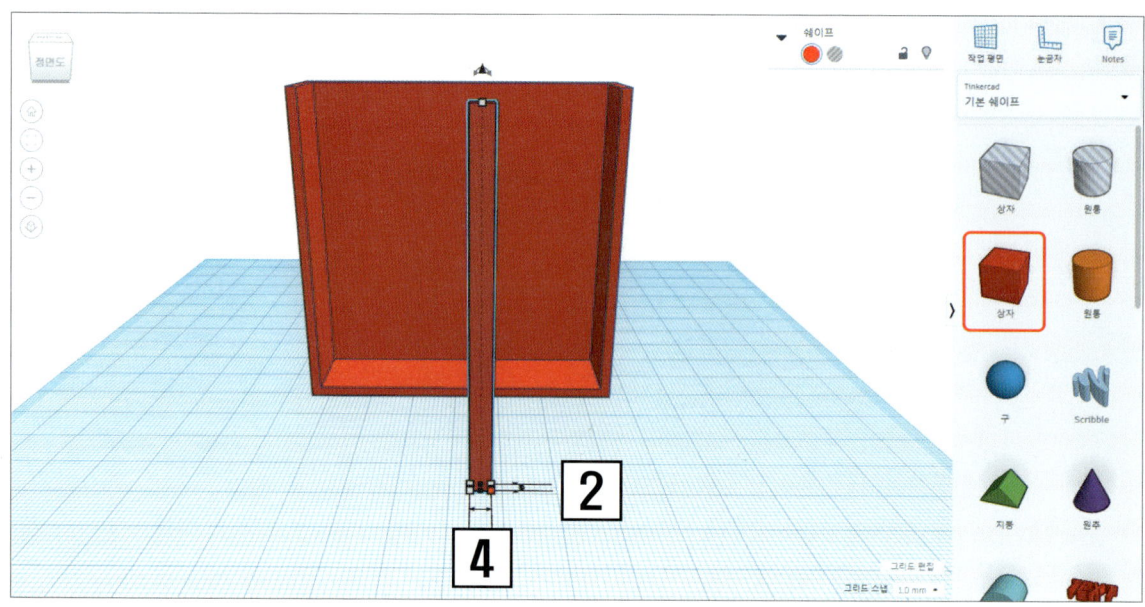

기본 쉐이프에서 상자를 선택하여 작업 평면에 놓은 후 치수를 조절합니다.
예 가로 4, 세로 2, 높이 70

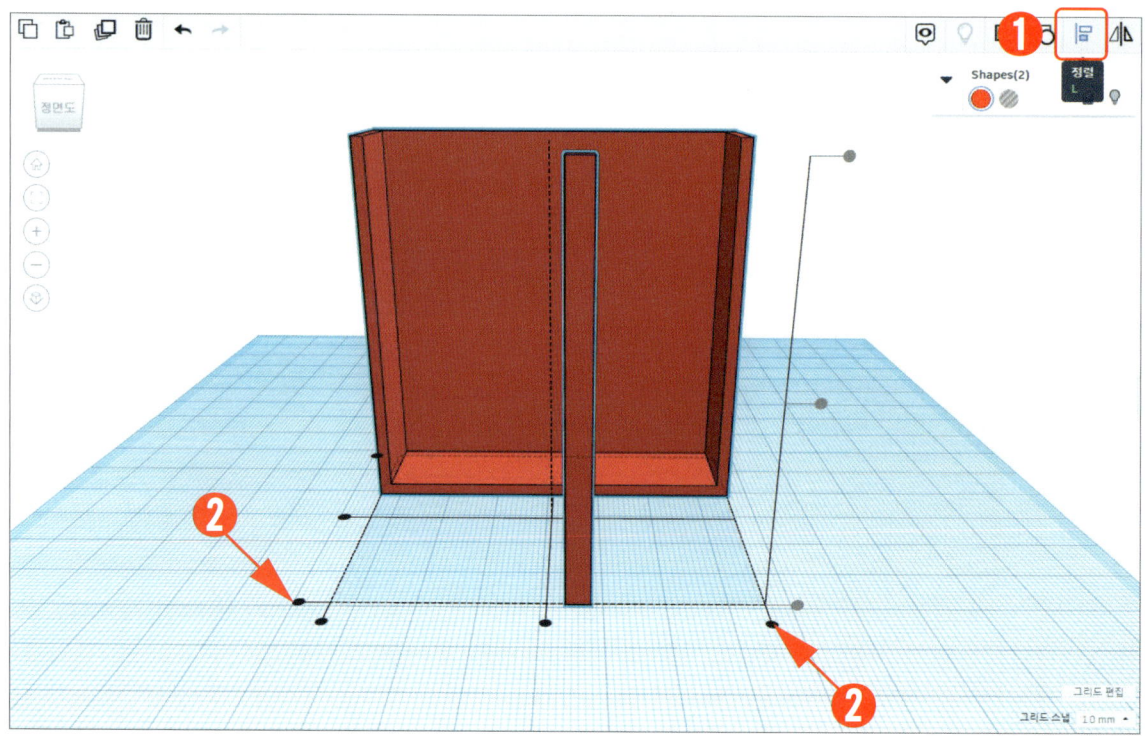

도형을 모두 선택한 후 ❶ 정렬 버튼을 클릭한 후 ❷를 클릭하여 정렬합니다.

TINKERCAD DESIGN For 3D PRINTING

SECTION 05

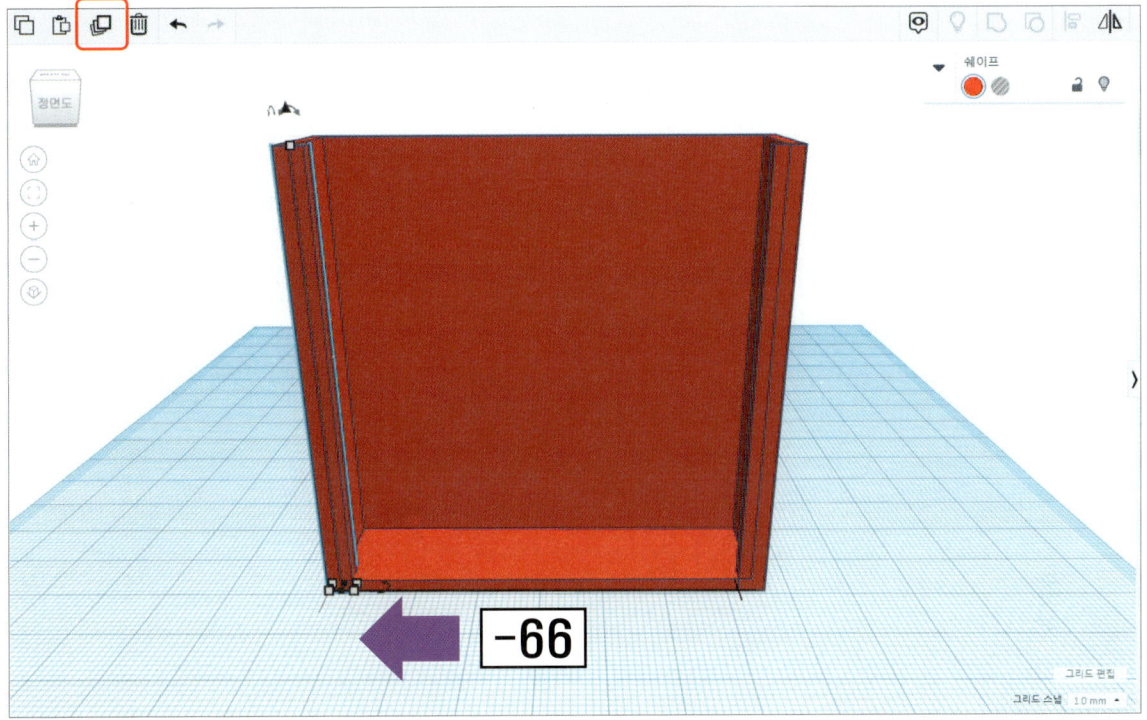

상자를 복제한 후 키보드 방향키로 옆으로 ← "-66"만큼 이동합니다.

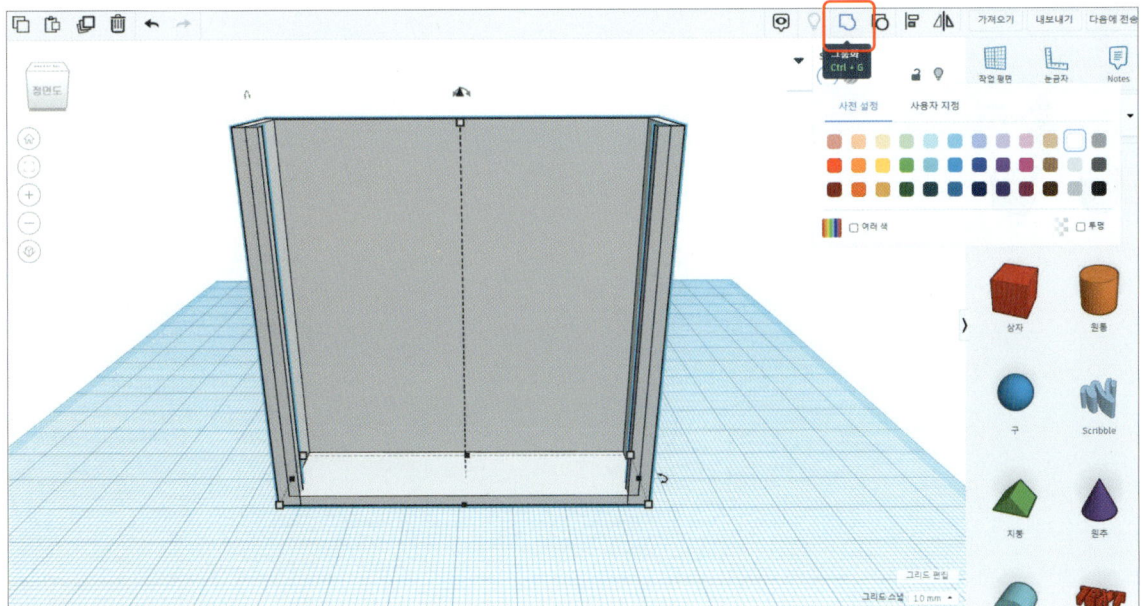

도형을 모두 선택한 후 그룹화합니다. 색상을 바꿔줍니다.

TINKERCAD DESIGN For 3D PRINTING　　　　　　　　　　　　　　SECTION 05

프레임 틀 만들기

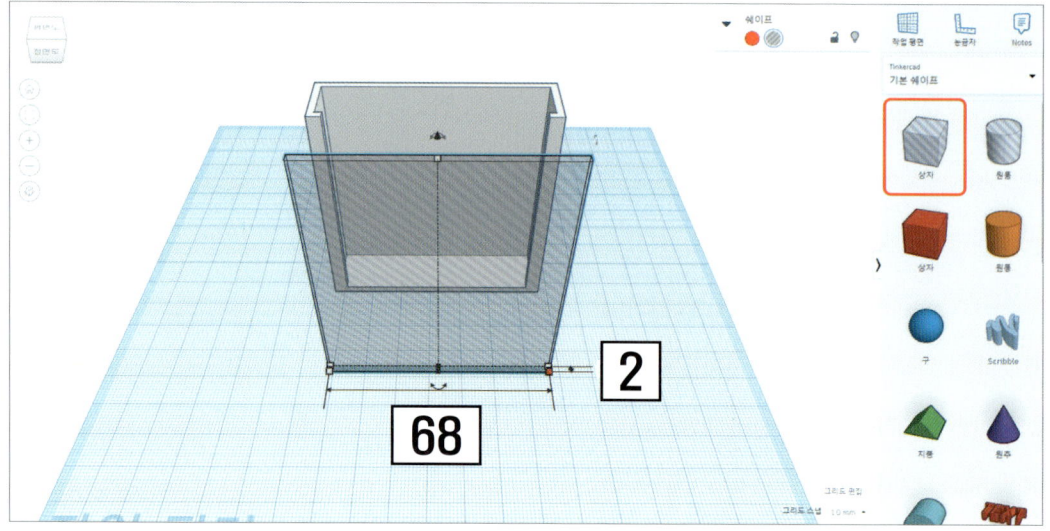

기본 쉐이프에서 구멍 상자를 선택하여 작업 평면에 놓은 후 치수를 조절합니다.
예 가로 68, 세로 2, 높이 80

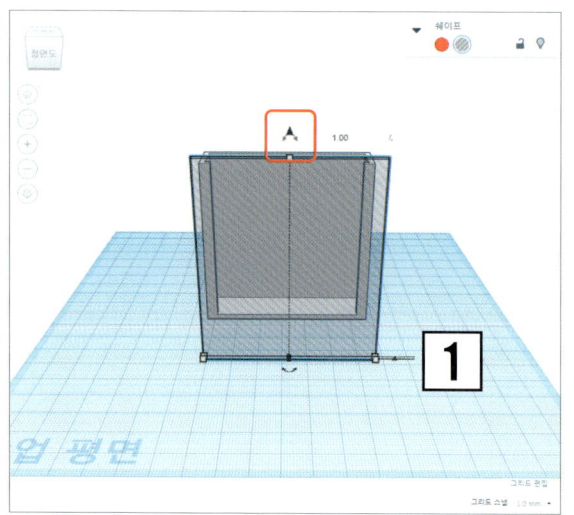

구멍 상자를 위로 "1"만큼 올립니다.

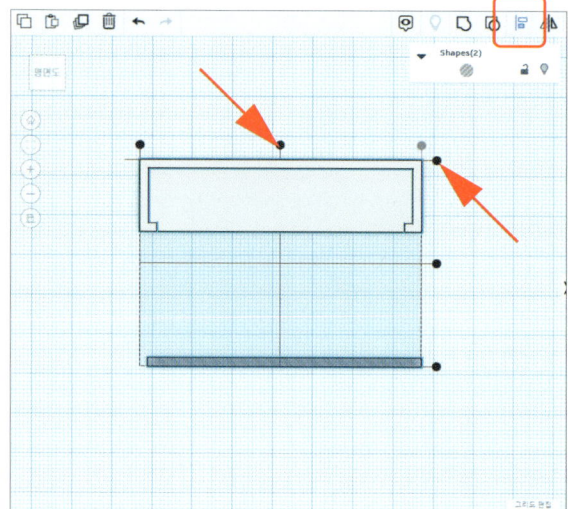

두 도형을 정렬합니다.

TINKERCAD DESIGN For 3D PRINTING _____ SECTION **05**

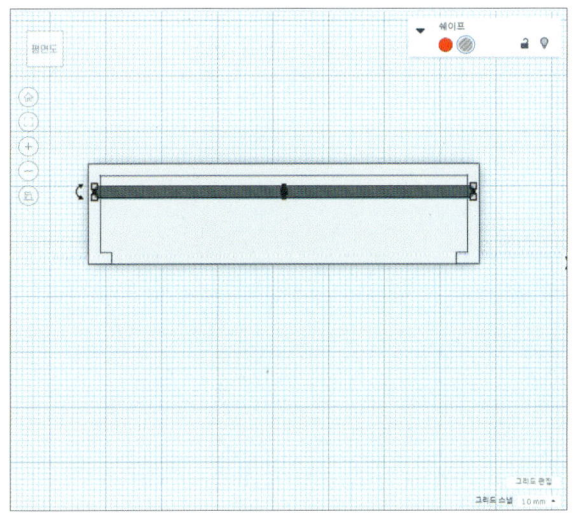

뷰박스를 평면도, 직교뷰로 선택합니다.
구멍 상자를 키보드 방향키로 아래로 [↓] 4칸 이동 합니다.

구멍 상자를 복제한 후 키보드 방향키로 [↓] 아래로 4칸 이동합니다.

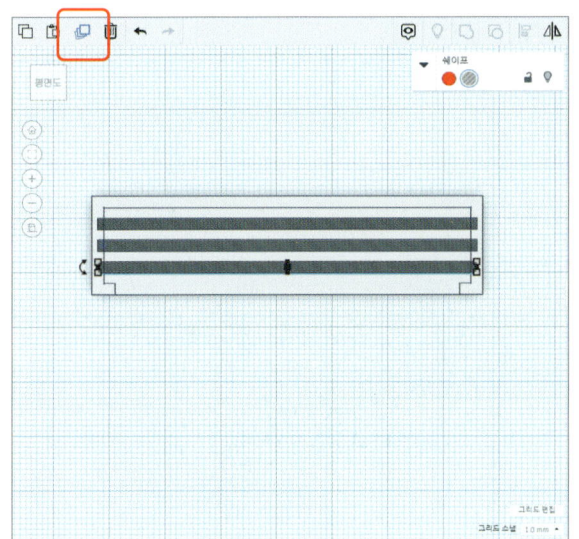 

복제 버튼을 한번 더 클릭합니다.
똑같은 간격으로 구멍 상자가 복제됩니다.

도형을 모두 선택한 후 그룹화합니다.

93　　　　　　　　　　　　　　　　　　　　　　　　　　SECTION 05_ 입체 액자 만들기-1

TINKERCAD DESIGN For 3D PRINTING

 액자 케이스 덮개 만들기

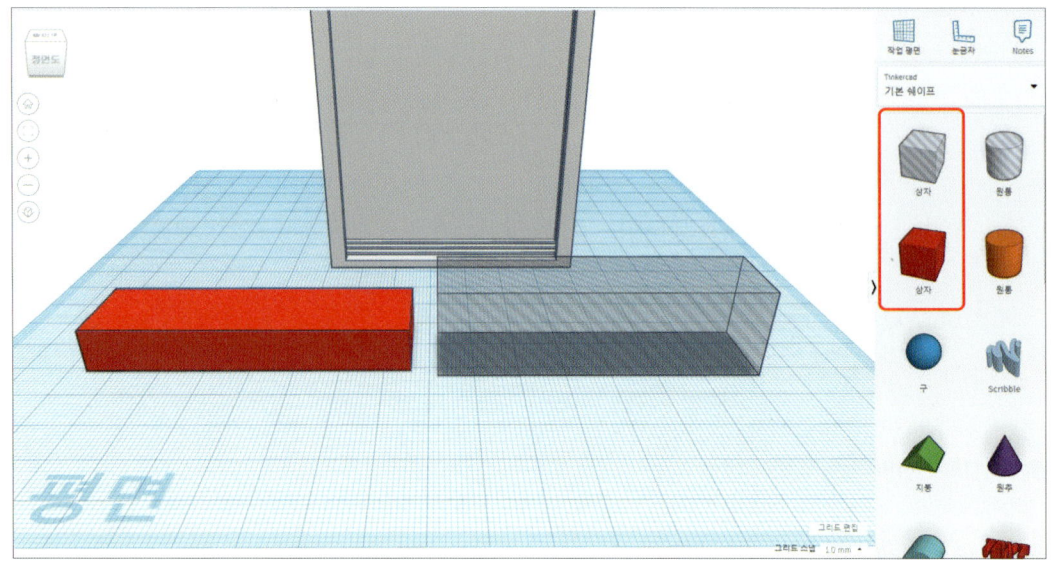

기본 쉐이프에서 상자와 구멍 상자를 선택하여 작업 평면에 놓은 후 치수를 조절합니다.
예 상자 : 가로 72, 세로 20, 높이 10
　　구멍 상자 : 가로 70, 세로 18, 높이 20

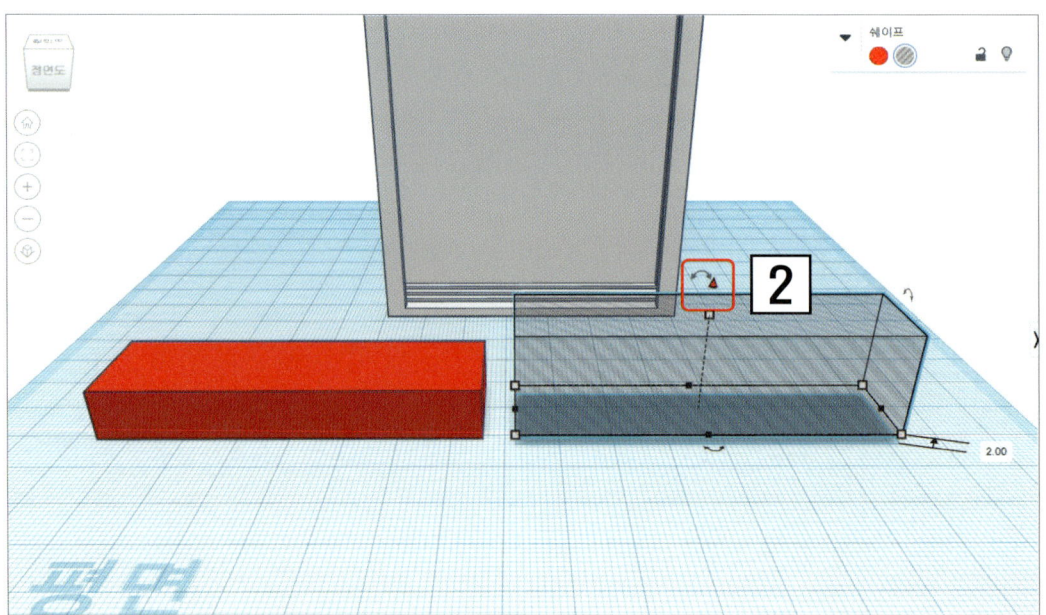

구멍 상자를 위로 "2"만큼 올립니다.

TINKERCAD DESIGN For 3D PRINTING

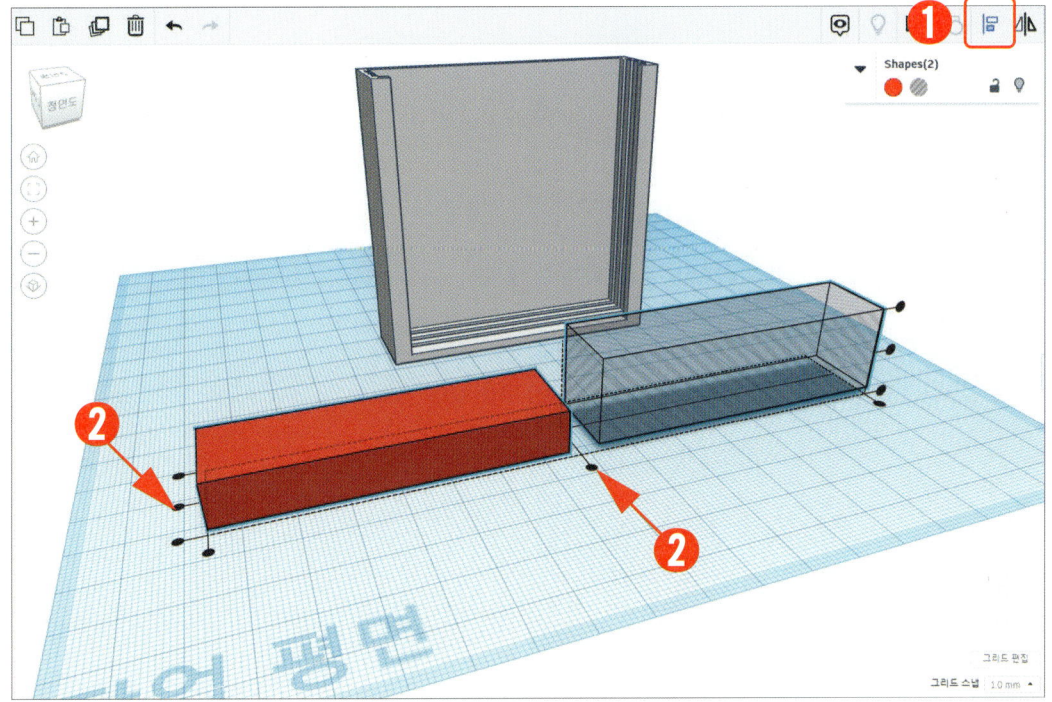

두 상자 도형을 선택한 후 ❶ 정렬 버튼을 클릭한 후 ❷를 클릭하여 정렬합니다.

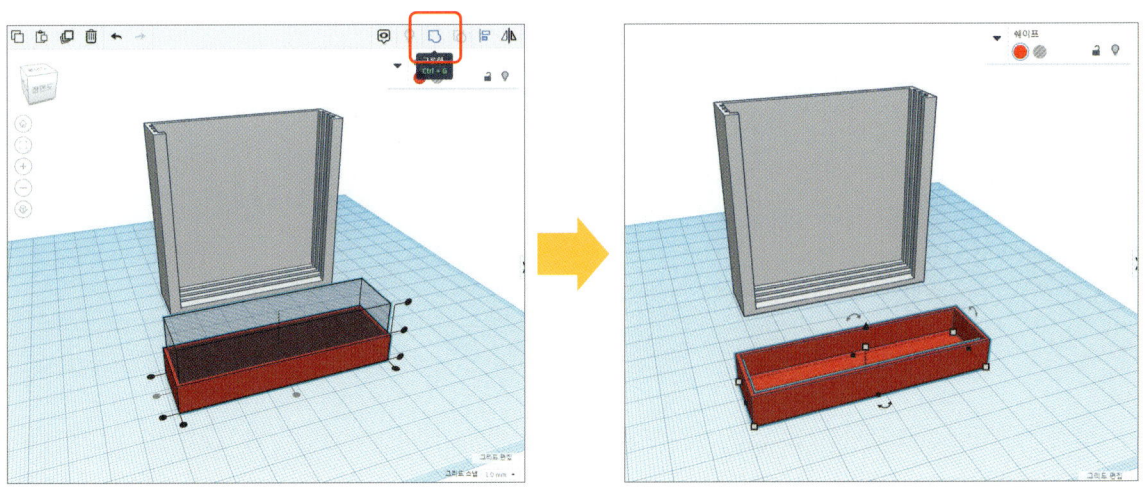

정렬된 두 도형을 그룹화합니다.

TINKERCAD DESIGN For 3D PRINTING   SECTION 05

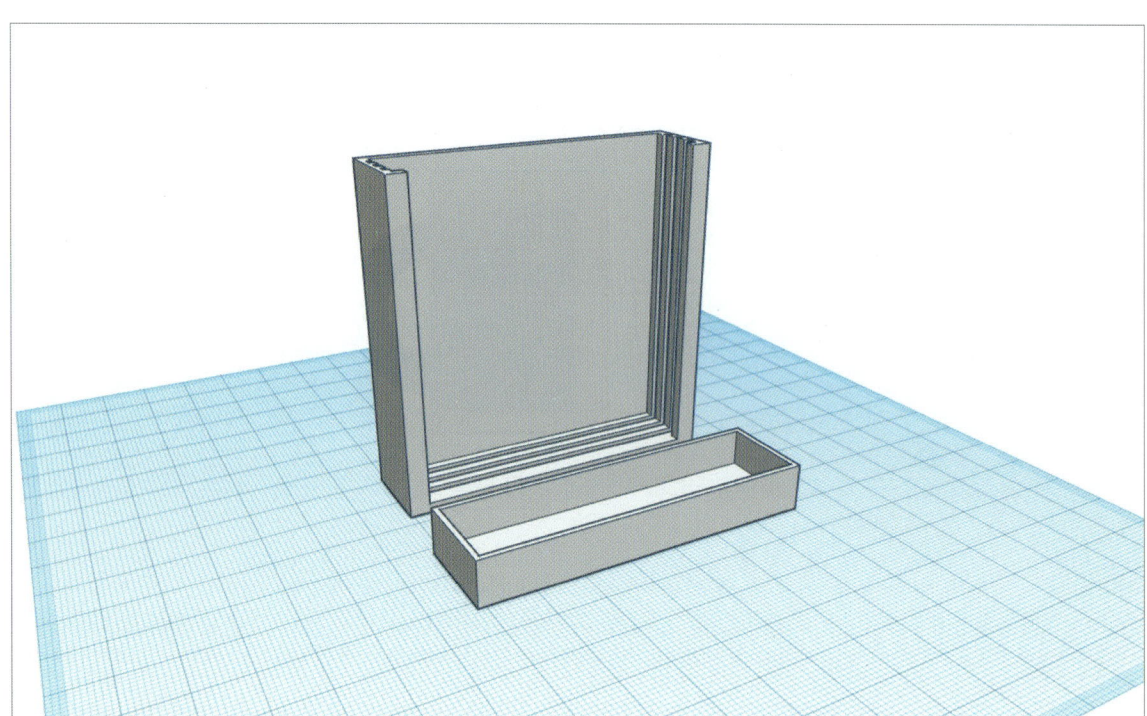

액자 기본케이스 완성!

SECTION 06 입체 액자 만들기-2

■ 액자 프레임 만들기

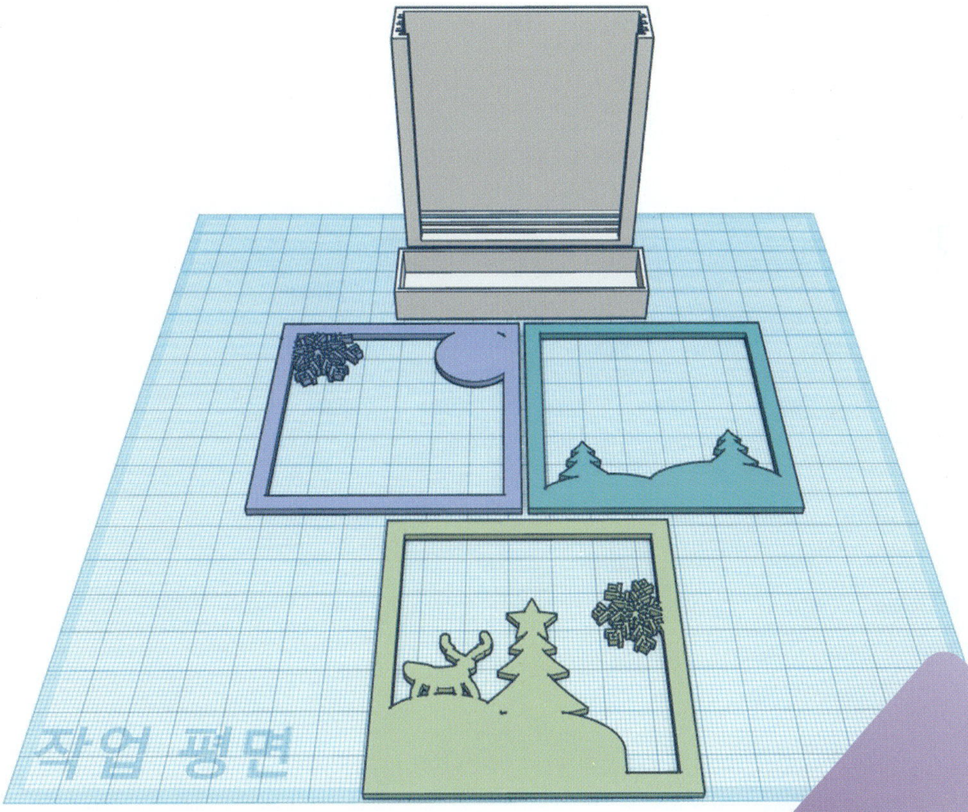

● 입체 액자 만들기-2 (액자 프레임 만들기)

다양한 도형을 활용하여 나만의 액자 키트를 만들어 봅시다.
액자 프레임을 자유롭게 모델링해 봅시다.

SECTION 05. 입체 액자 만들기-1에서 작업한 파일의 항목 편집에 들어가서 파일명을 "입체 액자 만들기-2"로 수정하고 엔터키 또는 화면의 빈 공간 아무 곳이나 클릭합니다.

 프레임 틀 만들기

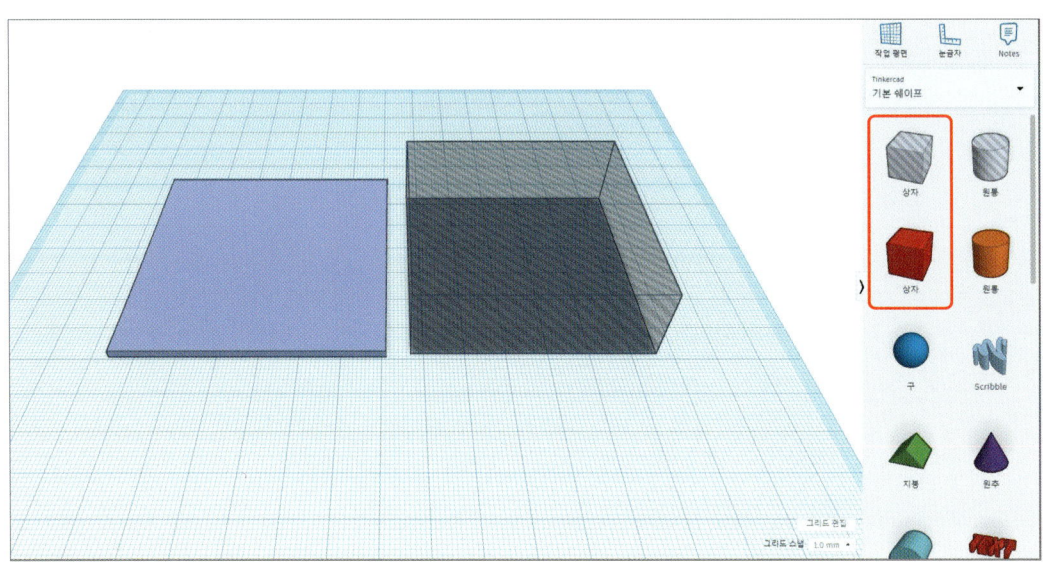

기본 쉐이프에서 상자와 구멍 상자를 선택하여 작업 평면에 놓은 후 치수를 조절합니다.
예 상자 : 가로 67, 세로 69, 높이 1.8
   구멍 상자 : 가로 59, 세로 61, 높이 20

TINKERCAD DESIGN For 3D PRINTING

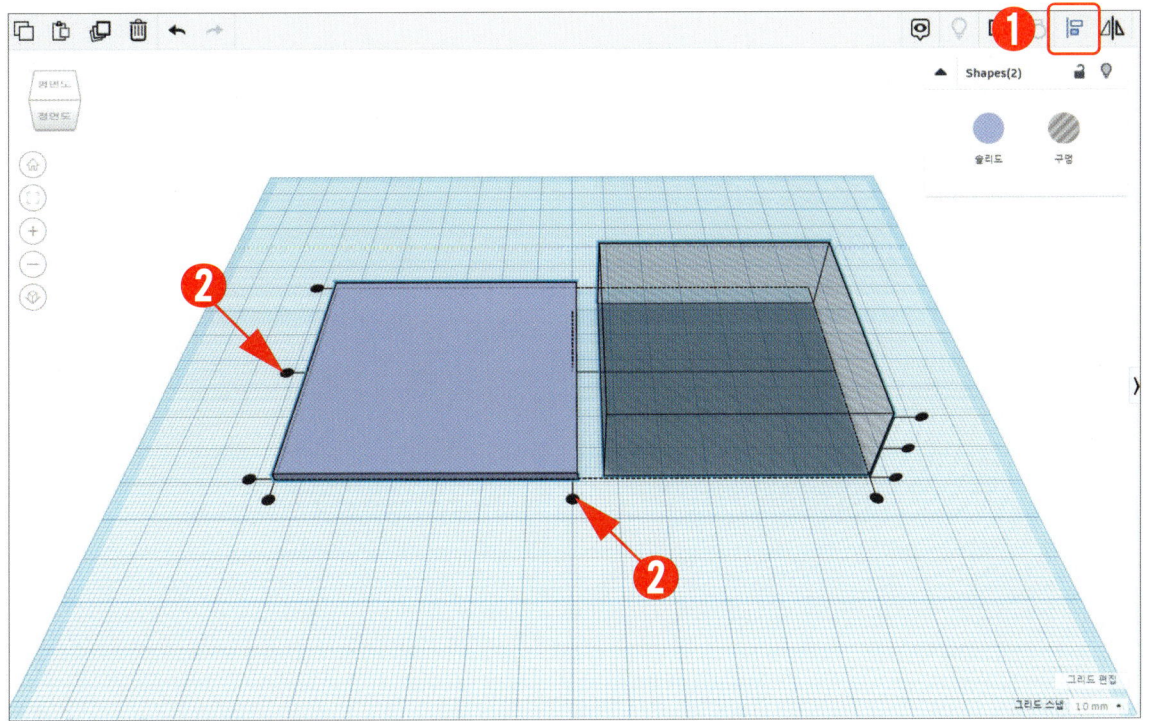

도형을 모두 선택한 후 ❶ 정렬 버튼을 클릭한 후 ❷를 클릭하여 정렬합니다.

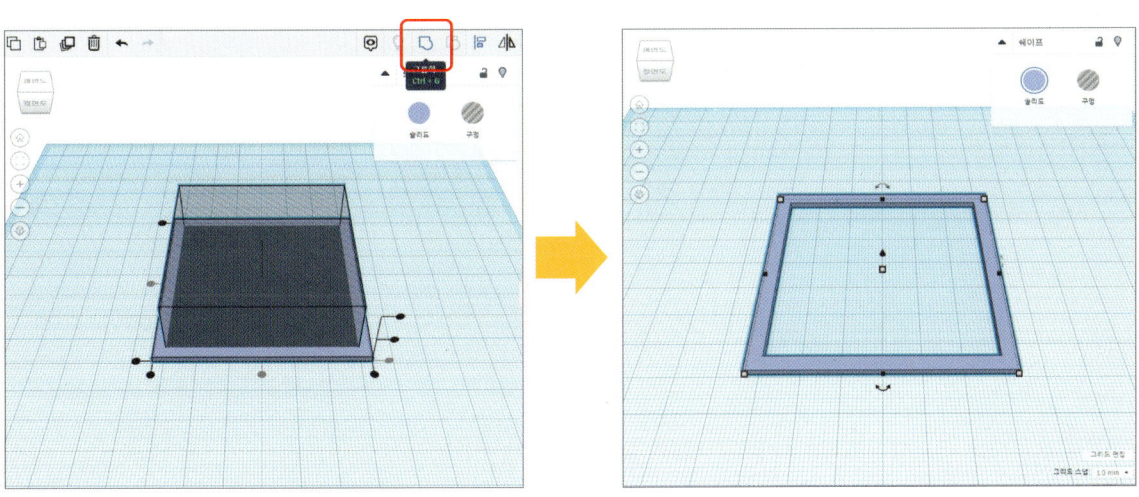

도형을 모두 선택한 후 그룹화합니다.

TINKERCAD DESIGN For 3D PRINTING

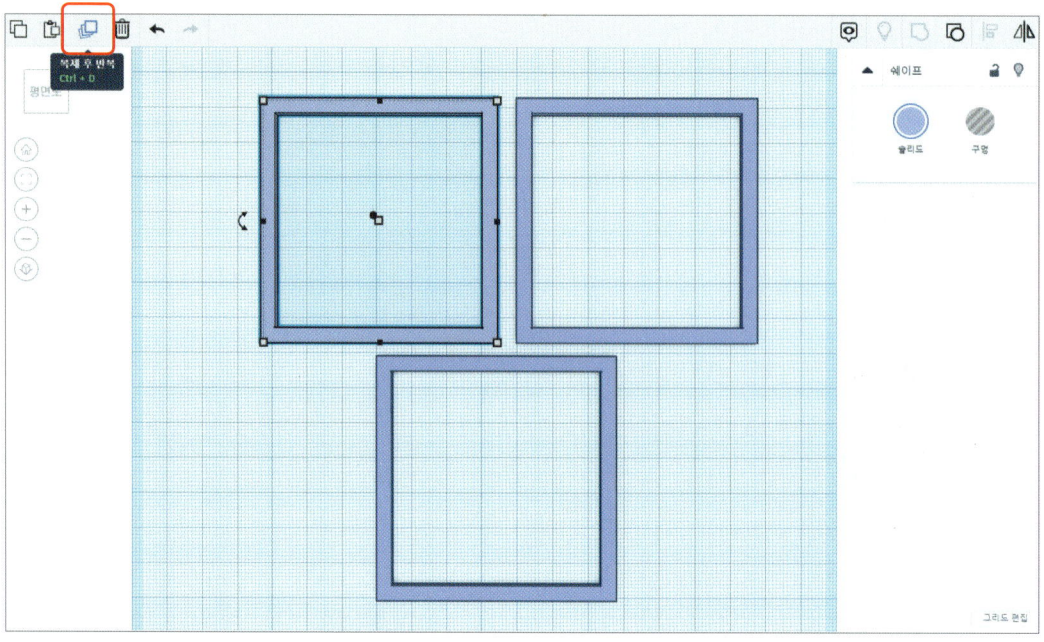

액자 프레임을 복제하여 3개 만들어 줍니다.

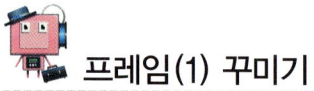
프레임(1) 꾸미기

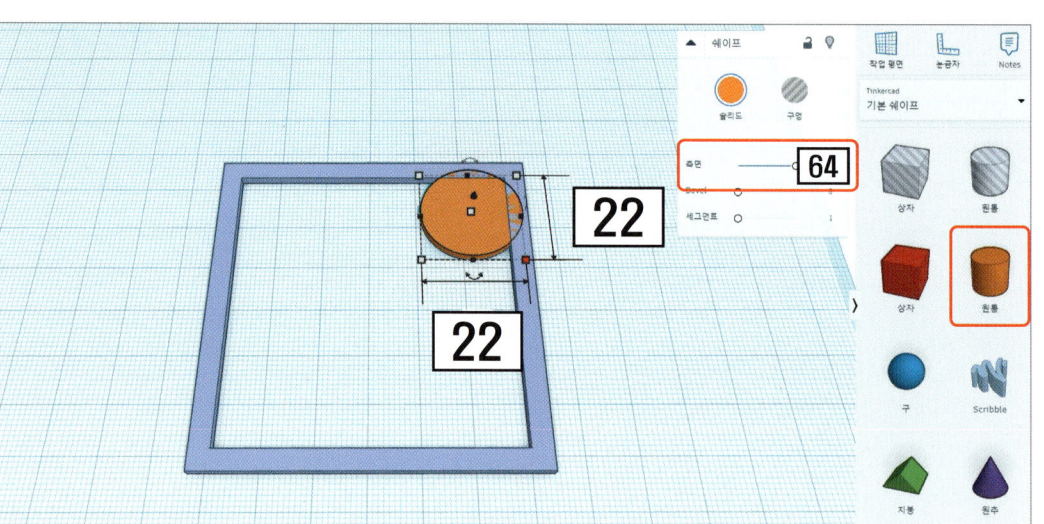

기본 쉐이프에서 원통을 선택하여 치수를 조절한 후 그림과 같이 프레임과 겹치도록 배치합니다.
예) 가로 22, 세로 22, 높이 1.8, 측면 64

TINKERCAD DESIGN For 3D PRINTING　　　　　　　　　　　　　　　　　　SECTION 06

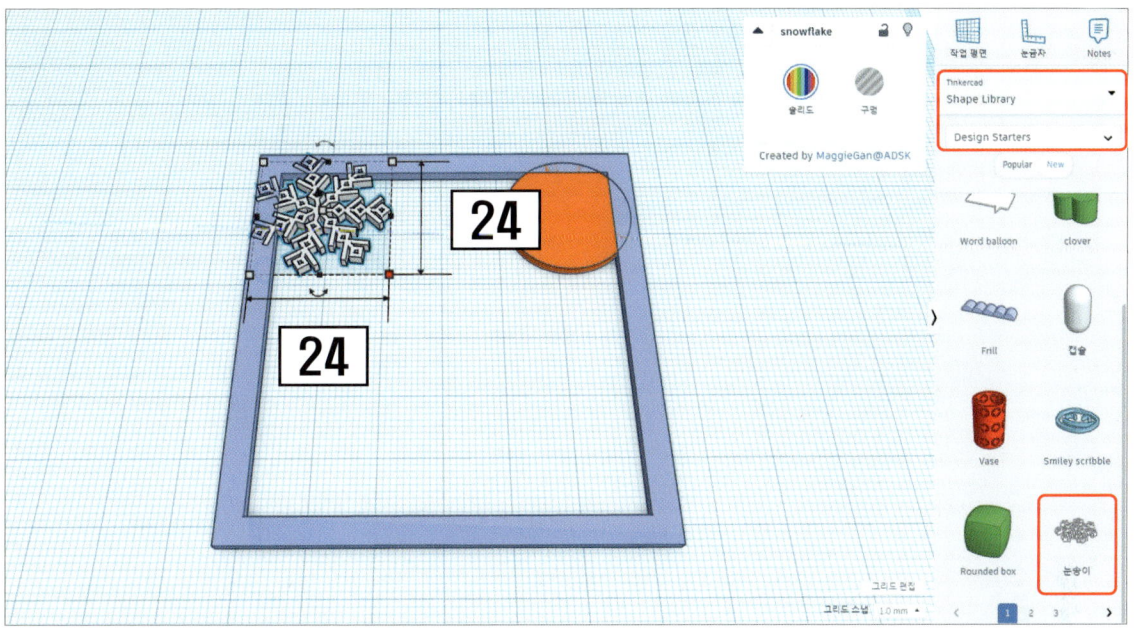

Shape Library에서 눈송이를 선택하여 치수를 조절한 후 그림과 같이 프레임과 겹치도록 배치합니다.
예 가로 24, 세로 24, 높이 1.8

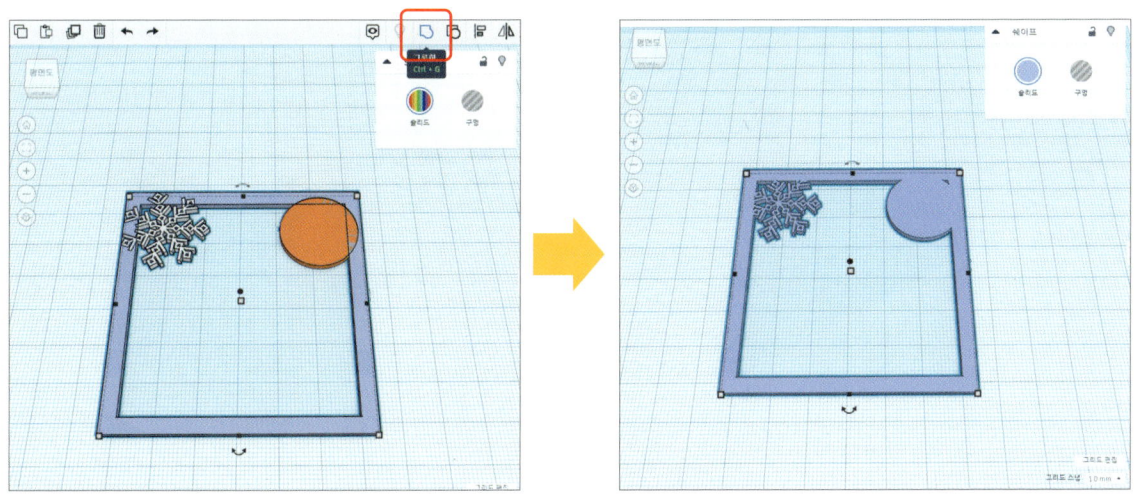

도형을 모두 선택한 후 그룹화합니다.　　　　　프레임(1) 완성!

TINKERCAD DESIGN For 3D PRINTING

프레임(2) 꾸미기

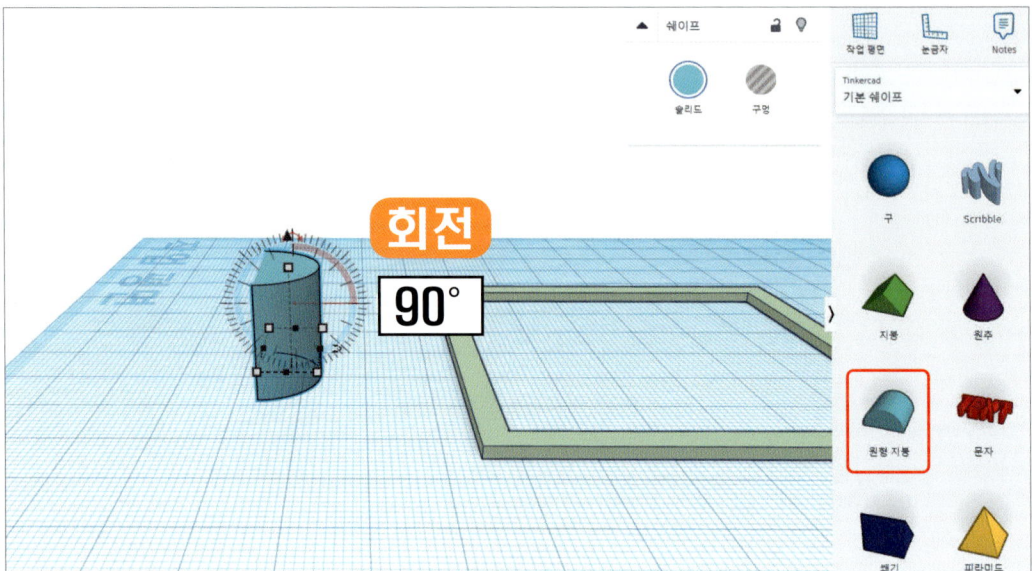

기본 쉐이프에서 원형 지붕을 선택한 후 90° 회전합니다.
"D" 키를 눌러 바닥면에 붙여줍니다.

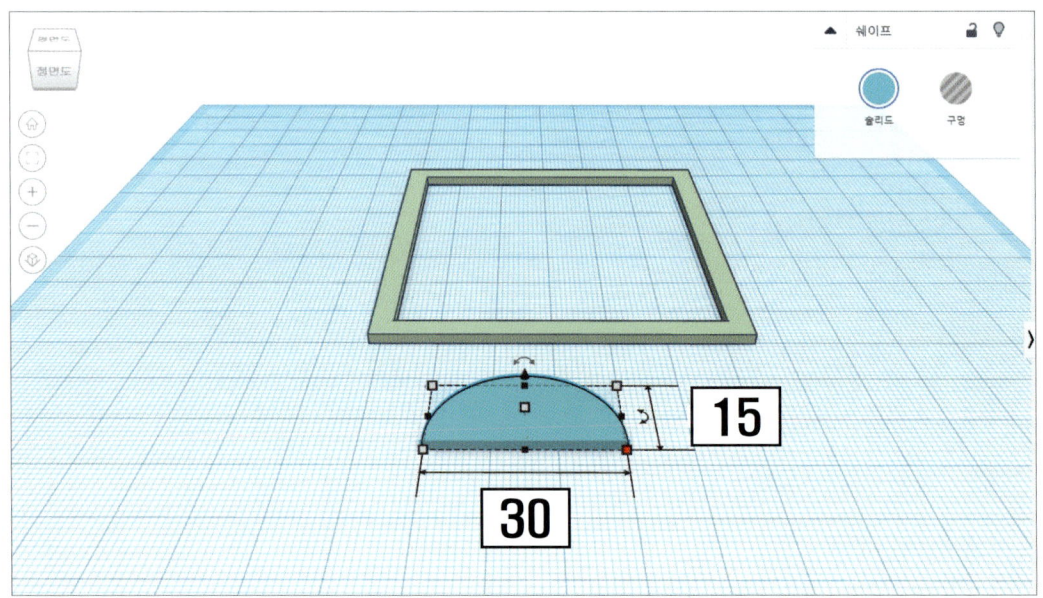

원형 지붕의 치수를 조절합니다.
예) 가로 30, 세로 15, 높이 1.8

TINKERCAD DESIGN For 3D PRINTING _____ SECTION 06

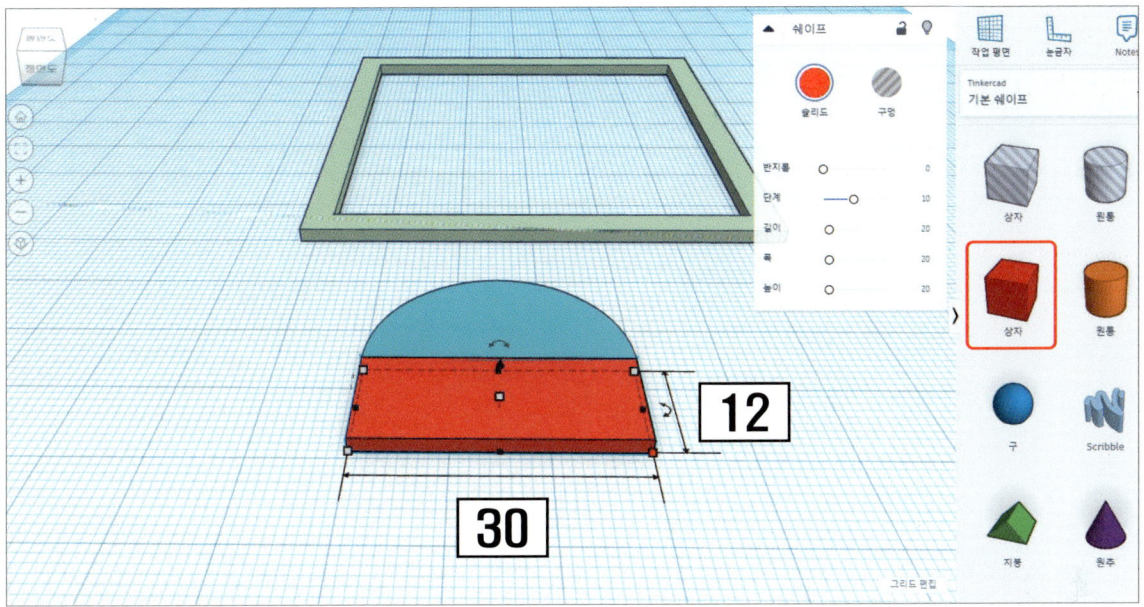

기본 쉐이프에서 상자를 선택하여 치수를 조절한 후 그림과 같이 원형 지붕과 겹치도록 배치합니다.
예 가로 30, 세로 12, 높이 1.8

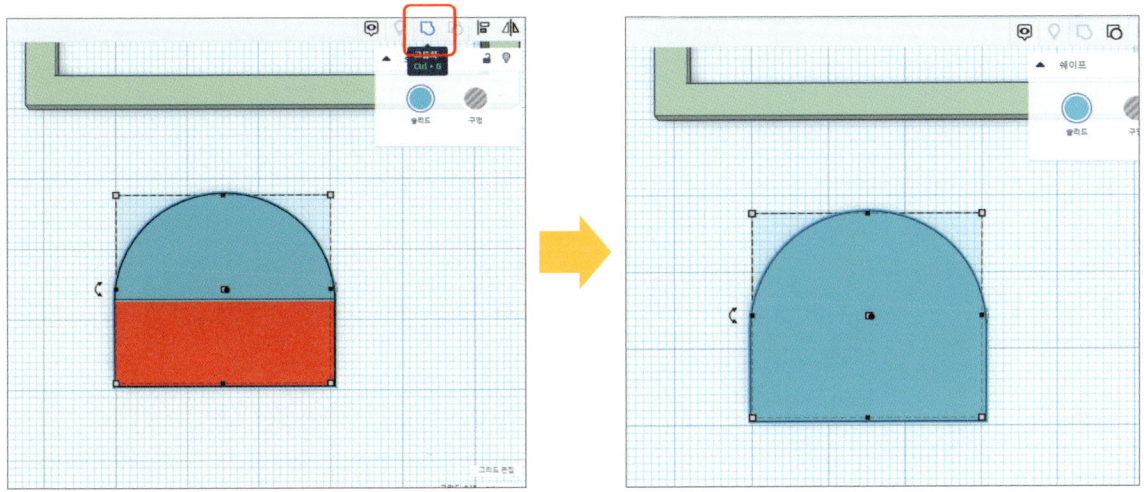

원형 지붕과 상자 도형을 그룹화합니다.

TINKERCAD DESIGN For 3D PRINTING   SECTION 06

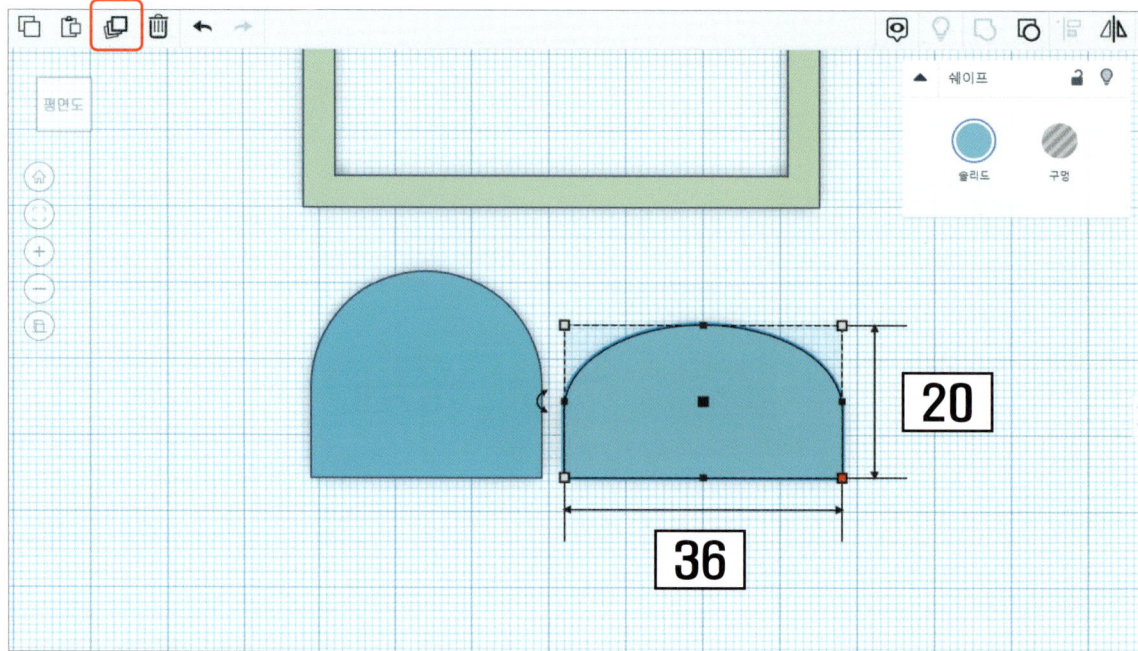

그룹화된 도형을 복제한 뒤 치수를 조절합니다.
예 가로 36, 세로 20

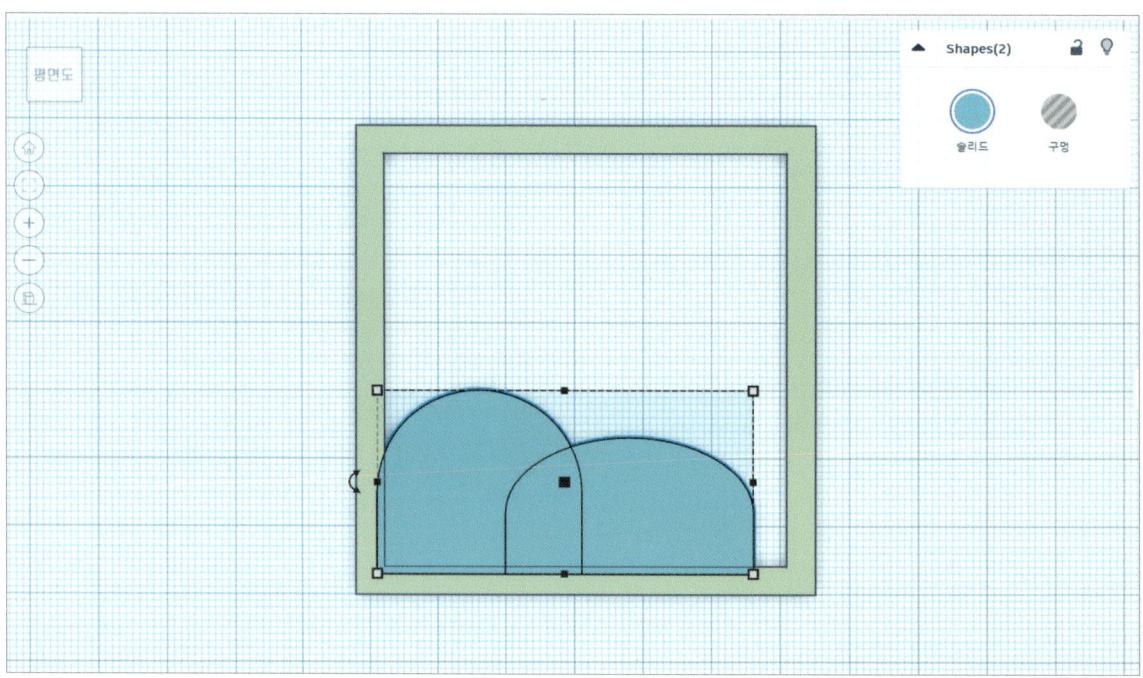

그림과 같이 프레임과 도형이 겹치도록 배치합니다.

TINKERCAD DESIGN For 3D PRINTING

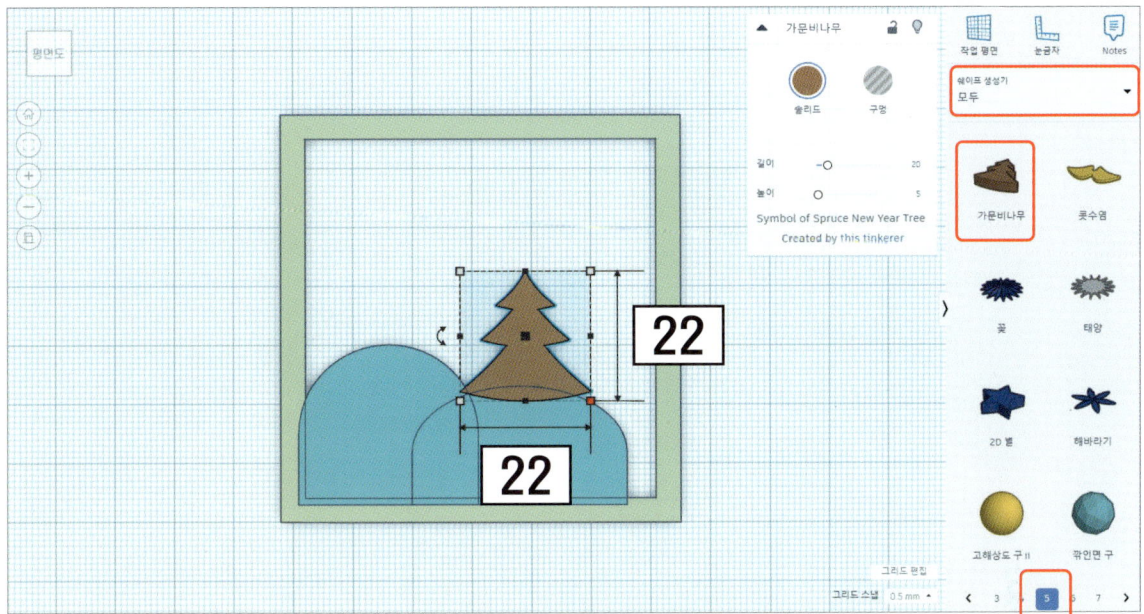

쉐이프 생성기 모두에서 가문비나무(페이지 5)를 선택하여 치수를 조절한 후 그림과 같이 원형 지붕과 겹치도록 배치합니다.

예 가로 22, 세로 22, 높이 1.8

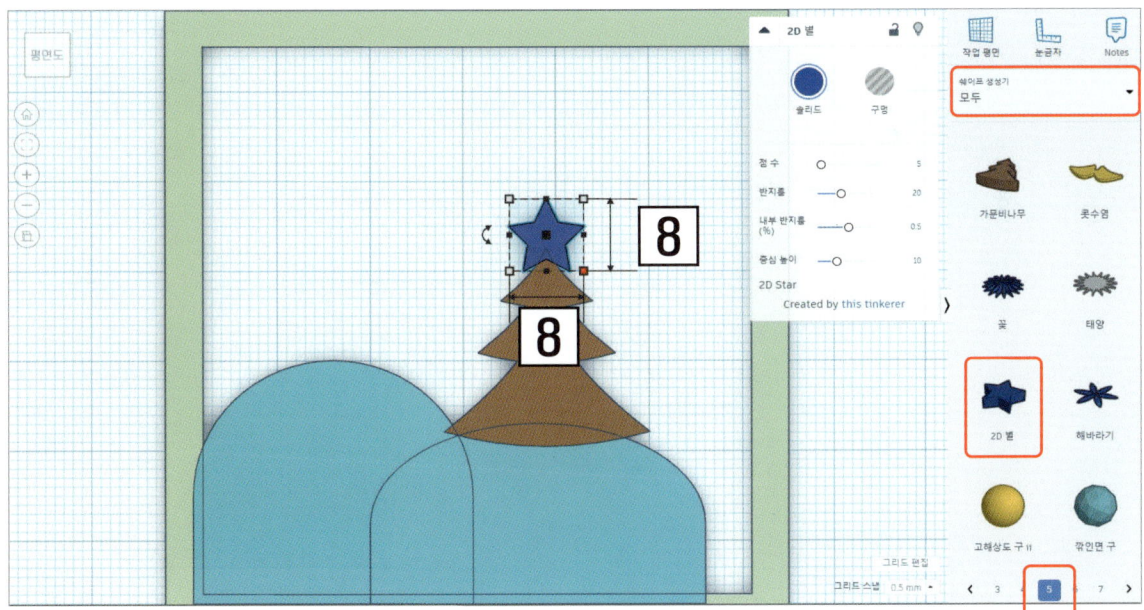

쉐이프 생성기 모두에서 2D별(페이지 5)을 선택하여 치수를 조절한 후 그림과 같이 가문비나무와 겹치도록 배치합니다.

예 가로 8, 세로 8, 높이 1.8

TINKERCAD DESIGN For 3D PRINTING   SECTION 06

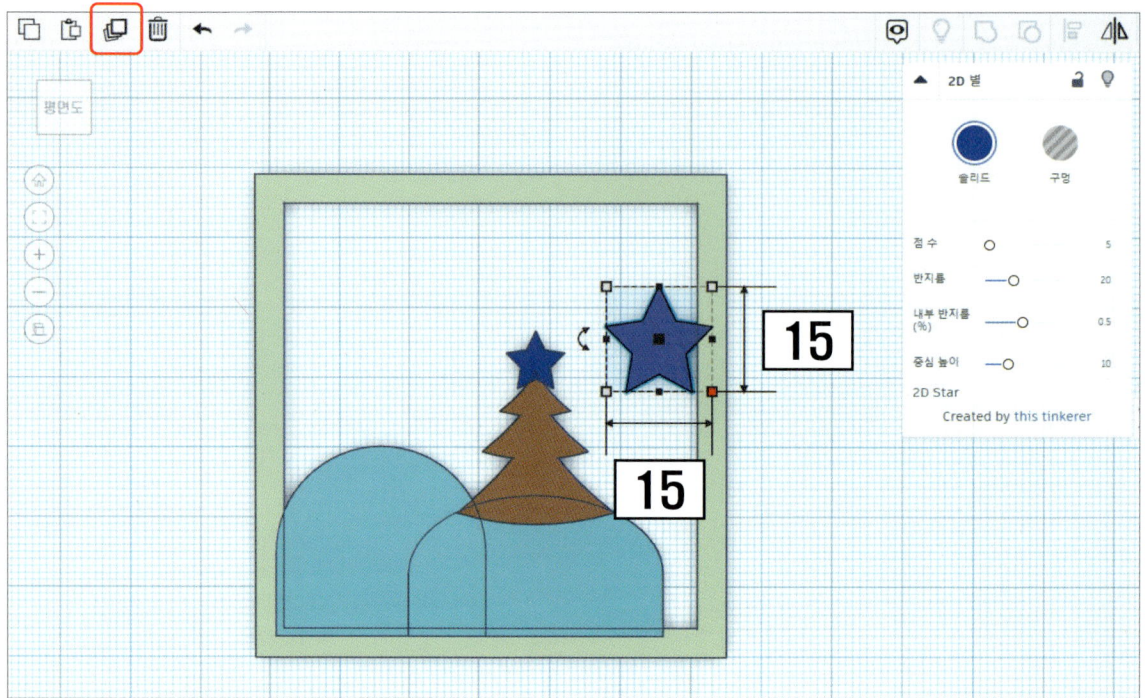

2D별을 복제하여 치수를 조절합니다. 예 가로 15, 세로 15
그림과 같이 프레임과 겹치도록 배치합니다.

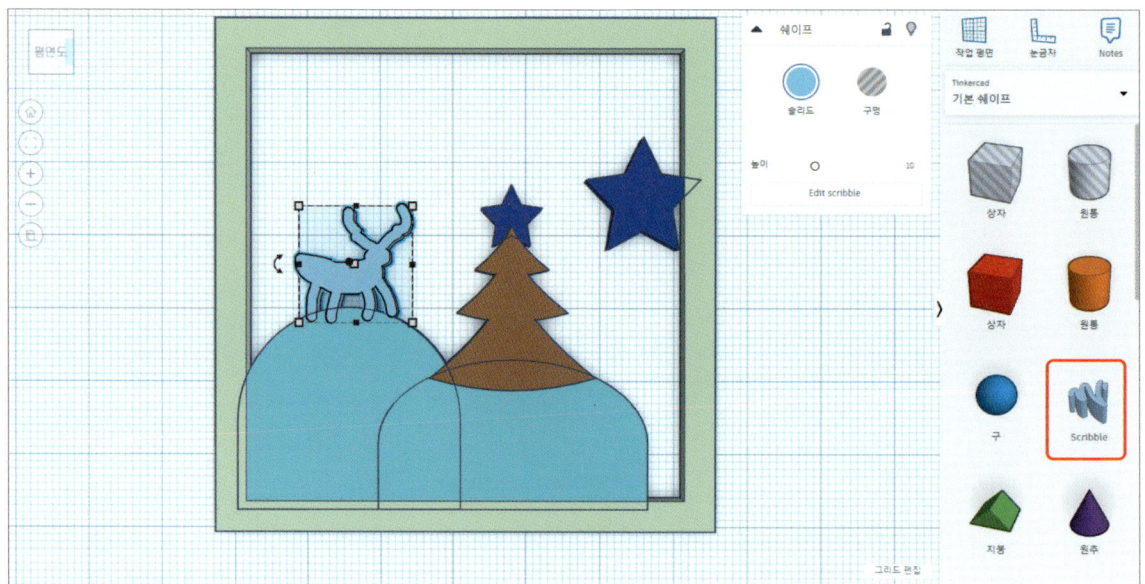

기본 쉐이프에서 Scribble을 선택하여 작업 평면에 놓은 후 사슴 모양을 그려줍니다.
도형과 겹치도록 배치합니다.

TINKERCAD DESIGN For 3D PRINTING   SECTION 06

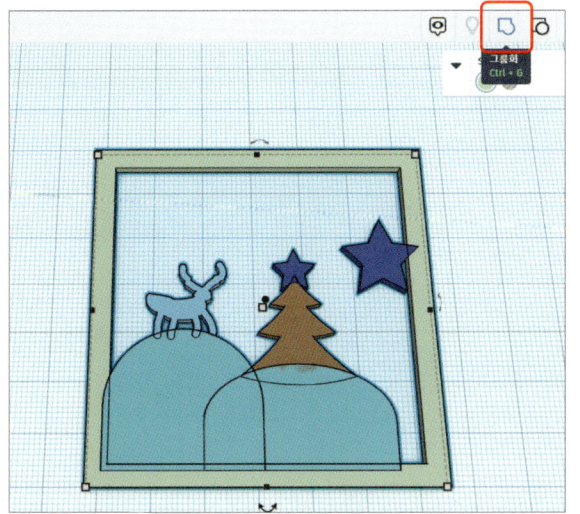
도형을 모두 선택한 후 그룹화합니다.

프레임(2) 완성!

프레임(3) 꾸미기

05

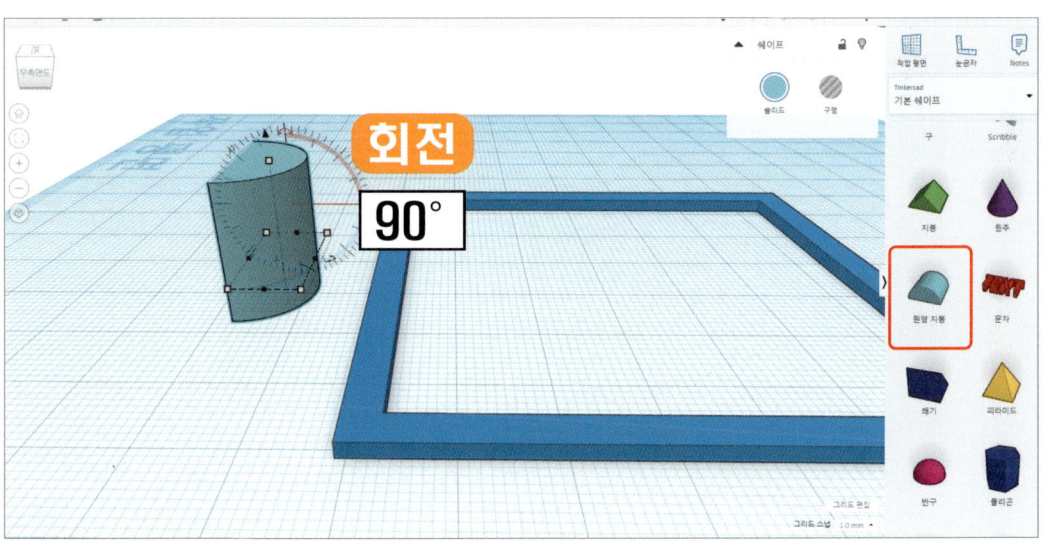

기본 쉐이프에서 원형 지붕을 선택한 후 90° 회전합니다.
"Ⅾ" 키를 눌러 바닥면에 붙여줍니다.

SECTION 06_ 입체 액자 만들기-2

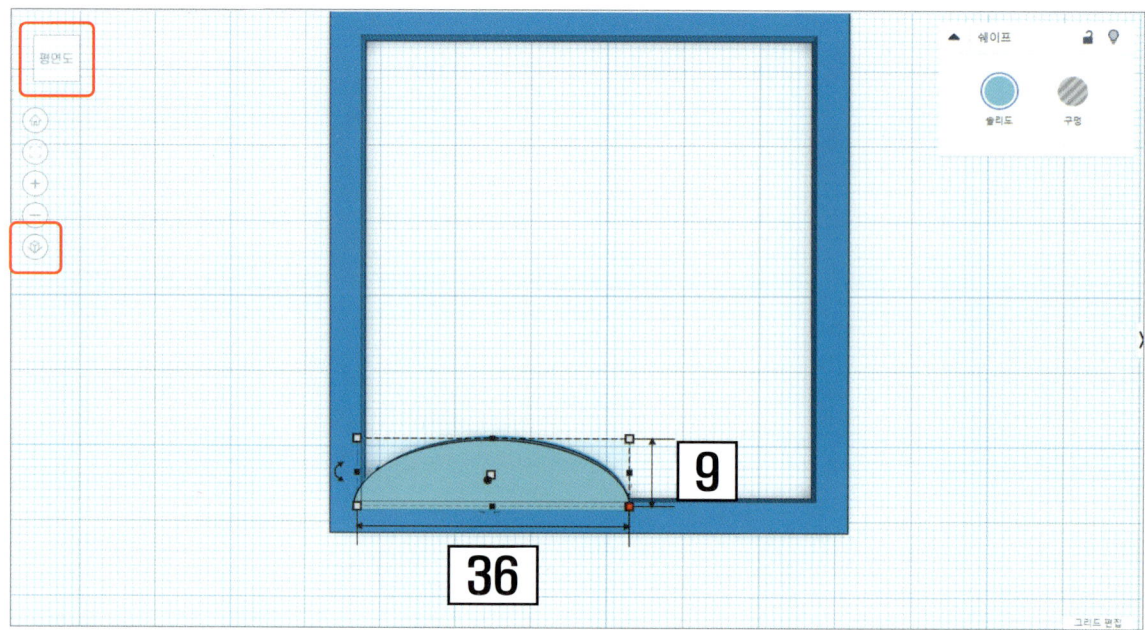

뷰박스를 평면도, 직교뷰로 선택합니다. 원형 지붕의 치수를 조절한 후 그림과 같이 프레임과 겹치도록 배치합니다. 예 가로 36, 세로 9, 높이 1.8

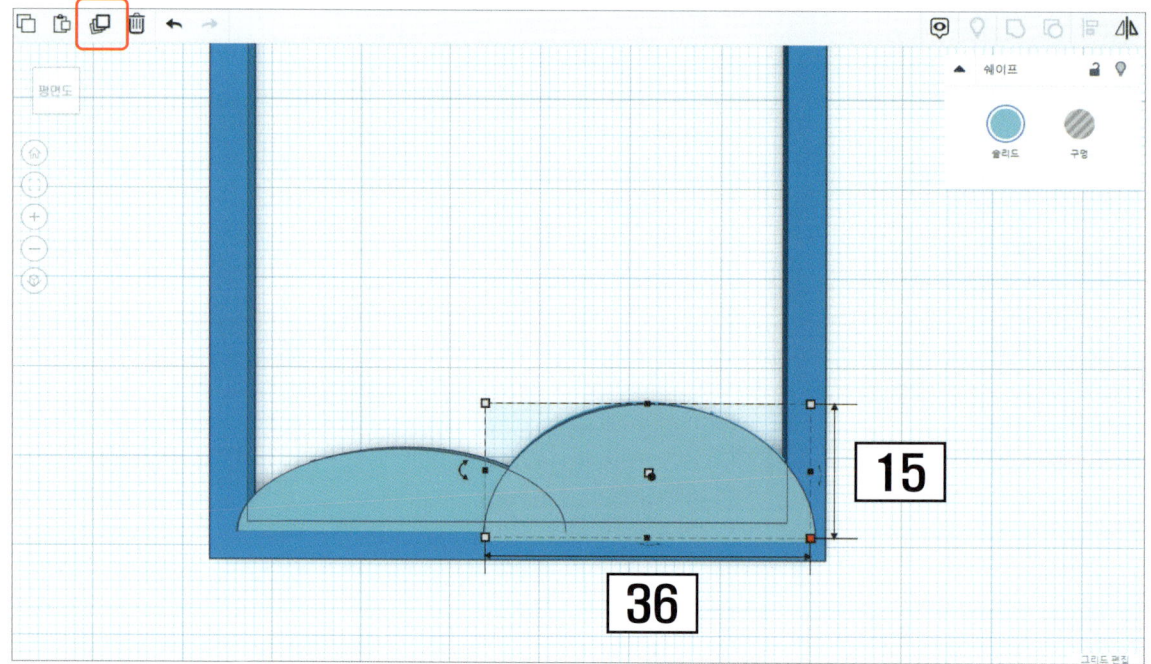

원형 지붕을 하나 더 복제한 후 치수를 조절하고 그림과 같이 프레임과 겹치도록 배치합니다.
예 가로 36, 세로 15, 높이 1.8

TINKERCAD DESIGN For 3D PRINTING _____ SECTION 06

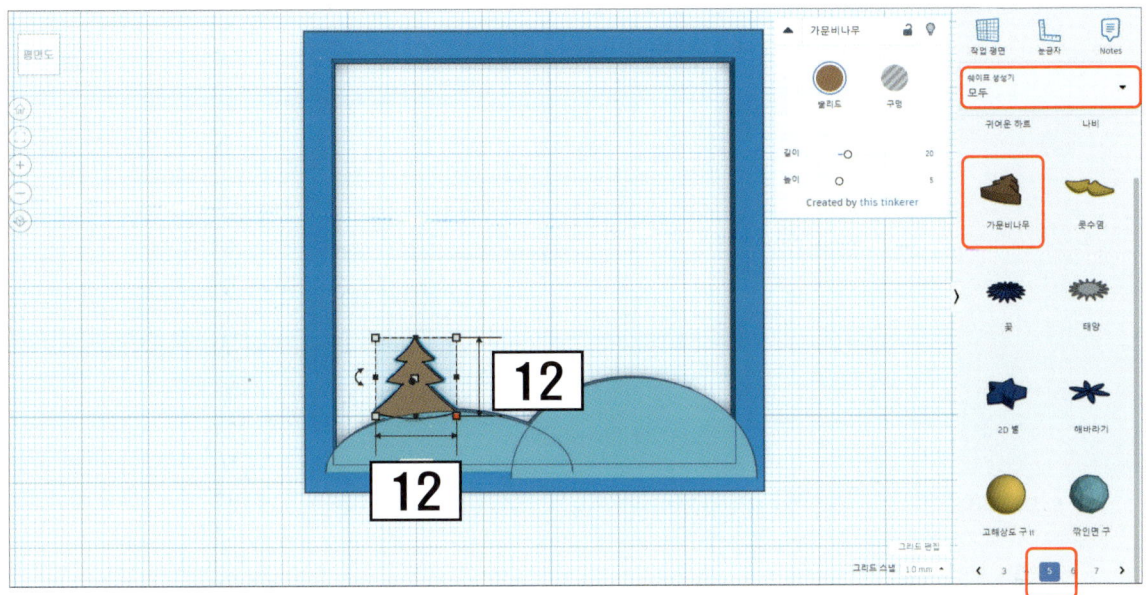

쉐이프 생성기 모두에서 가문비나무(페이지 5)를 선택하여 치수를 조절한 후 그림과 같이 원형 지붕과 겹치도록 배치합니다.

예 가로 12, 세로 12, 높이 1.8

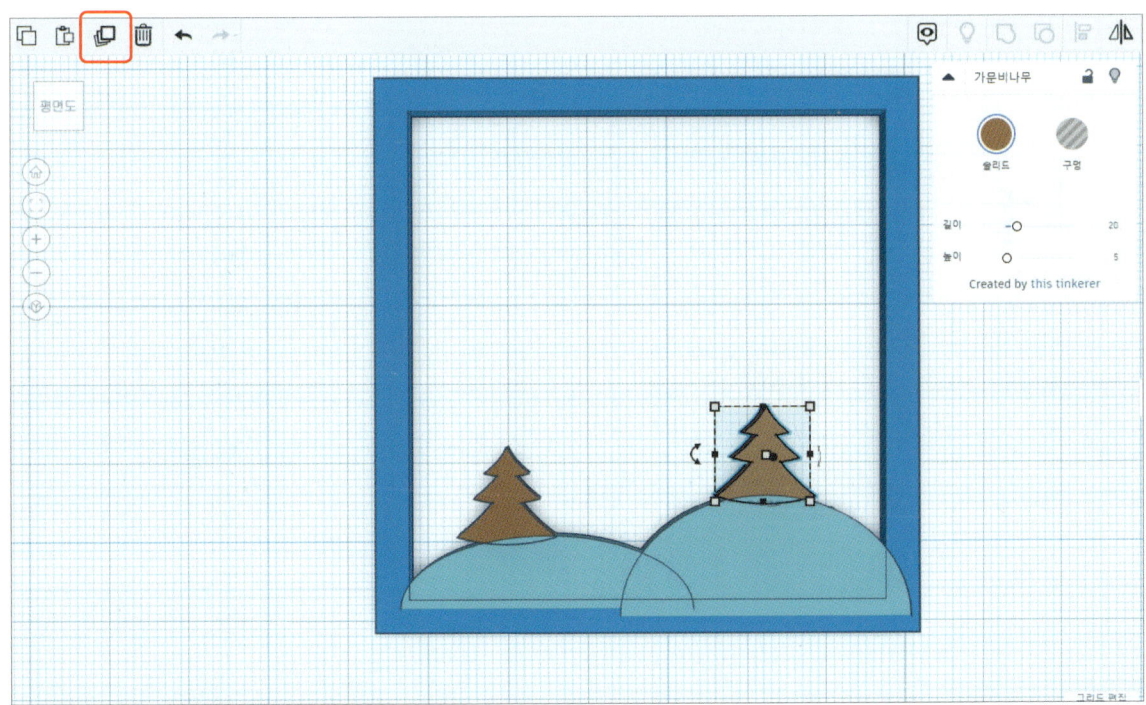

나무를 하나 더 복제한 후 그림과 같이 원형 지붕과 겹치도록 배치합니다.

109　　　　　　　　　　　　　　　　　　　　　　　　　SECTION 06_ 입체 액자 만들기-2

TINKERCAD DESIGN For 3D PRINTING   SECTION 06

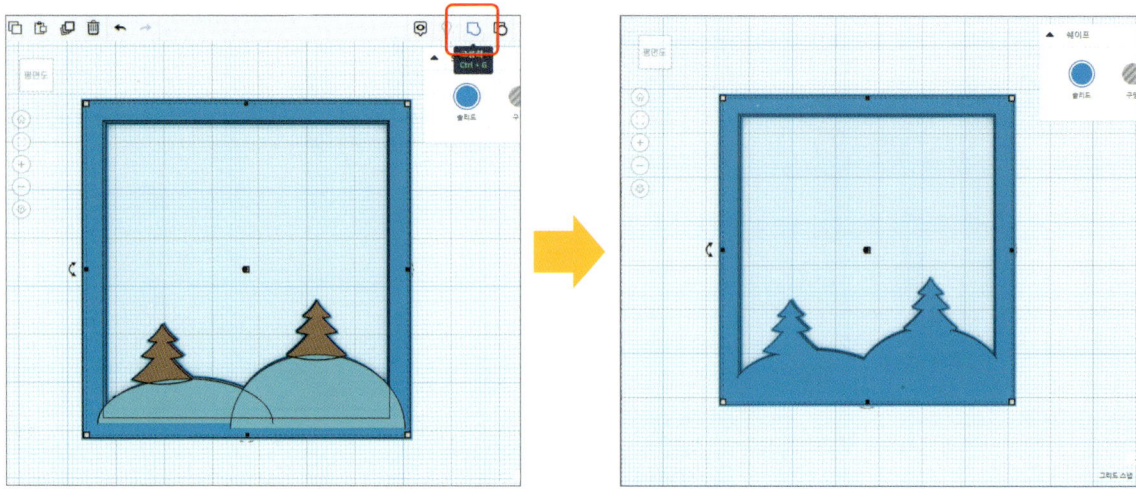

도형을 모두 선택한 후 그룹화합니다.   프레임(3) 완성!

입체 액자 케이스와 프레임을 출력하여 조립해 봅시다.

SECTION 07 달력 만들기-1

■ 달력 요일, 일, 월 만들기

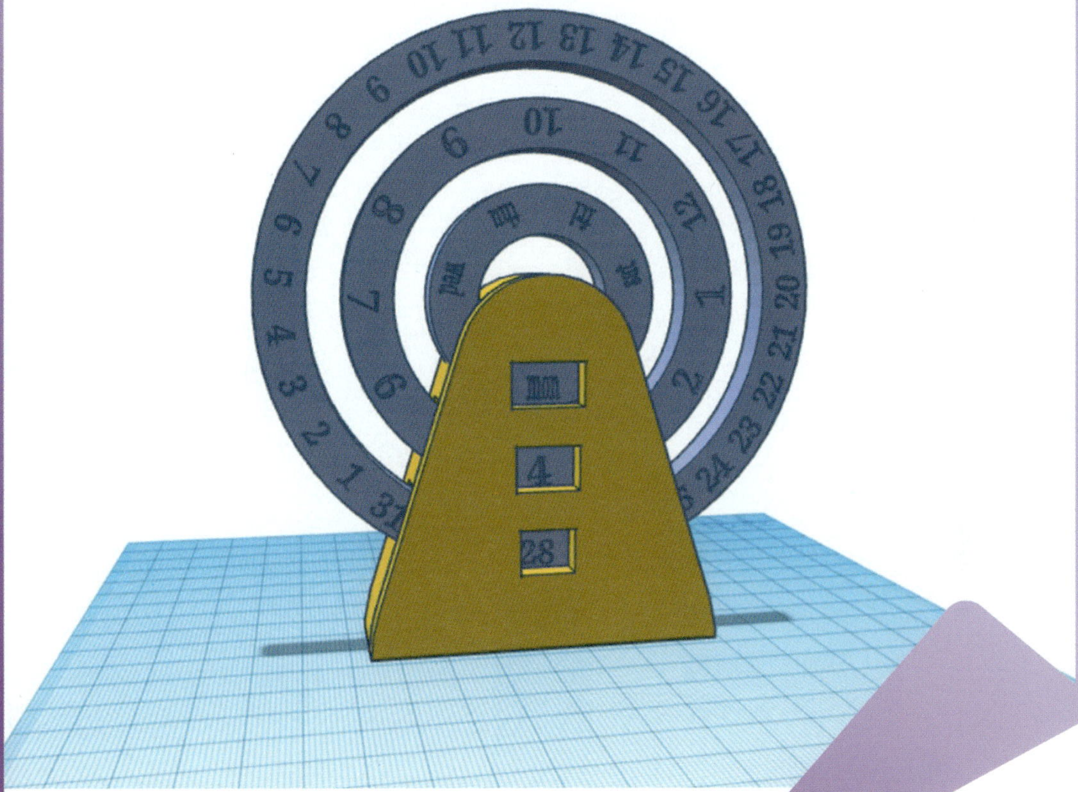

● **달력 만들기-1 (달력 요일,일,월 만들기)**

새해를 맞이하여 움직이는 달력을 만들어 봅시다.
달력 케이스 제작에 유의하여 튜브 달력을 모델링해 봅시다.

TINKERCAD DESIGN For 3D PRINTING   SECTION 07

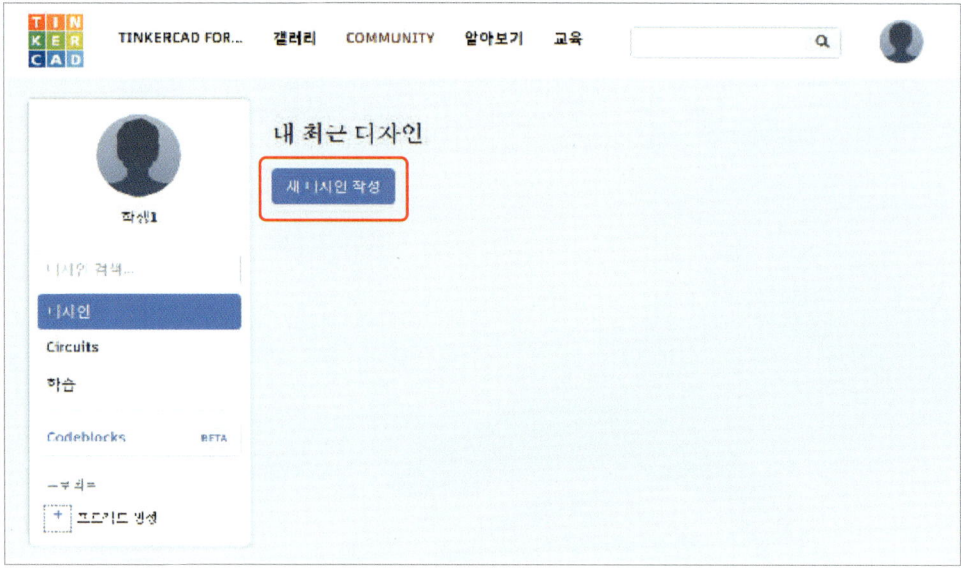

구글크롬  에서 틴커캐드 웹사이트(www.tinkercad.com)에 접속합니다.
로그인 후 대시보드의 [새 디자인 작성] 을 클릭합니다.

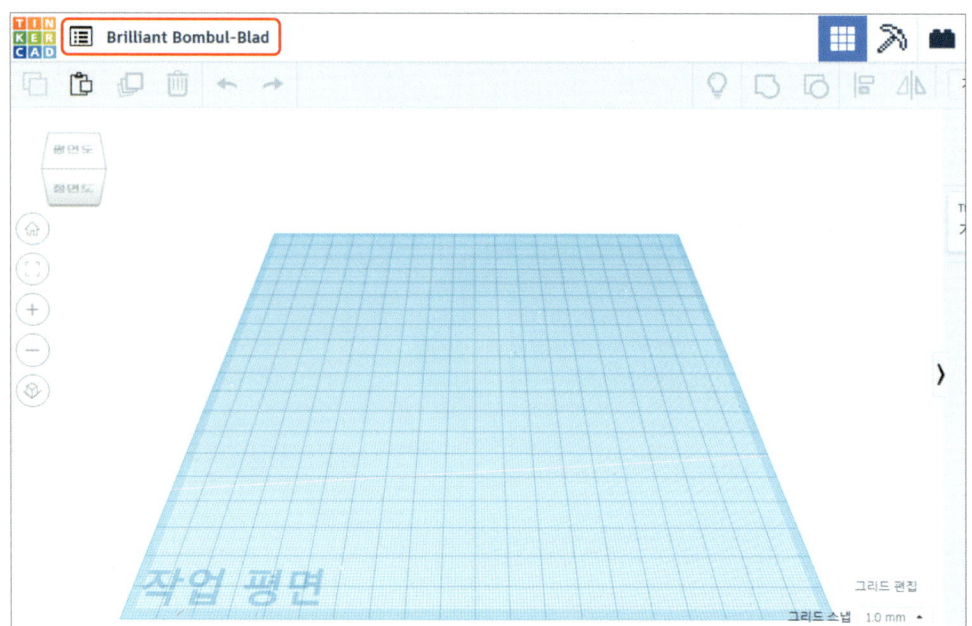

틴커캐드는 저장 버튼이 따로 없으며 웹에서 작업하고 모델링 작업파일 역시 인터넷 저장 공간에
자동으로 저장됩니다. 임의로 주어진 영어이름을 클릭하면 파일명을 수정할 수 있습니다.

TINKERCAD DESIGN For 3D PRINTING   SECTION 07

파일명을 "**달력 만들기-1**"로 수정하고 엔터키 또는 화면의 빈 공간 아무 곳이나 클릭합니다.

 요일 달력 만들기

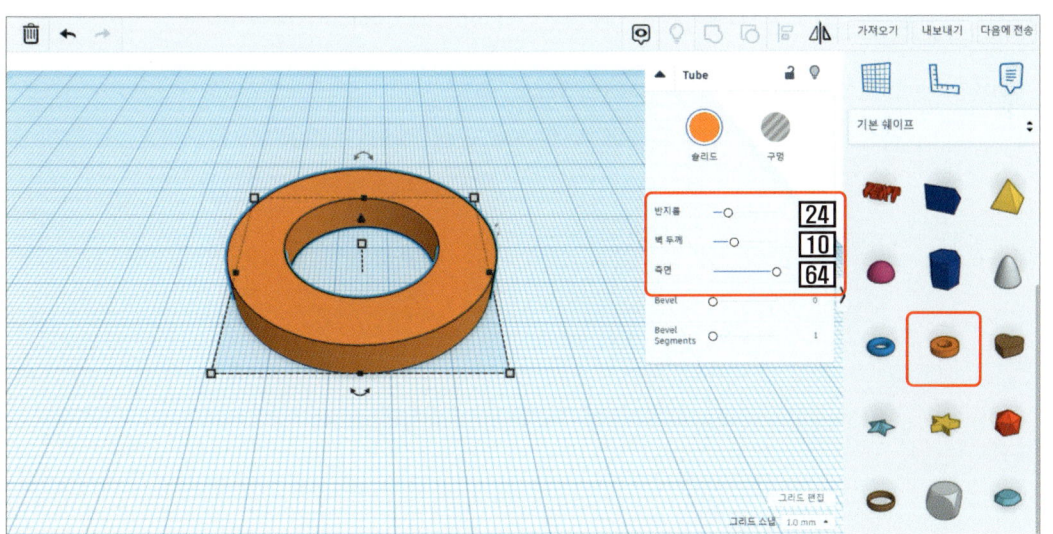

기본 쉐이프에서 튜브를 선택하여 작업 평면에 놓은 후 치수를 조절합니다.
예 반지름 24, 벽두께 10, 측면 64, 높이 7

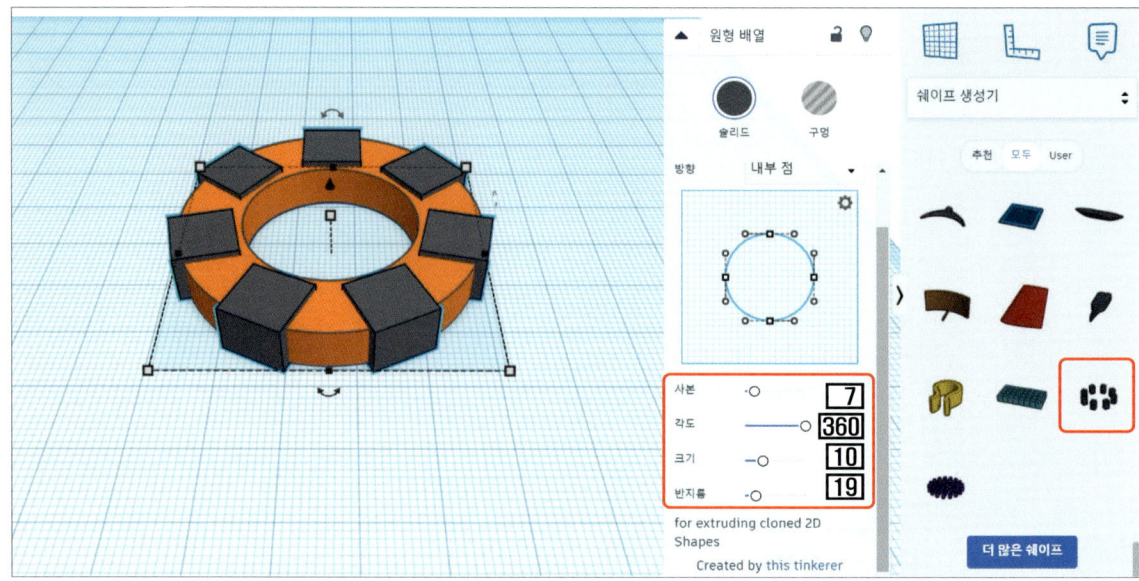

쉐이프 생성기 모두에서 원형 배열을 선택하여 작업 평면에 놓은 후 치수를 조절합니다.
예 사본 7, 각도 360, 크기 10, 반지름 19, 높이 8

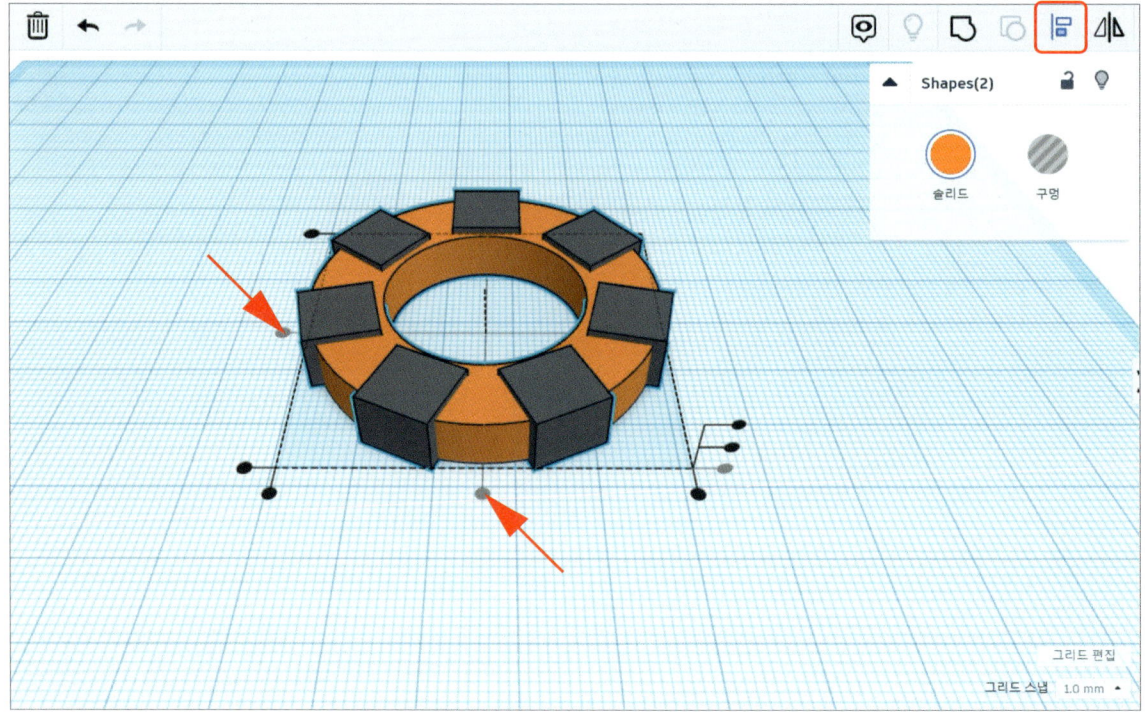

두 도형을 선택한 후 가운데 정렬합니다.

TINKERCAD DESIGN For 3D PRINTING _____ SECTION 07

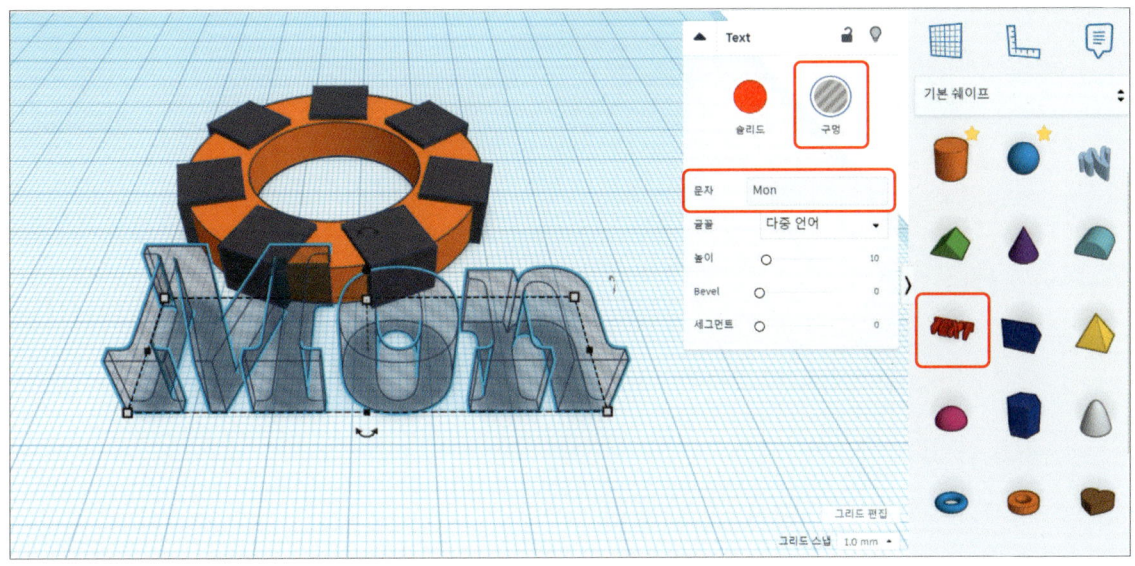

기본 쉐이프에서 문자를 선택하여 문자를 변경한 후 구멍 도형으로 바꿔줍니다.
예 문자 Mon

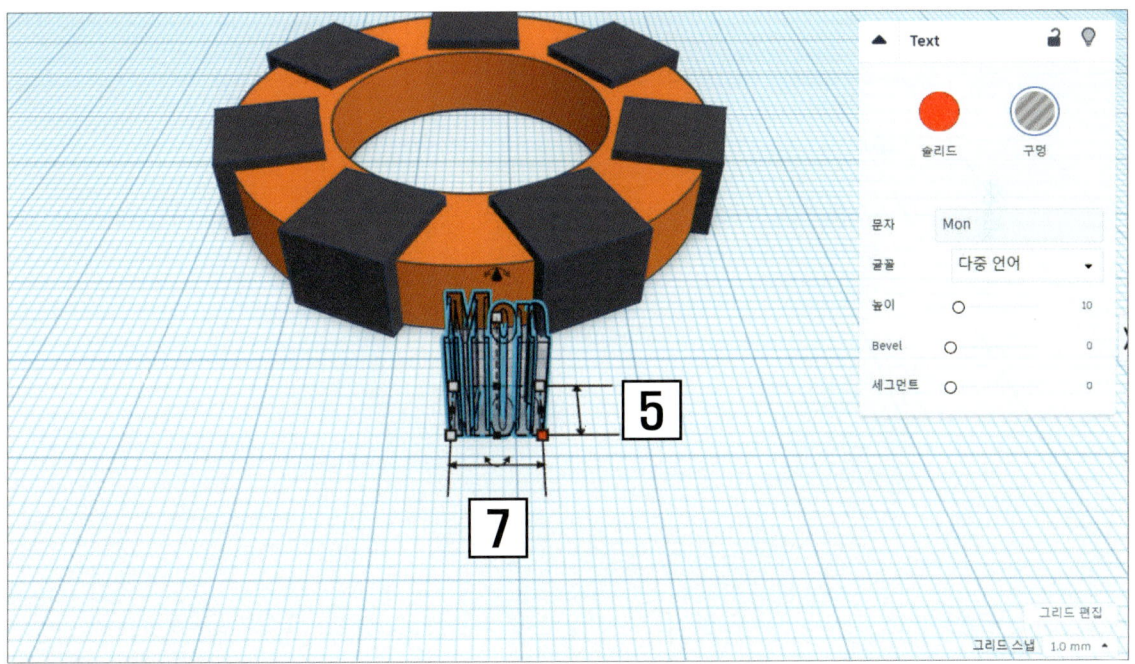

문자의 치수를 조절합니다.
예 가로 7, 세로 5, 높이 10

TINKERCAD DESIGN For 3D PRINTINGSECTION **07**

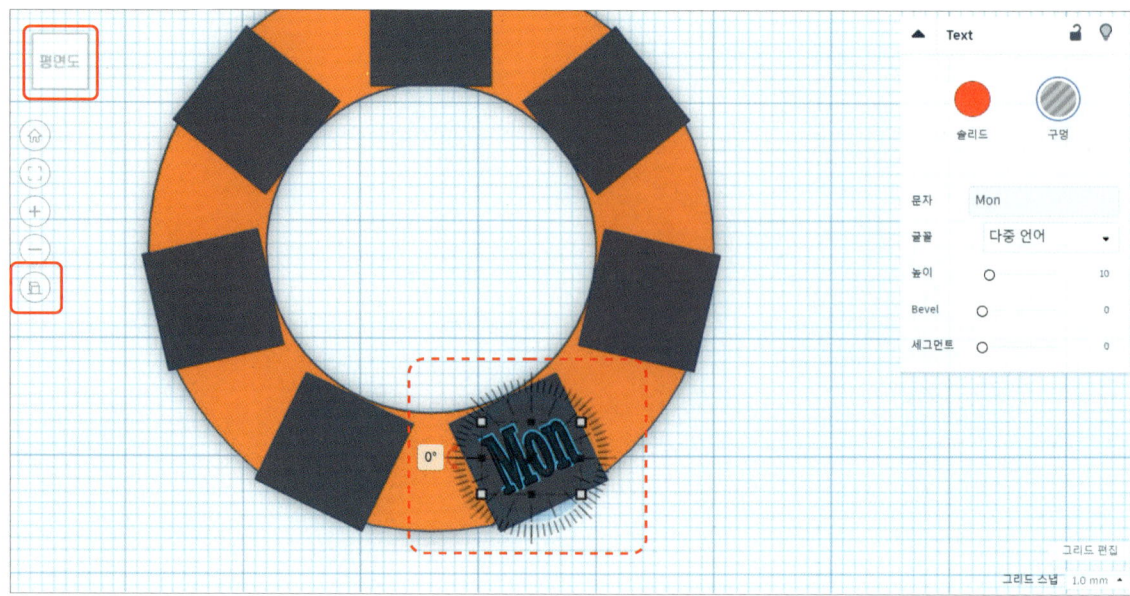

뷰박스를 평면도, 직교뷰로 선택합니다.
문자를 상자에 맞추어 그림과 같이 적당하게 회전한 후 상자의 중앙에 배치합니다.

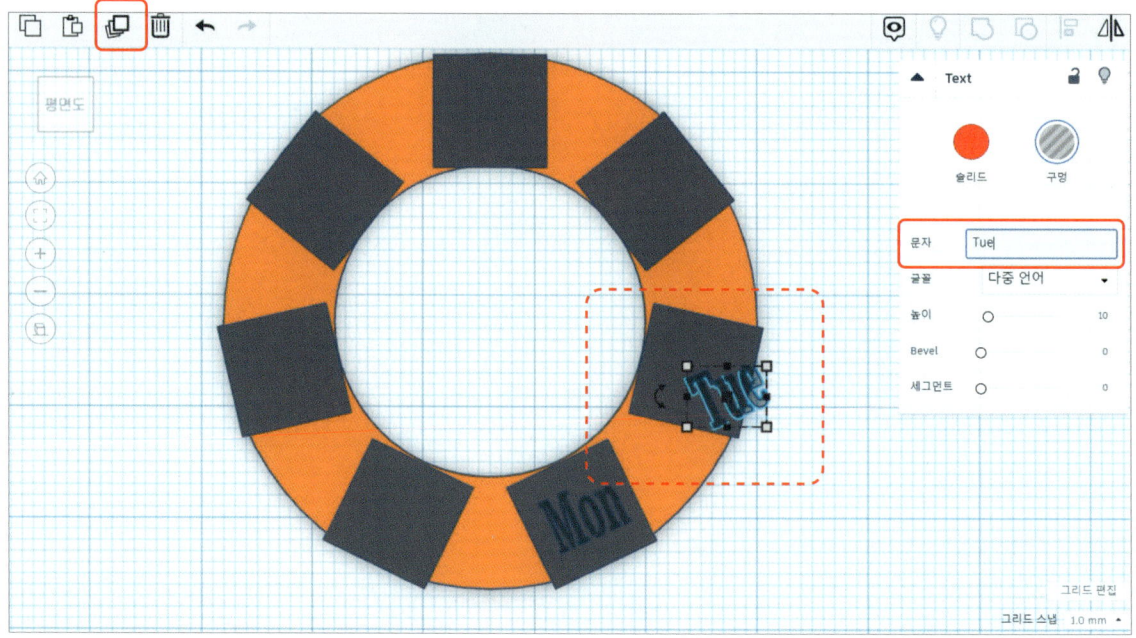

문자를 복제한 후 요일을 바꿔줍니다.

TINKERCAD DESIGN For 3D PRINTING _____ SECTION 07

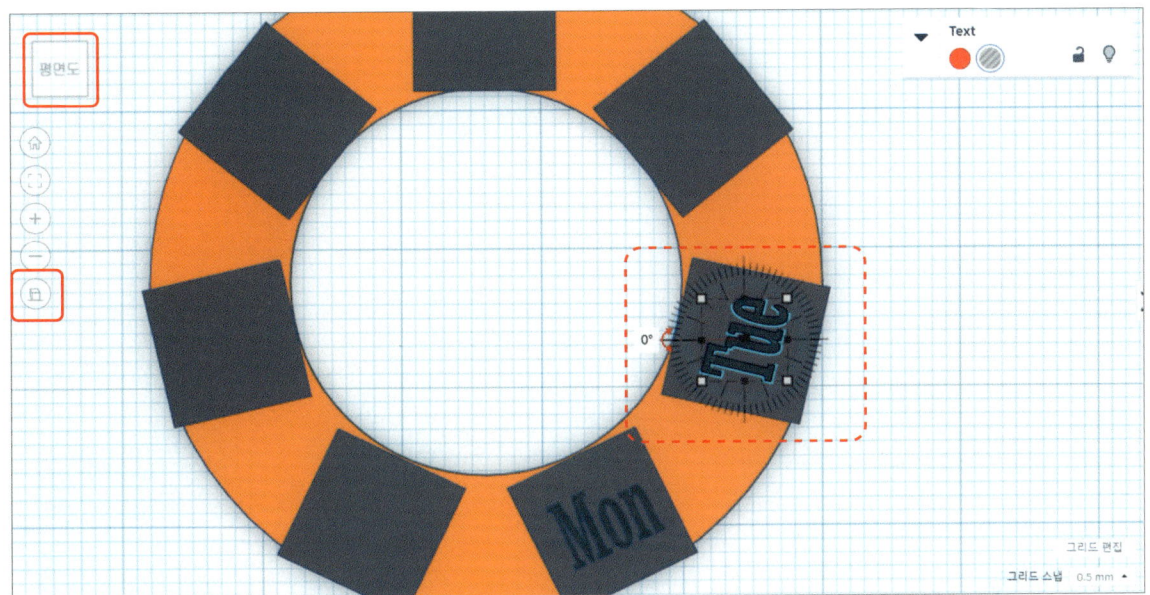

뷰박스를 평면도, 직교뷰로 선택합니다.
문자를 상자에 맞추어 그림과 같이 적당하게 회전한 후 상자의 중앙에 배치합니다.

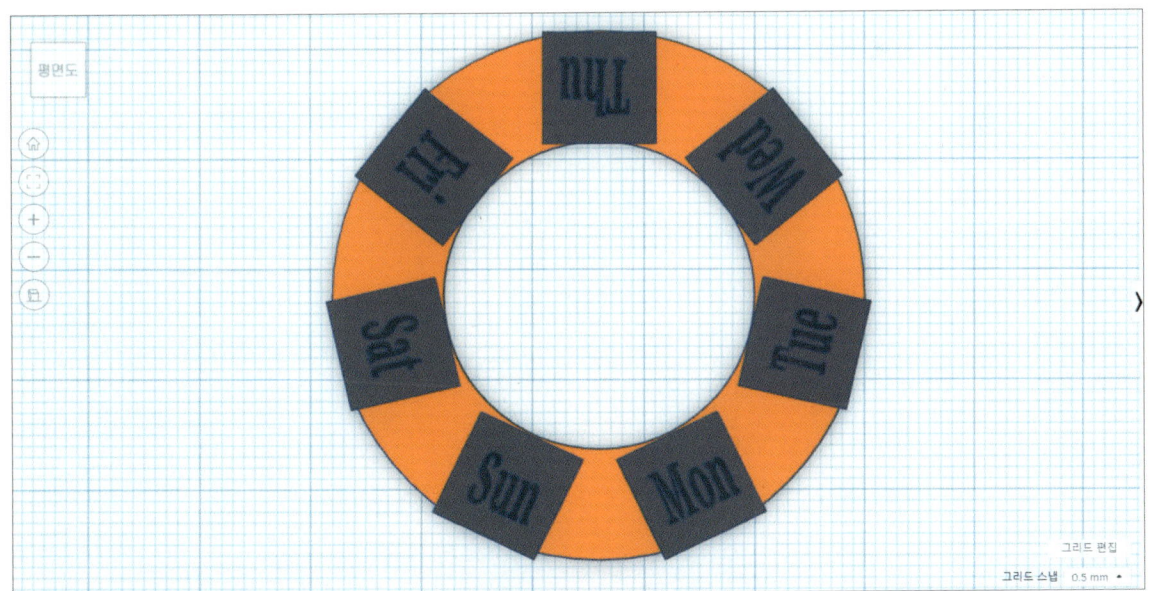

앞과 같이 문자의 복제와 회전을 반복하여 그림과 같이 요일을 완성합니다.

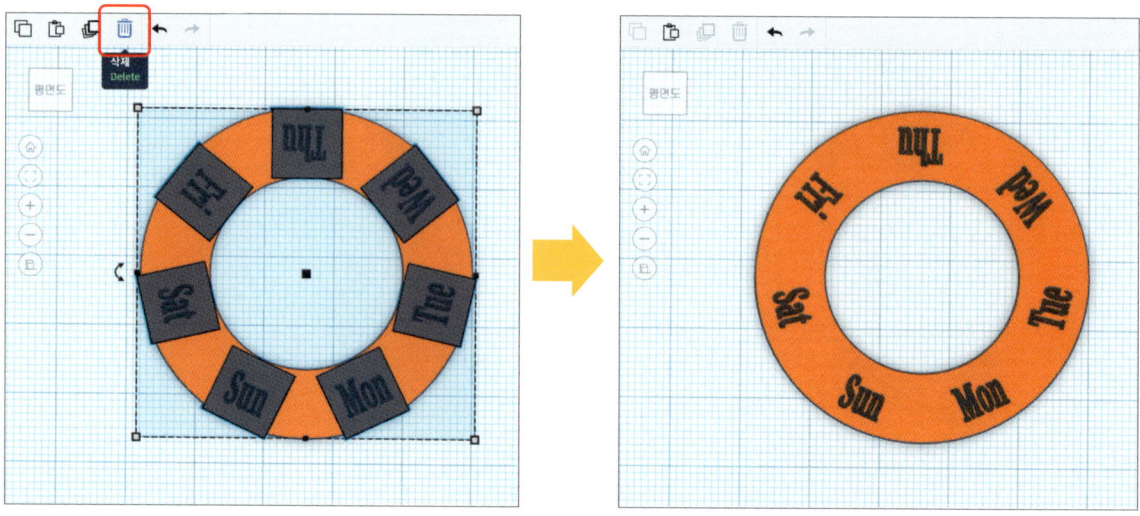

원형 배열만 삭제합니다.

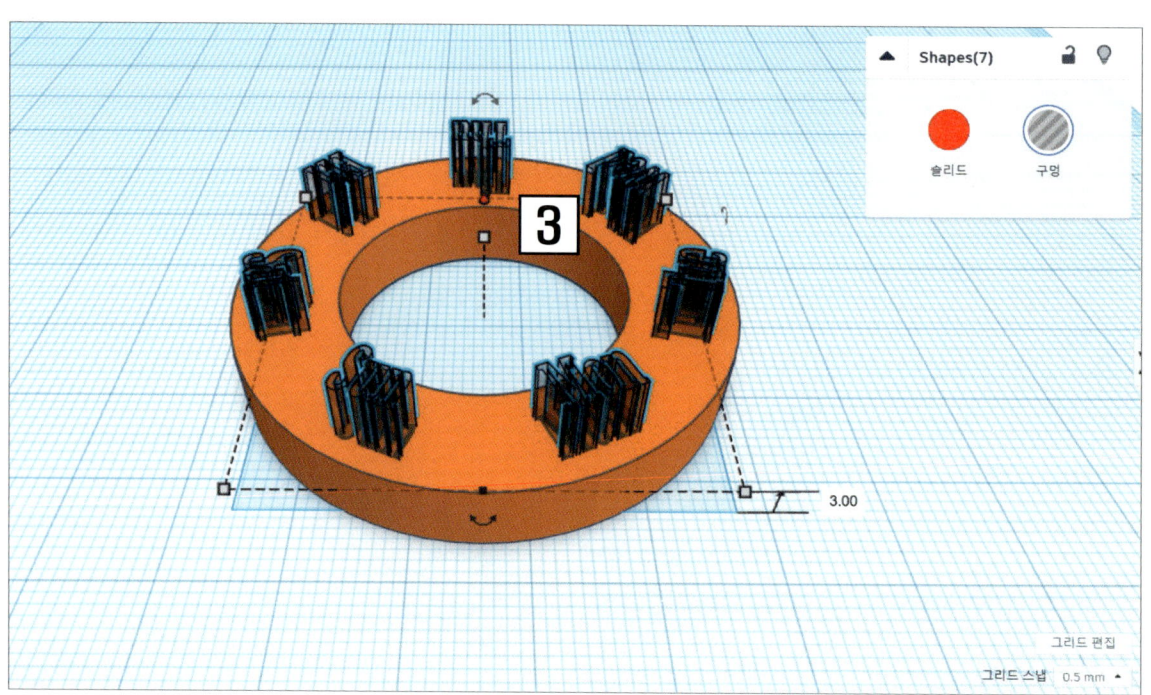

구멍 문자를 모두 선택한 후 위로 "3"만큼 올립니다.

TINKERCAD DESIGN For 3D PRINTING _____ SECTION 07

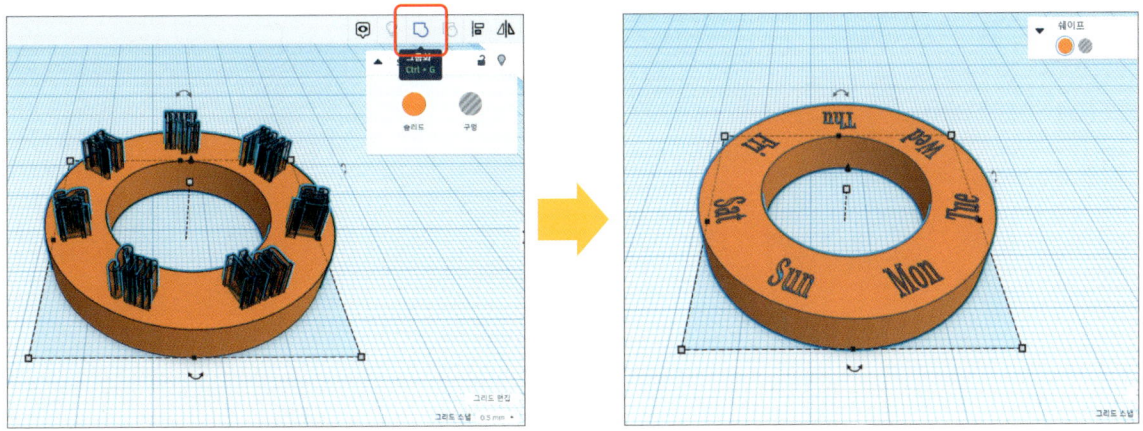

도형을 모두 선택한 후 그룹화합니다.

 월 달력 만들기

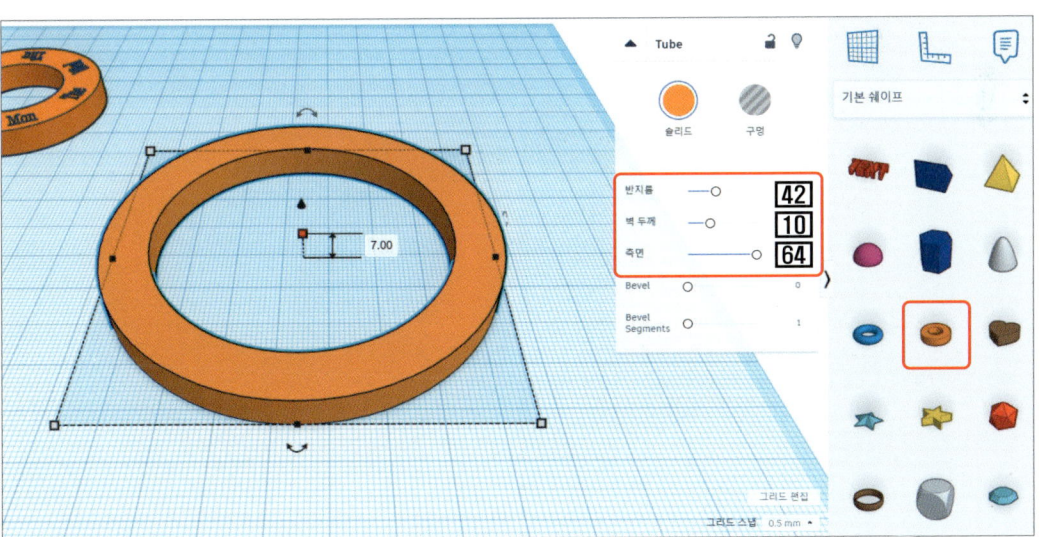

기본 쉐이프에서 튜브를 선택하여 작업 평면에 놓은 후 치수를 조절합니다.
예 반지름 42, 벽두께 10, 측면 64, 높이 7

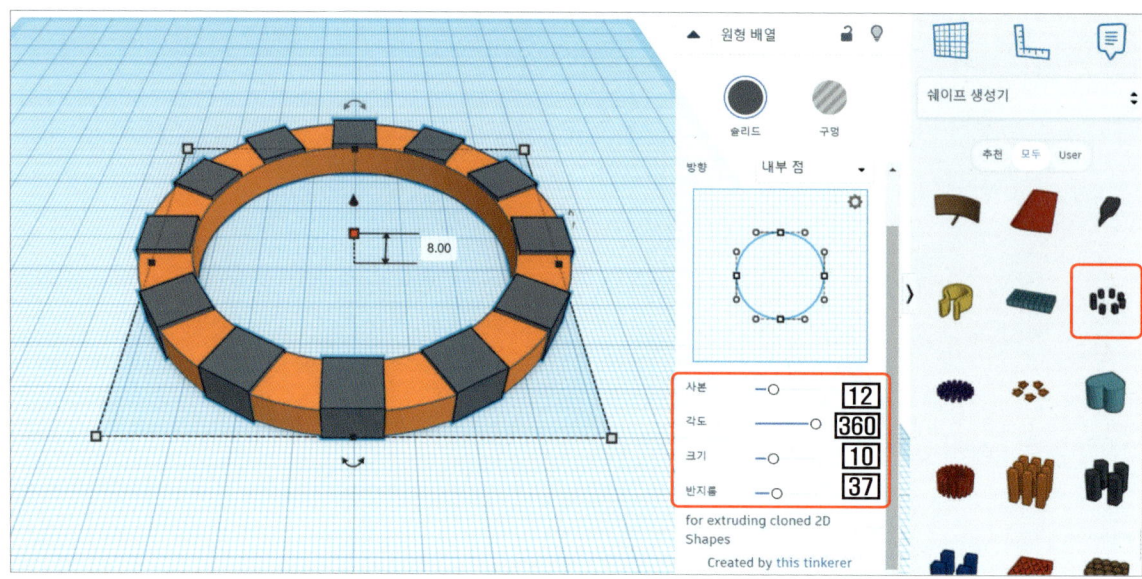

쉐이프 생성기 모두에서 원형 배열을 선택하여 작업 평면에 놓은 후 치수를 조절합니다.
예 사본 12, 각도 360, 크기 10, 반지름 37, 높이 8

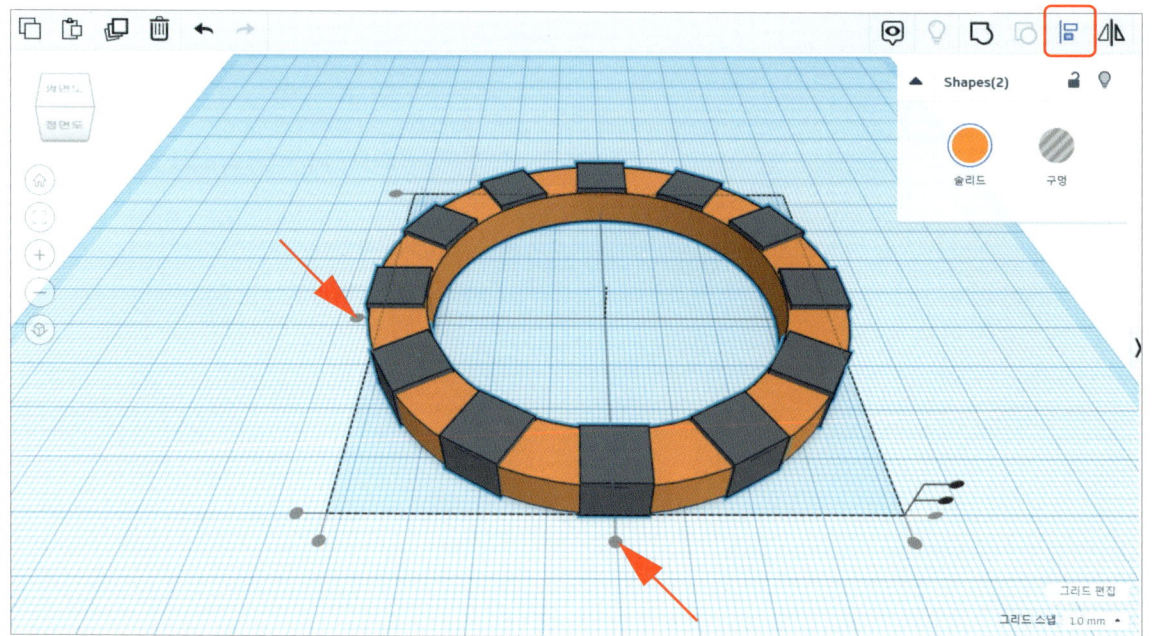

두 도형을 선택한 후 가운데 정렬합니다.

TINKERCAD DESIGN For 3D PRINTING

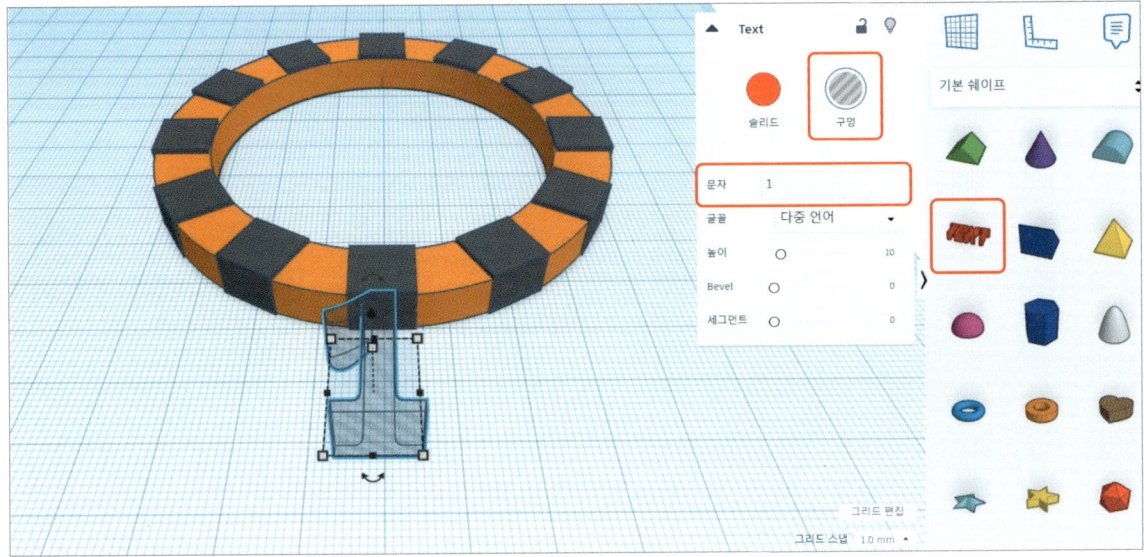

기본 쉐이프에서 문자를 선택하여 문자를 변경한 후 구멍 도형으로 바꿔줍니다.
예 문자 1

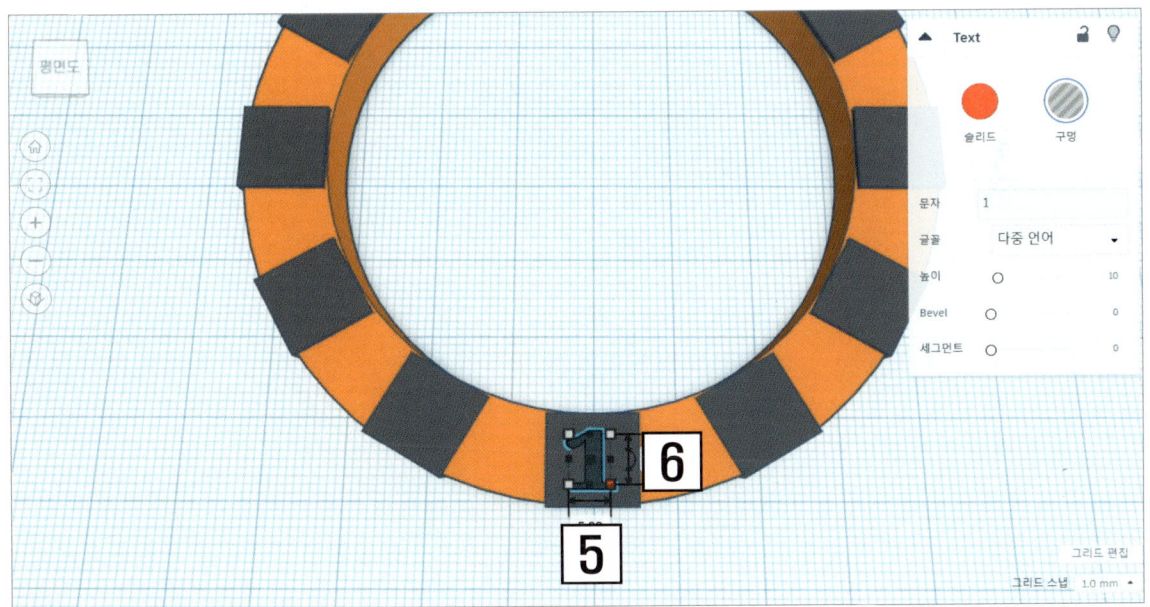

문자의 치수를 조절한 후 그림과 같이 원형 배열 상자 중앙에 배치합니다.
예 가로 5, 세로 6, 높이 10

TINKERCAD DESIGN For 3D PRINTING

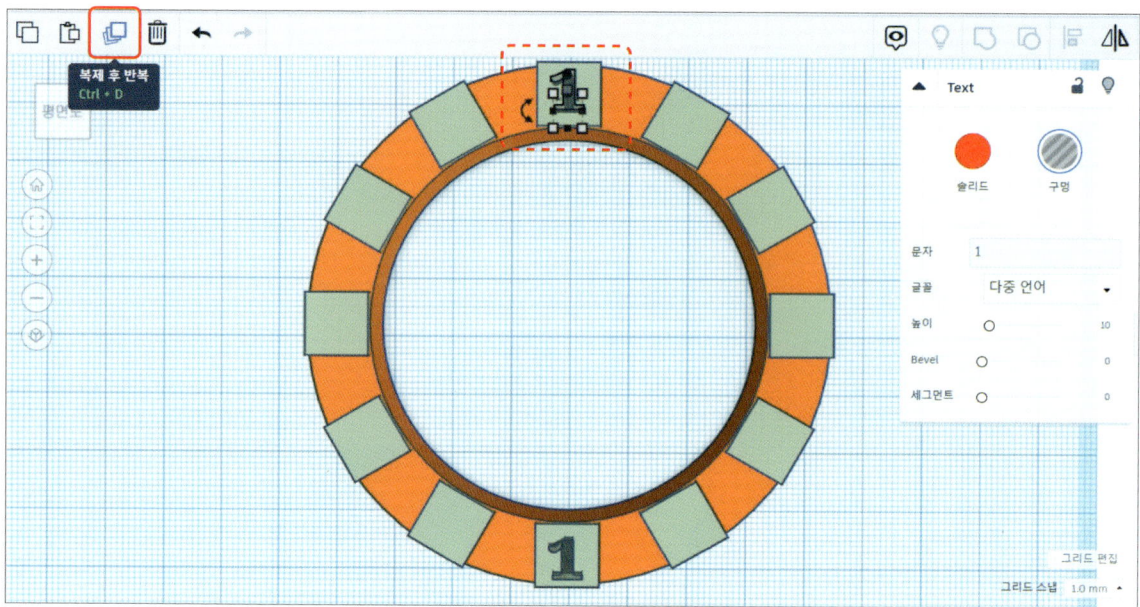

숫자를 복제한 후 그림과 같이 키보드 방향키로 그림과 같이 이동하여 배치합니다.

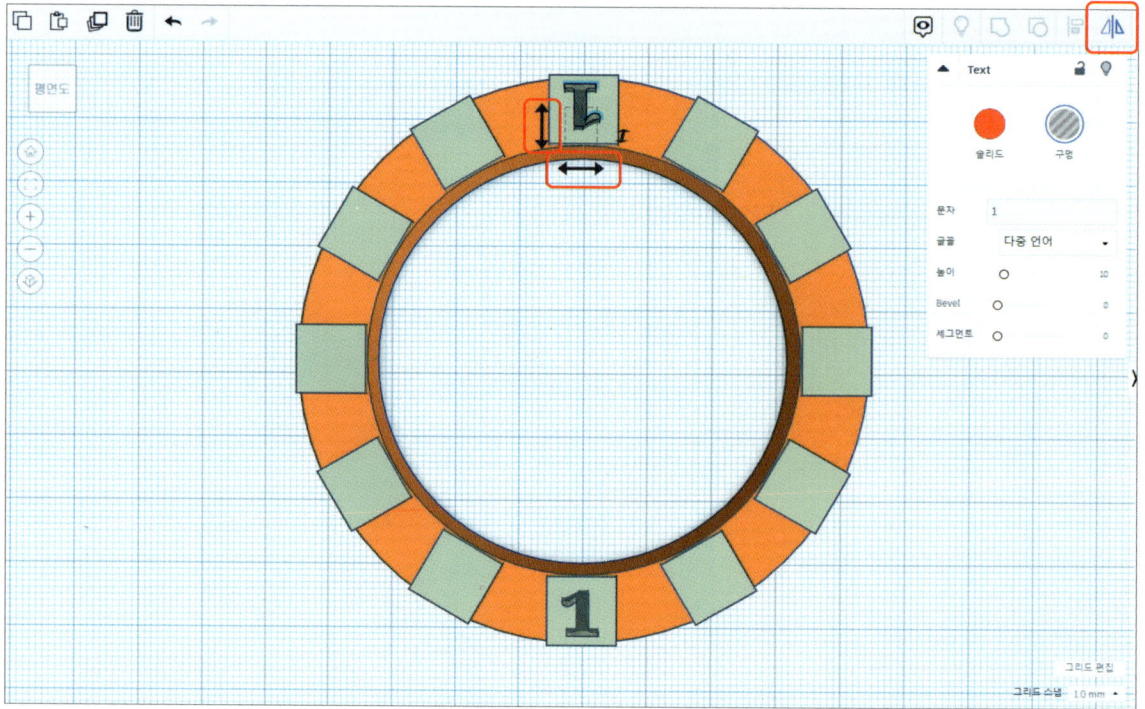

복제된 숫자를 대칭 버튼으로 상하, 좌우 대칭합니다.

TINKERCAD DESIGN For 3D PRINTING _____ SECTION 07

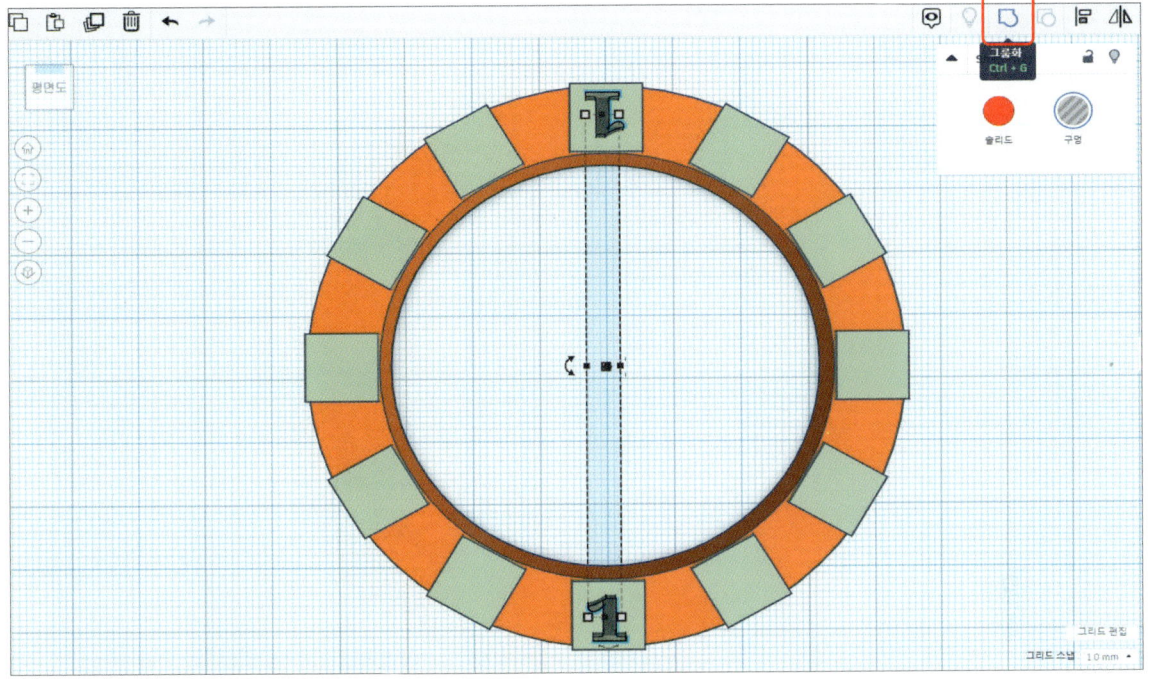

두 숫자 도형을 (Shift) 키를 누른 상태로 두 도형을 클릭) 선택한 후 그룹화합니다.

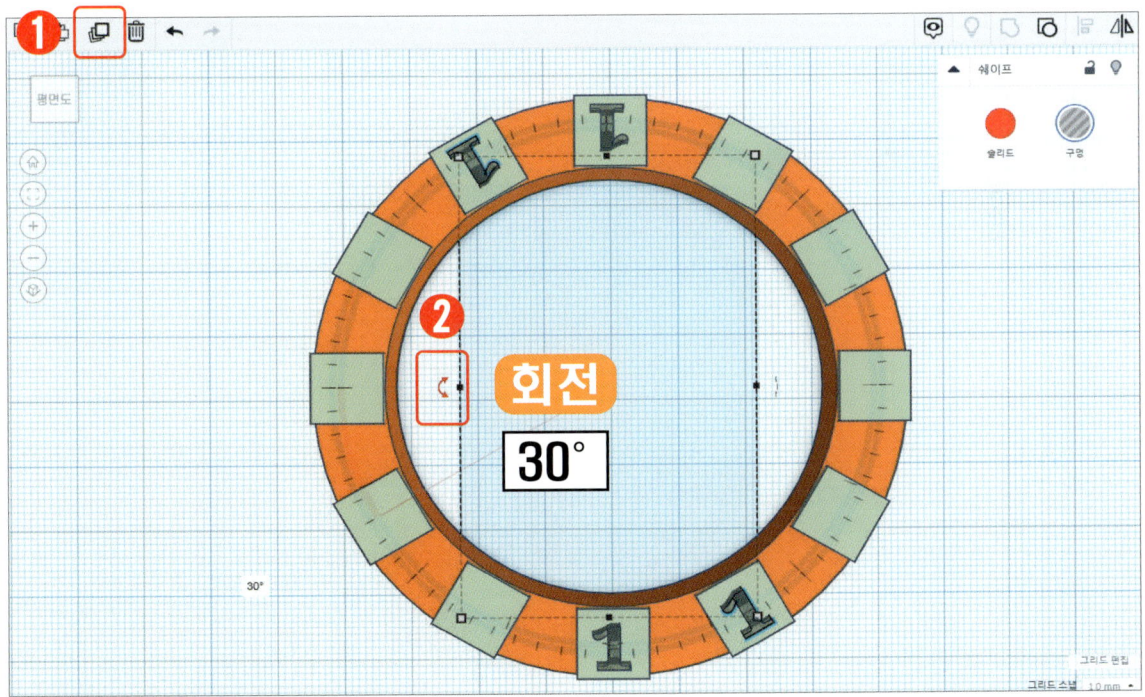

그룹화된 숫자를 복제한 후 30° 회전합니다.

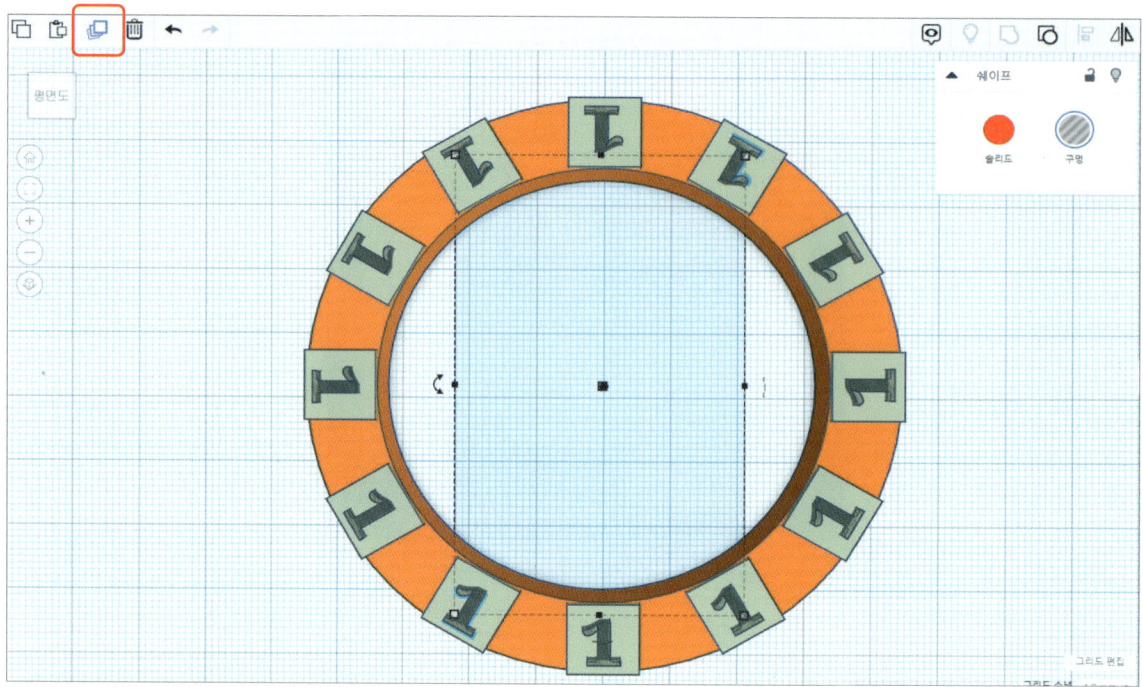

복제 버튼을 3번 더 클릭합니다.

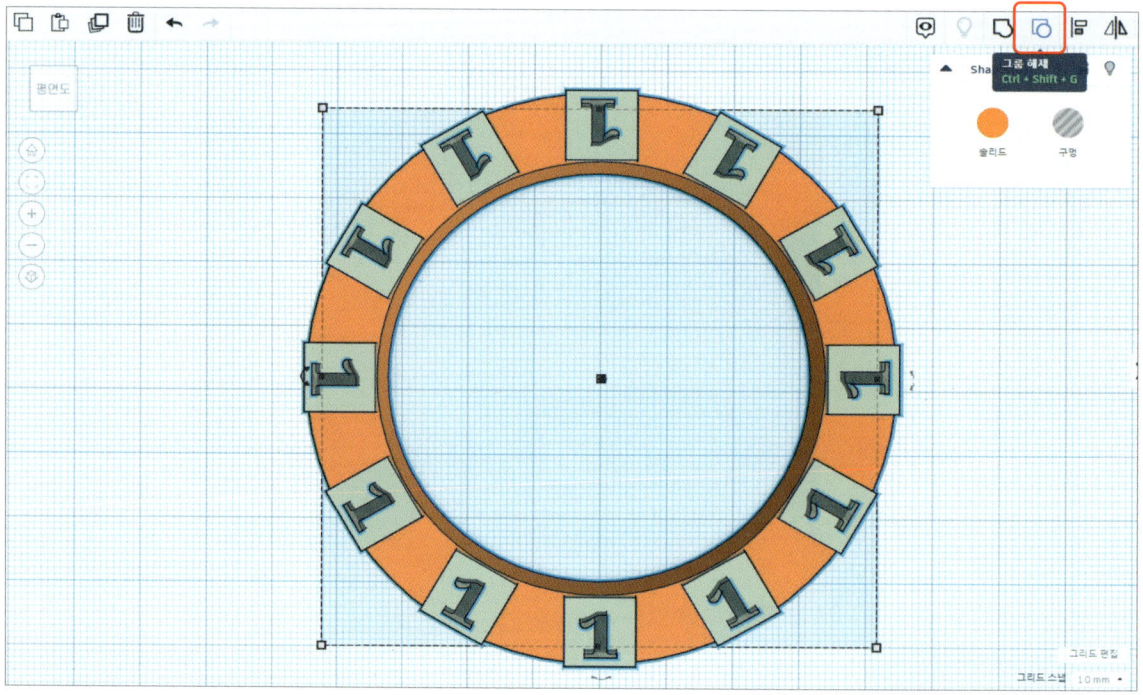

도형을 모두 선택한 후 그룹해제 합니다.

TINKERCAD DESIGN For 3D PRINTING _____ SECTION 07

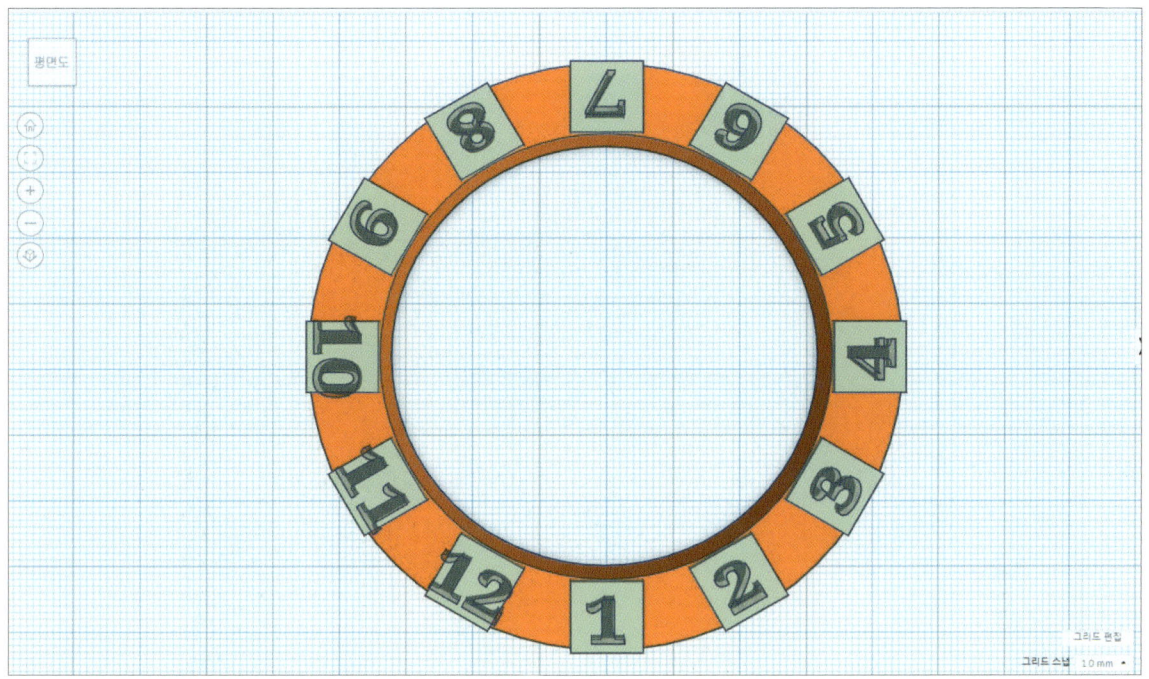

복제된 숫자는 1부터 12까지 바꿔줍니다.

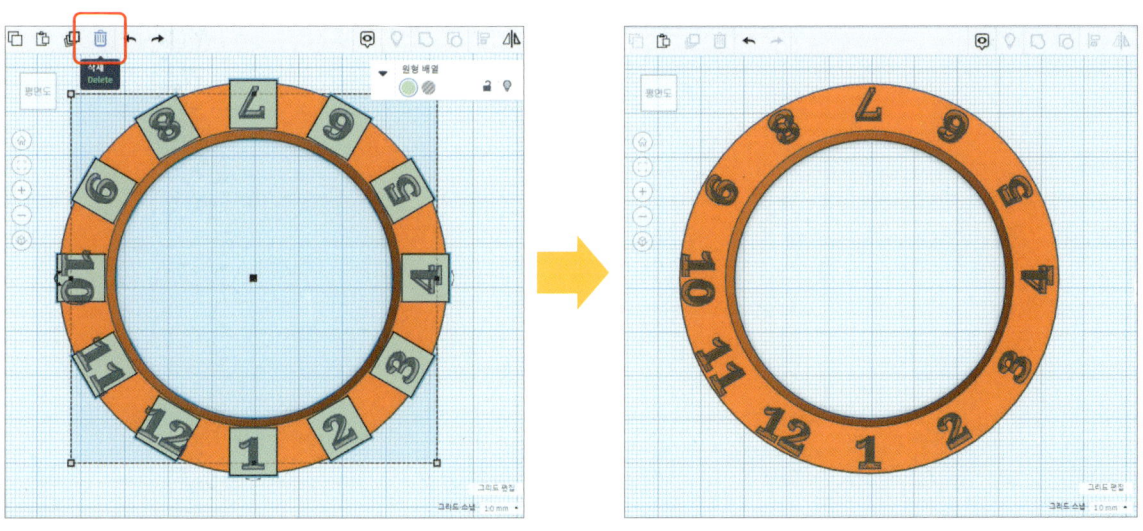

원형 배열만 삭제합니다.

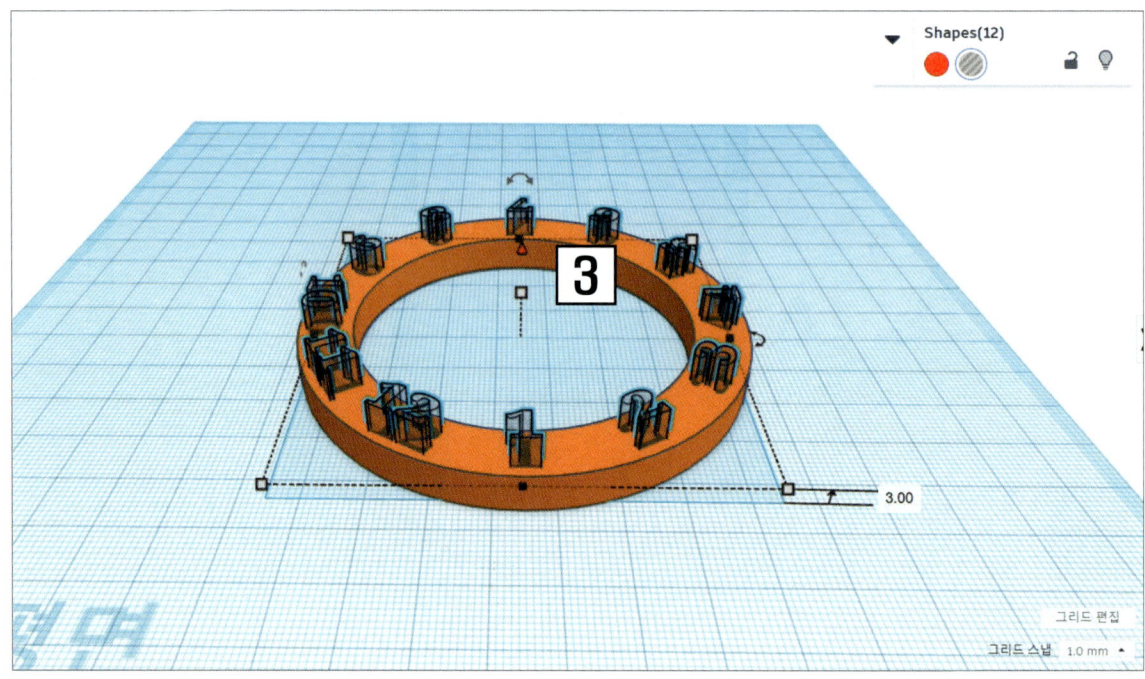

구멍 문자를 모두 선택한 후 위로 "3"만큼 올립니다.

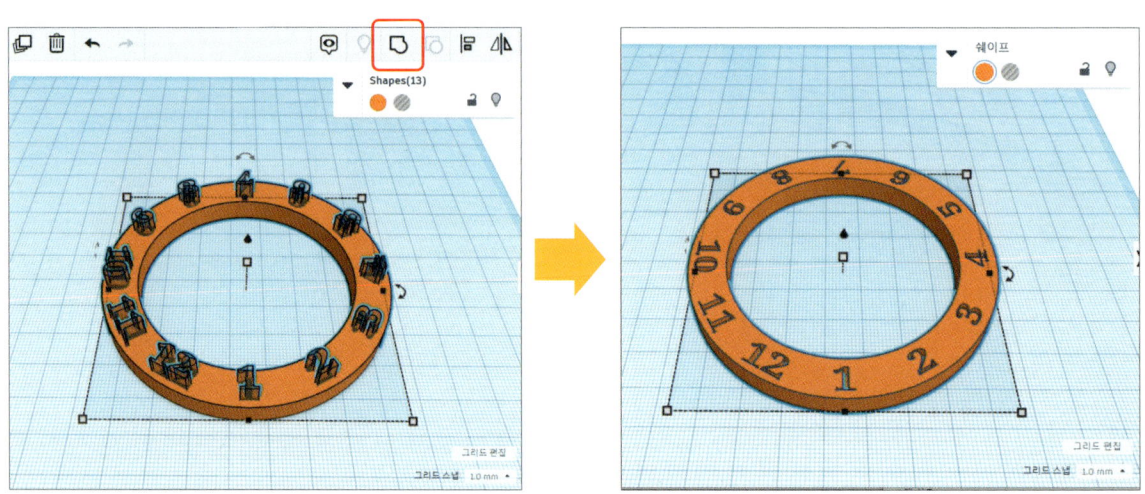

도형을 모두 선택한 후 그룹화합니다.

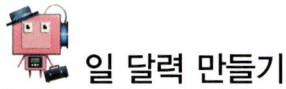

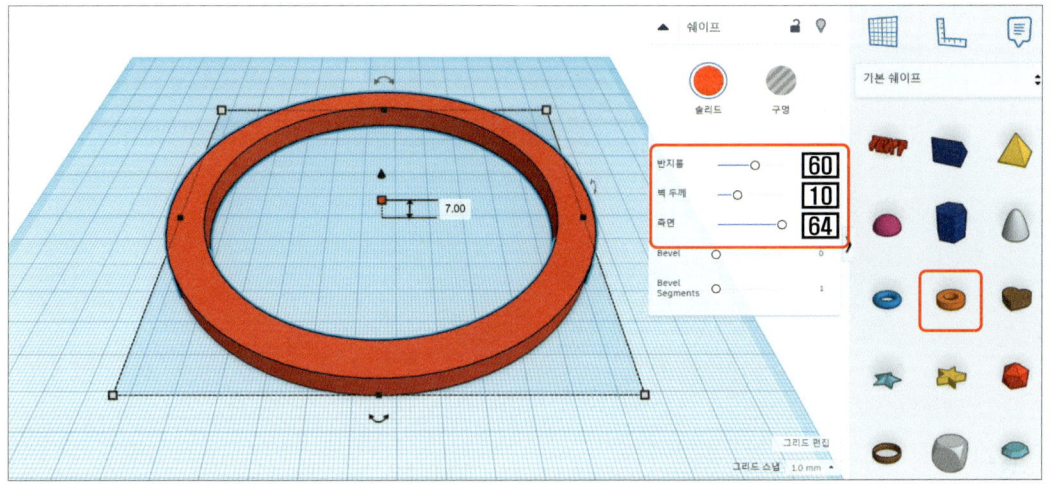

기본 쉐이프에서 튜브를 선택하여 작업 평면에 놓은 후 치수를 조절합니다.
예) 반지름 60, 벽두께 10, 측면 64, 높이 7

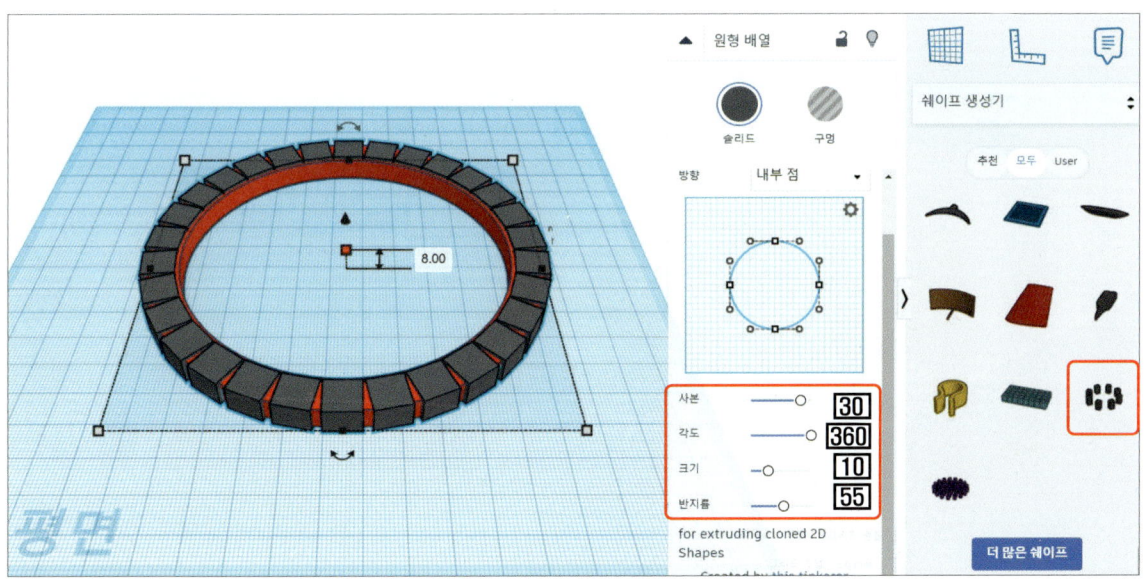

쉐이프 생성기 모두에서 원형 배열을 선택하여 작업 평면에 놓은 후 치수를 조절합니다.
예) 사본 30, 각도 360, 크기 10, 반지름 55, 높이 8

TINKERCAD DESIGN For 3D PRINTING _____ SECTION 07

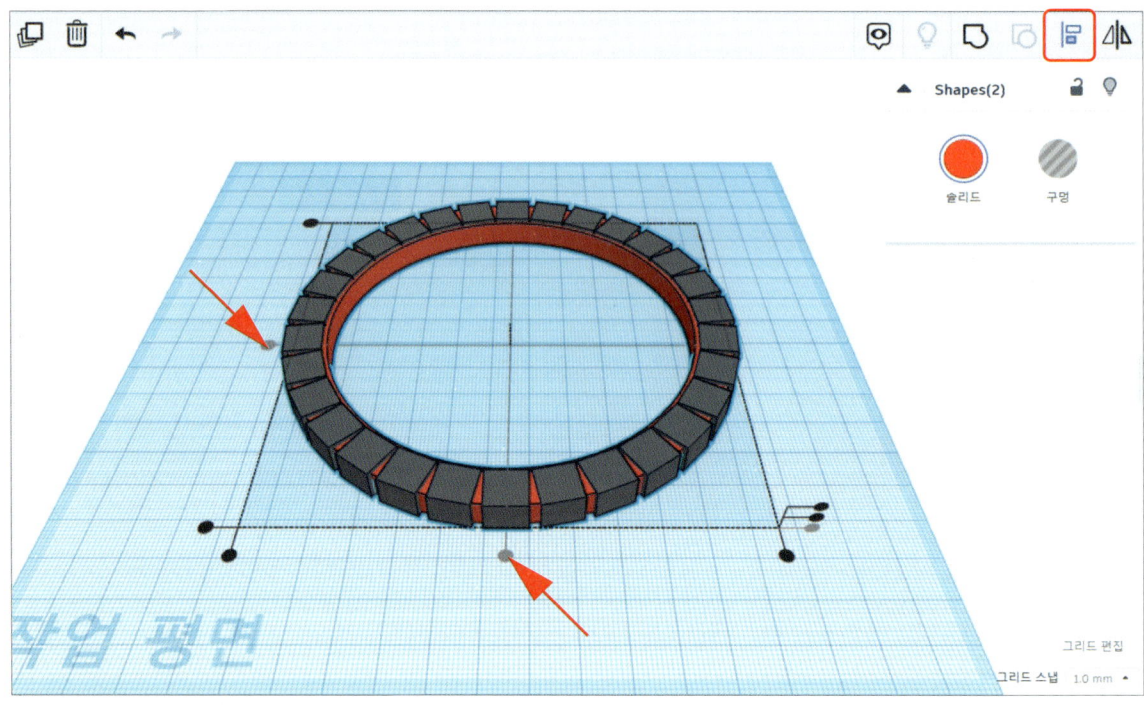

두 도형을 선택한 후 가운데 정렬합니다.

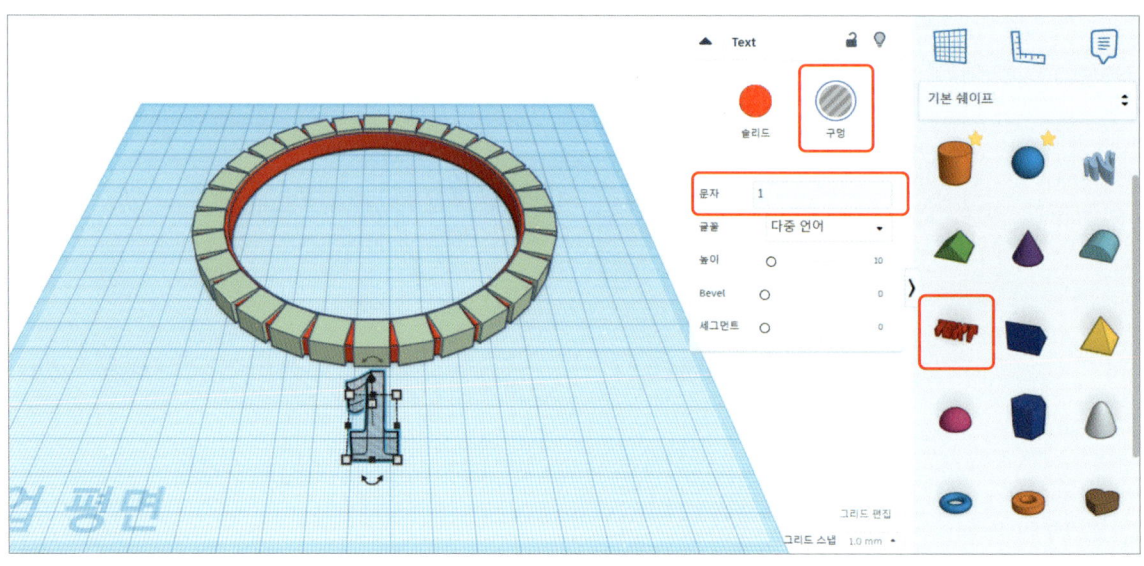

기본 쉐이프에서 문자를 선택하여 문자를 변경한 후 구멍 도형으로 바꿔줍니다.

예 문자 1

TINKERCAD DESIGN For 3D PRINTING   SECTION 07

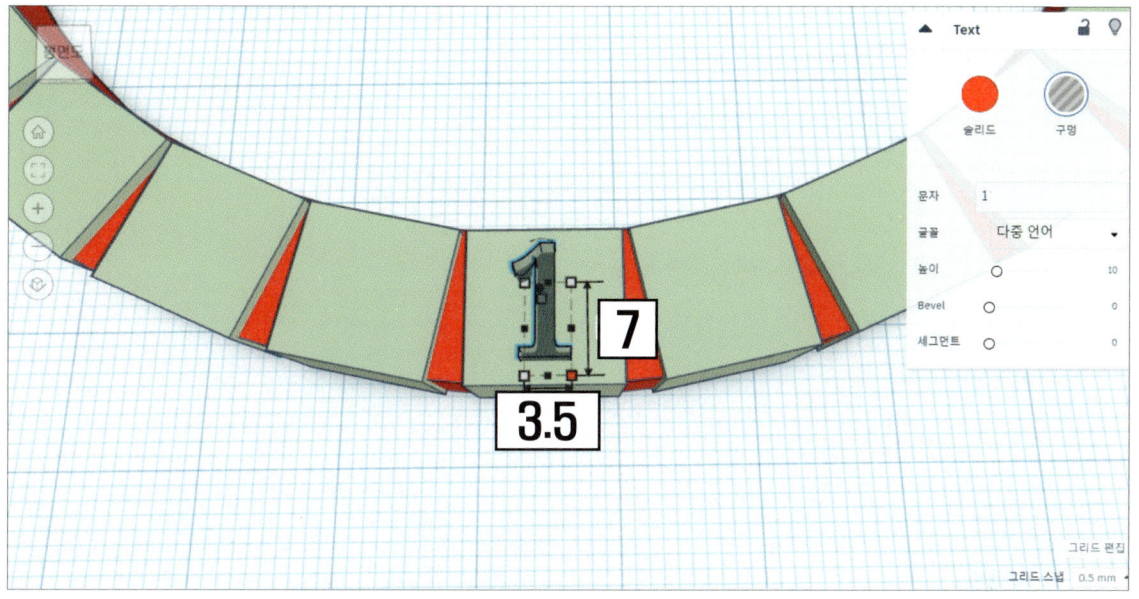

문자의 치수를 조절한 후 그림과 같이 원형 배열 상자 중앙에 배치합니다.
예 가로 3.5, 세로 7, 높이 10

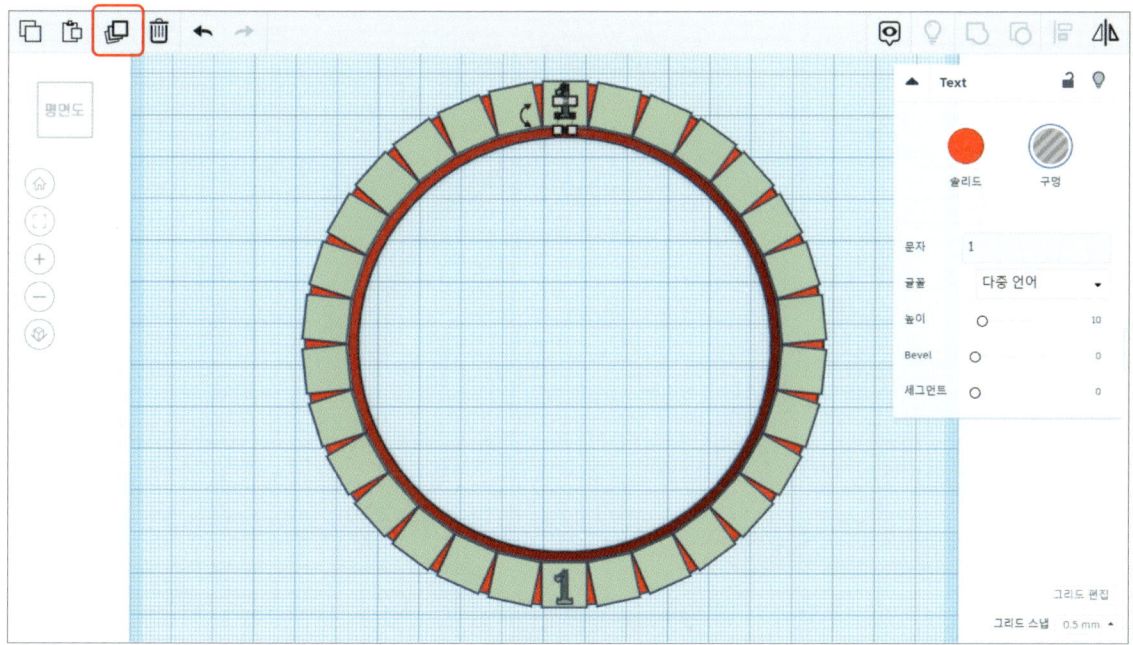

숫자를 복제한 후 그림과 같이 키보드 방향키로 그림과 같이 이동하여 배치합니다.

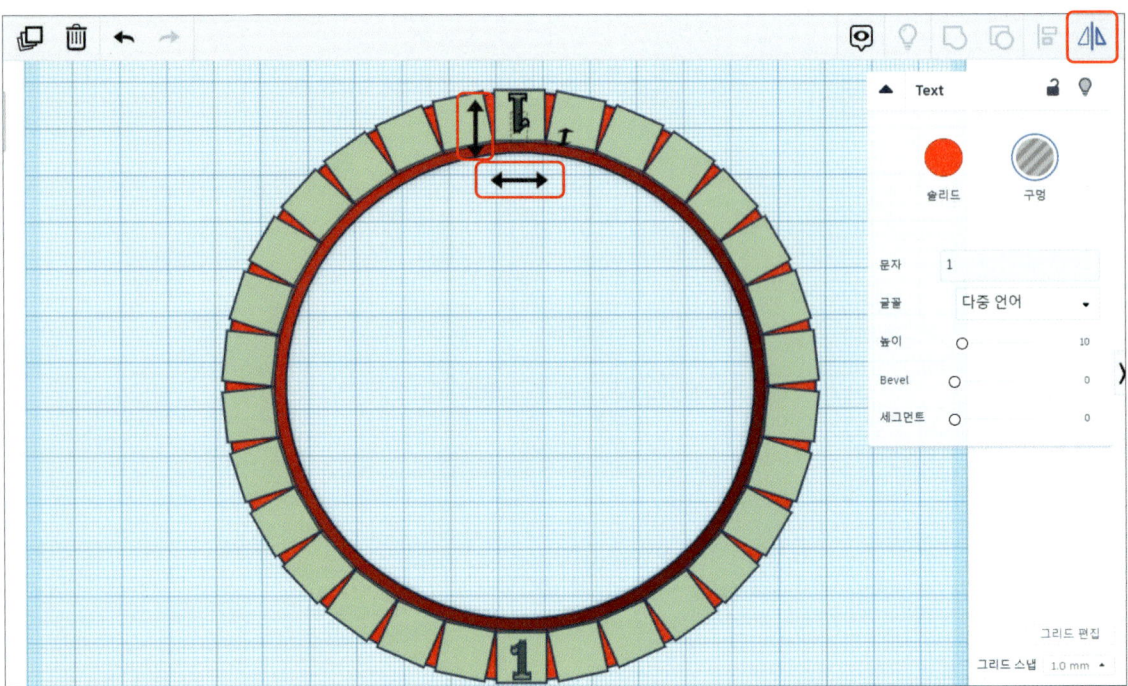

복제된 숫자를 대칭 버튼으로 상하, 좌우 대칭합니다.

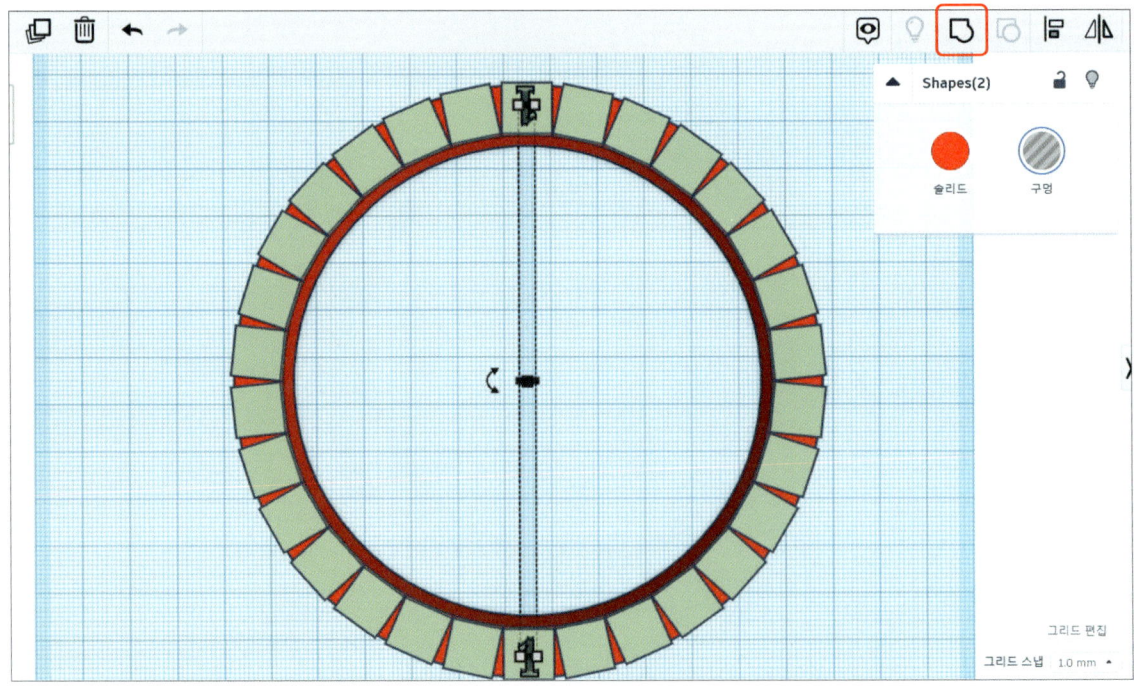

두 숫자 도형을 (Shift) 키를 누른 상태로 두 도형을 클릭) 선택한 후 그룹화합니다.

TINKERCAD DESIGN For 3D PRINTING

그룹화된 숫자를 복제한 후 12° 회전합니다.

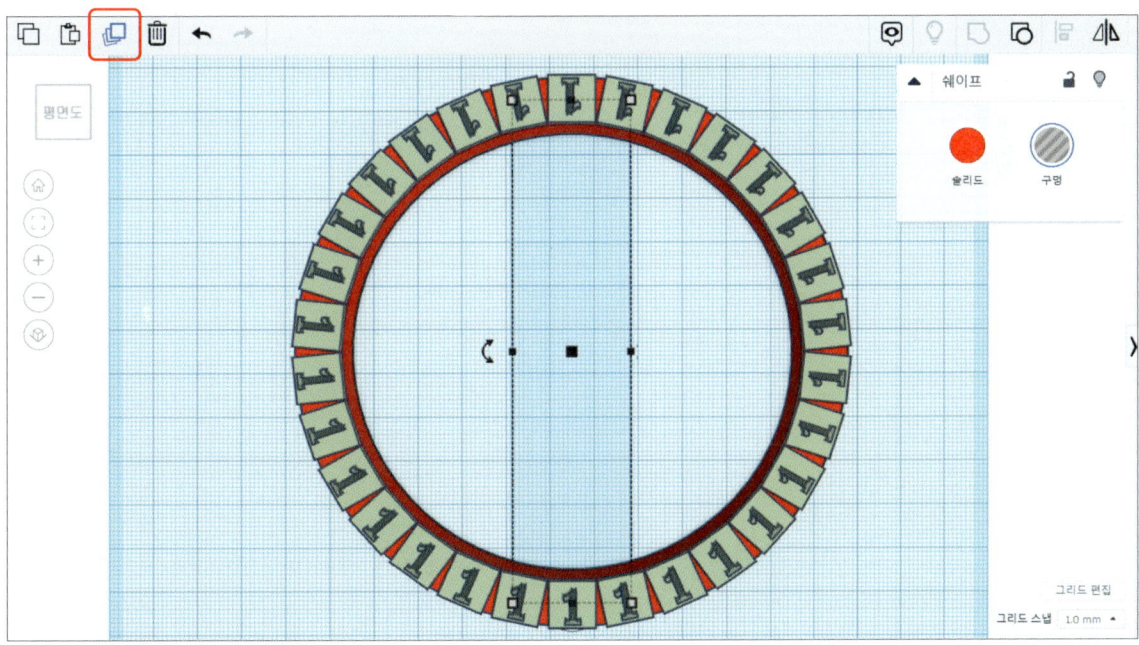

복제 버튼을 13번 더 클릭합니다.

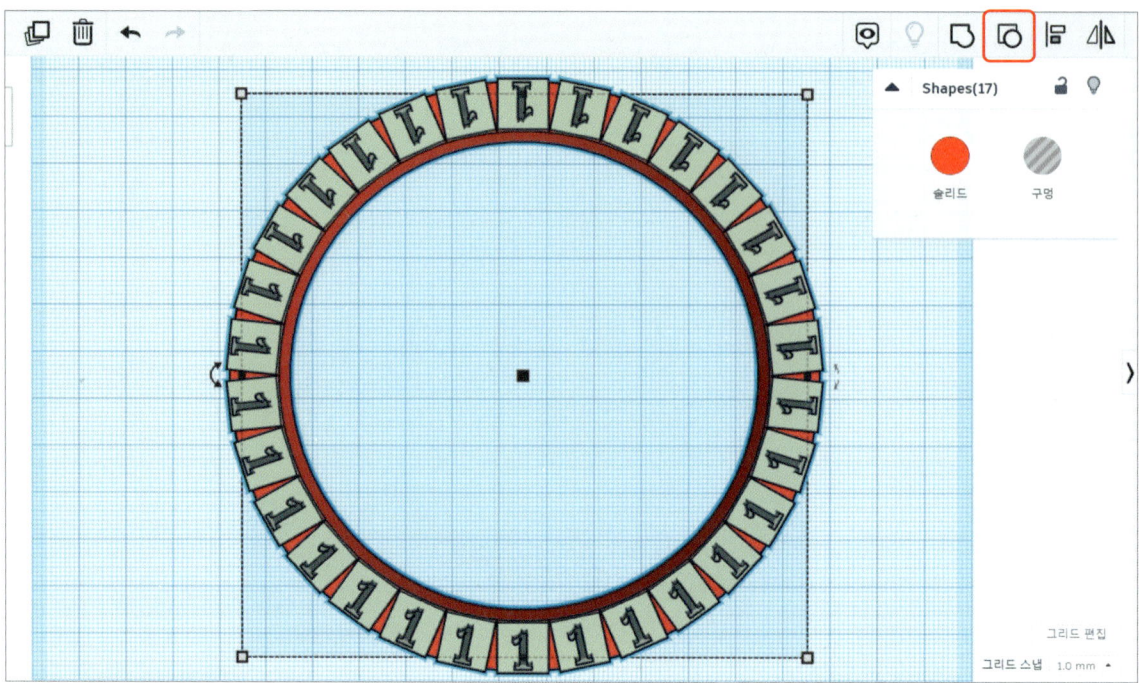

도형을 모두 선택한 후 그룹해제 합니다.

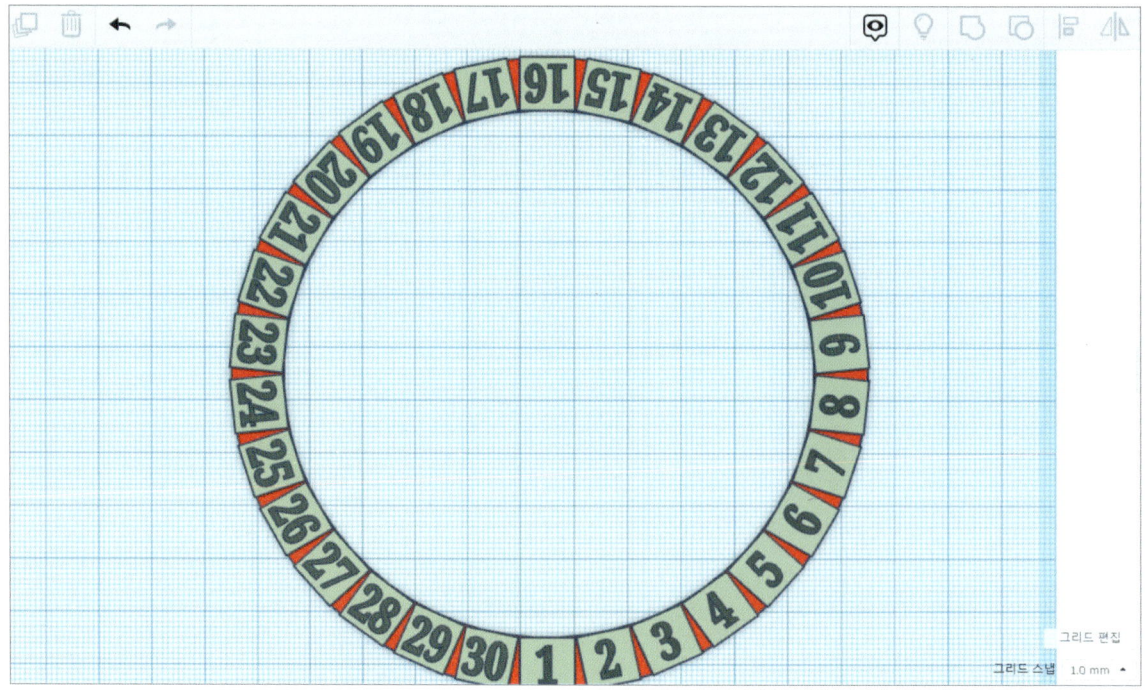

복제된 숫자는 1부터 12까지 바꿔줍니다.

TINKERCAD DESIGN For 3D PRINTING　　　　　　　　　　　　　　　SECTION 07

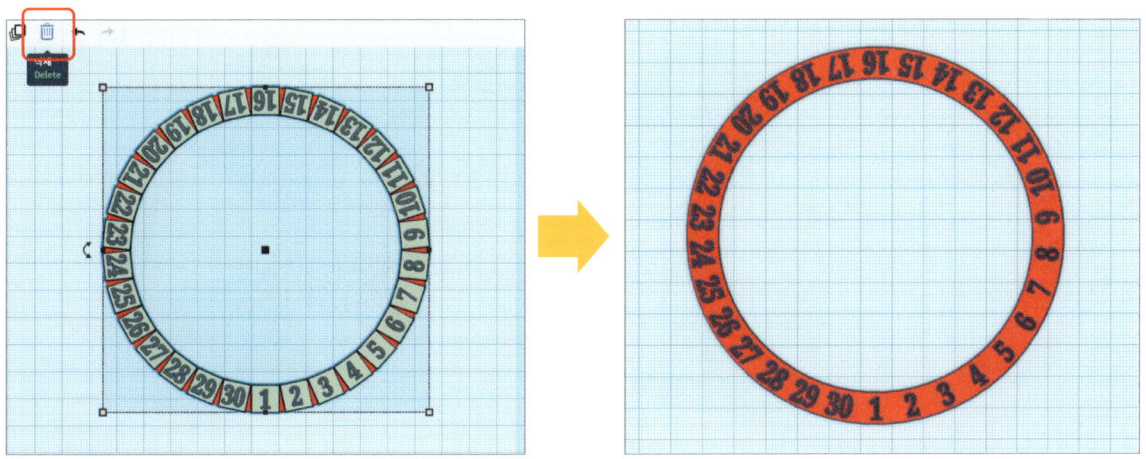

원형 배열만 삭제합니다.

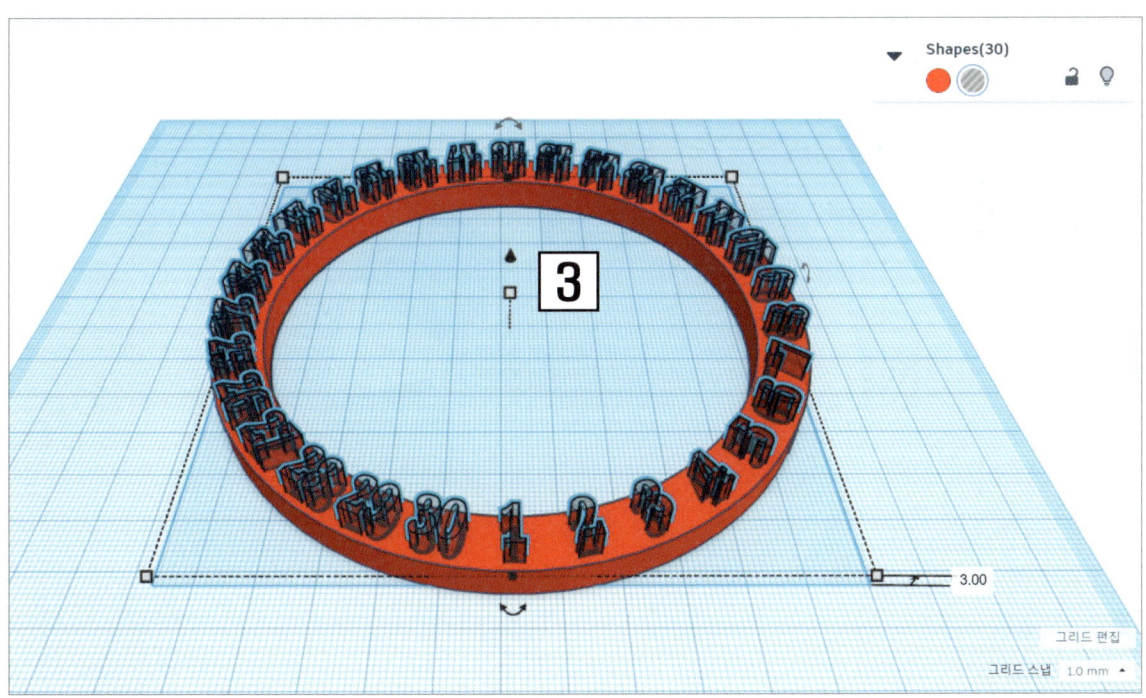

구멍 문자를 모두 선택한 후 위로 "3"만큼 올립니다.

TINKERCAD DESIGN For 3D PRINTING

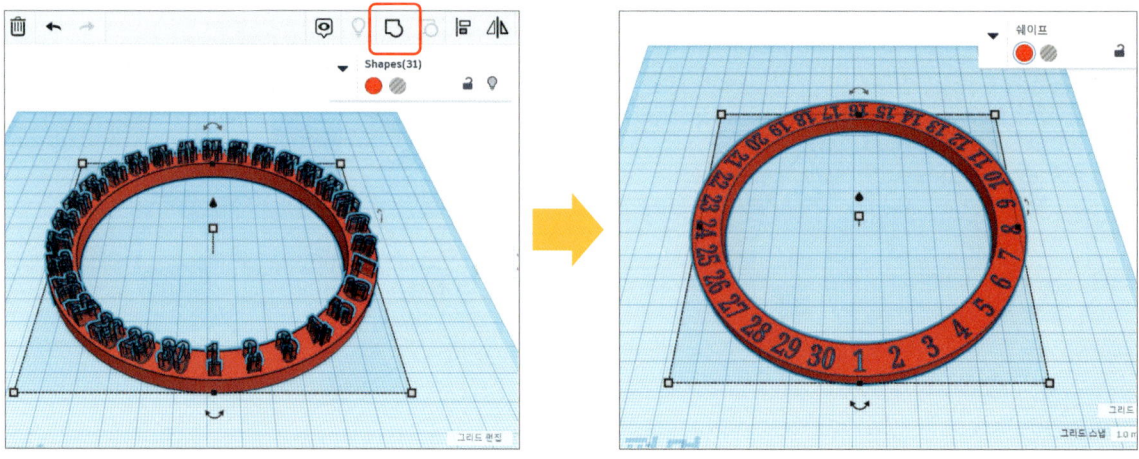

도형을 모두 선택한 후 그룹화합니다.

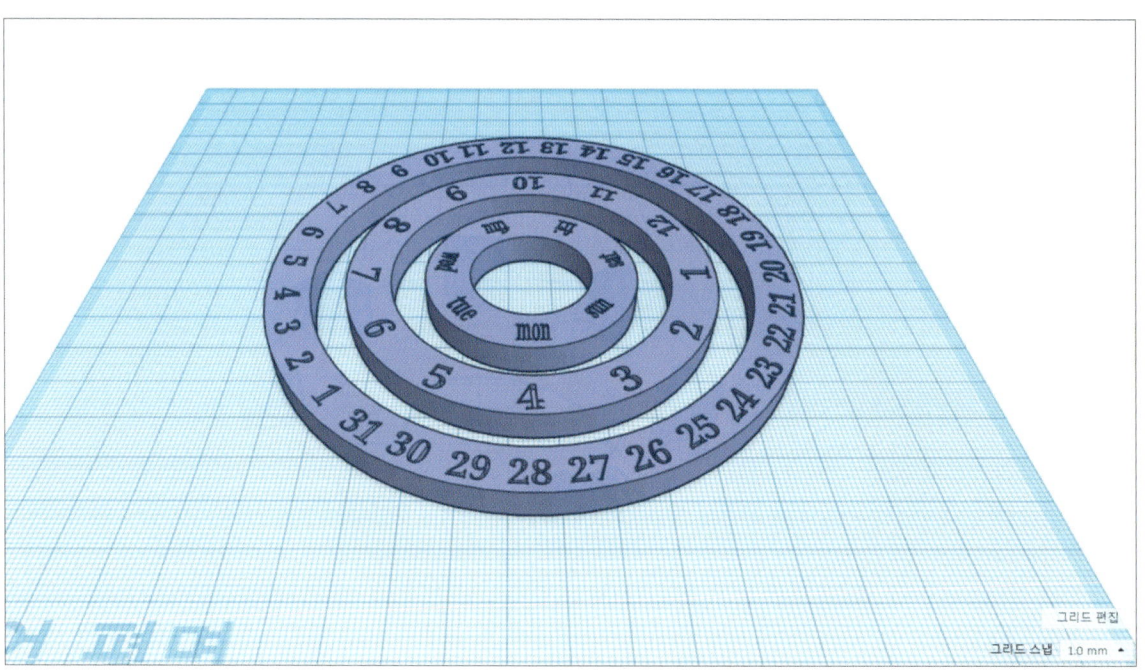

달력 요일, 일, 월 만들기 완성!

SECTION 08 달력 만들기-2

■ 달력 케이스 만들기

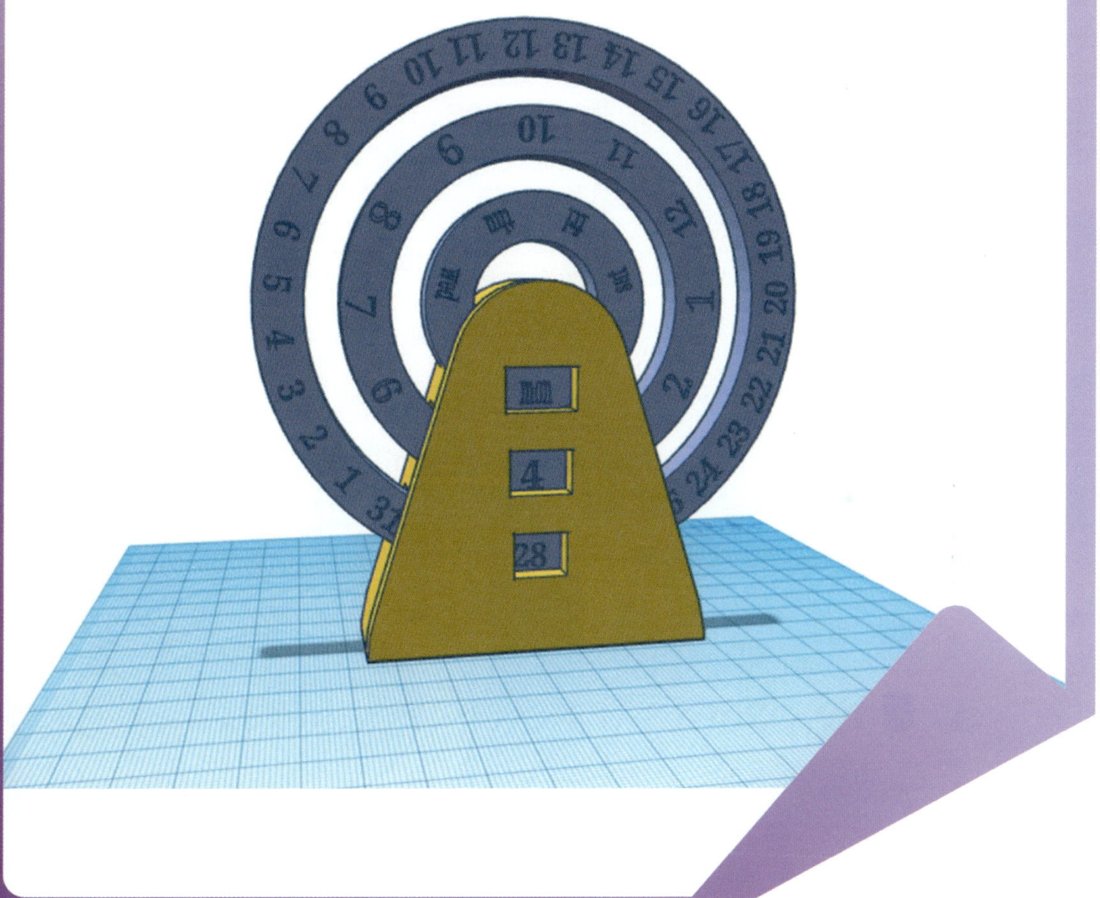

● 달력 만들기-2(달력 케이스 만들기)

새해를 맞이하여 움직이는 달력을 만들어 봅시다.
달력 케이스를 모델링해 봅시다.

SECTION 07. 달력 만들기-1에서 작업한 파일의 항목 편집에 들어가서 파일명을 "달력 만들기-2"로 수정하고 엔터키 또는 화면의 빈 공간 아무 곳이나 클릭합니다.

 달력 케이스 만들기

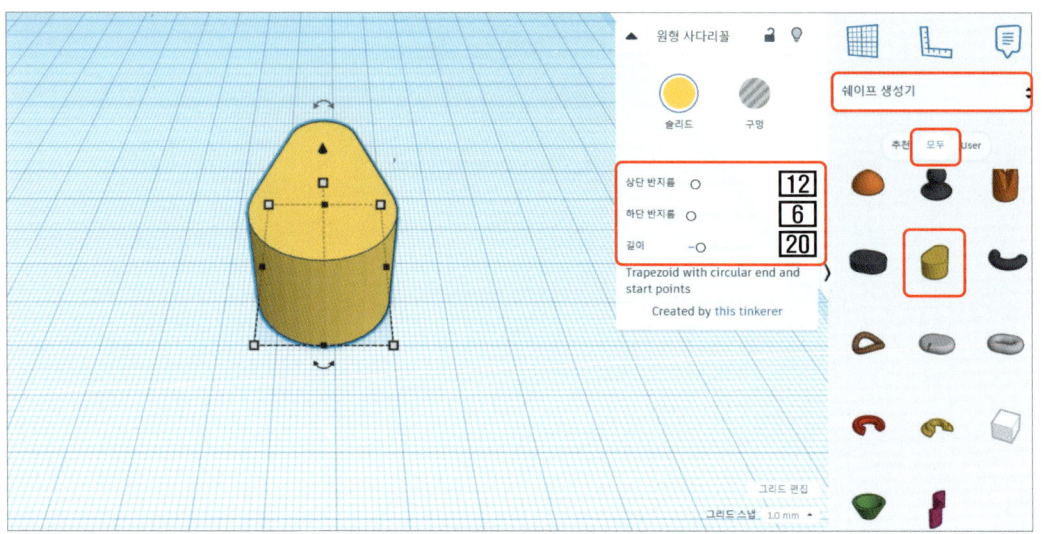

쉐이프 생성기 모두에서 원형 사다리꼴을 선택하여 작업 평면에 놓은 후 치수를 조절합니다.
예 상단 반지름 12, 하단 반지름 6, 길이 20

TINKERCAD DESIGN For 3D PRINTING _____ SECTION 08

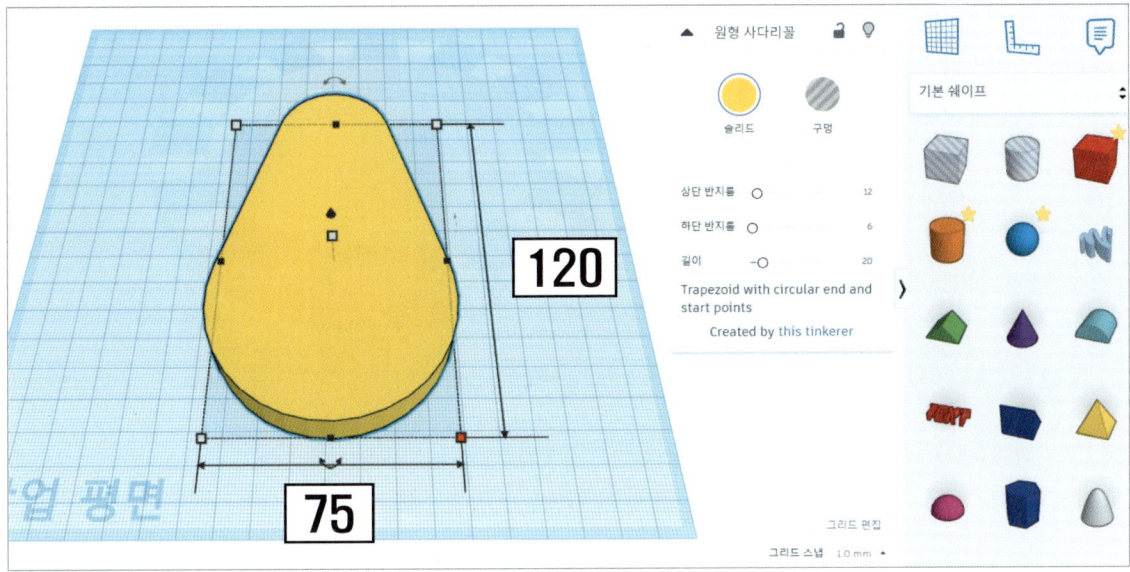

원형 사다리꼴의 치수를 조절합니다.
예 가로 75, 세로 120, 높이 15

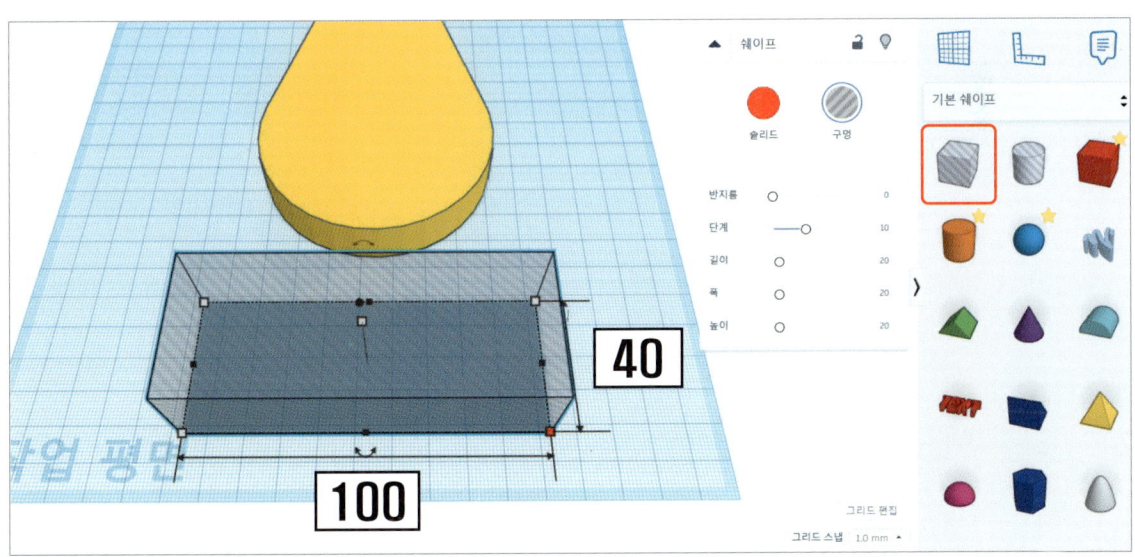

기본 쉐이프에서 구멍 상자를 선택하여 작업 평면에 놓은 후 치수를 조절합니다.
예 가로 100, 세로 40, 높이 20

SECTION 08_ 달력 만들기-2

TINKERCAD DESIGN For 3D PRINTING   SECTION 08

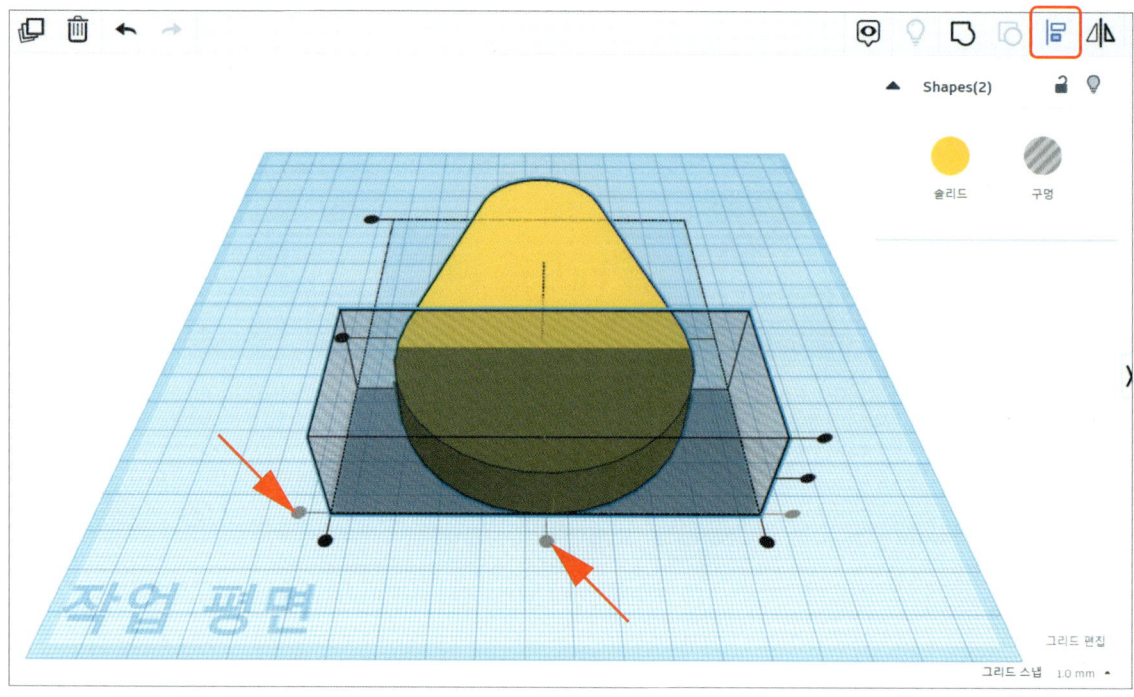

두 도형을 선택한 후 그림과 같이 정렬합니다.

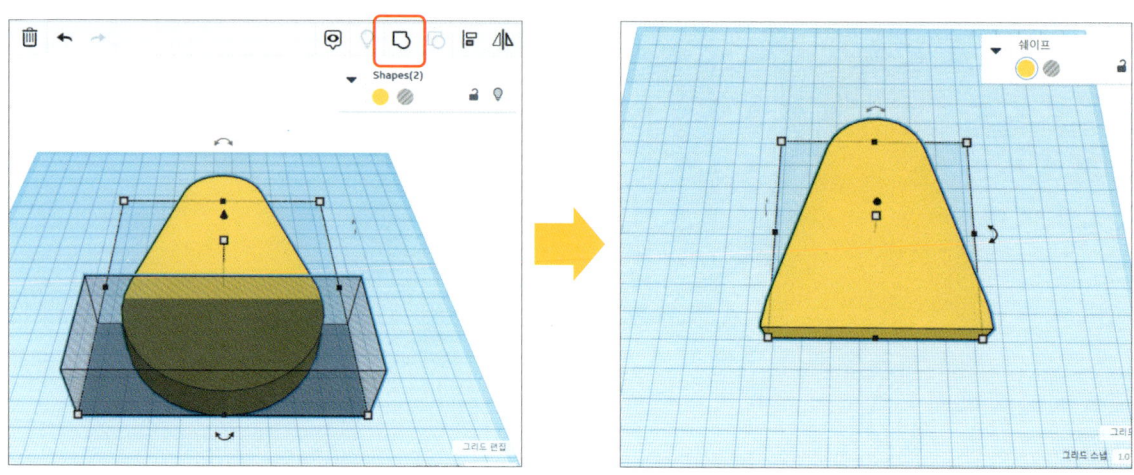

도형을 모두 선택한 후 그룹화합니다.

TINKERCAD DESIGN For 3D PRINTING SECTION 08

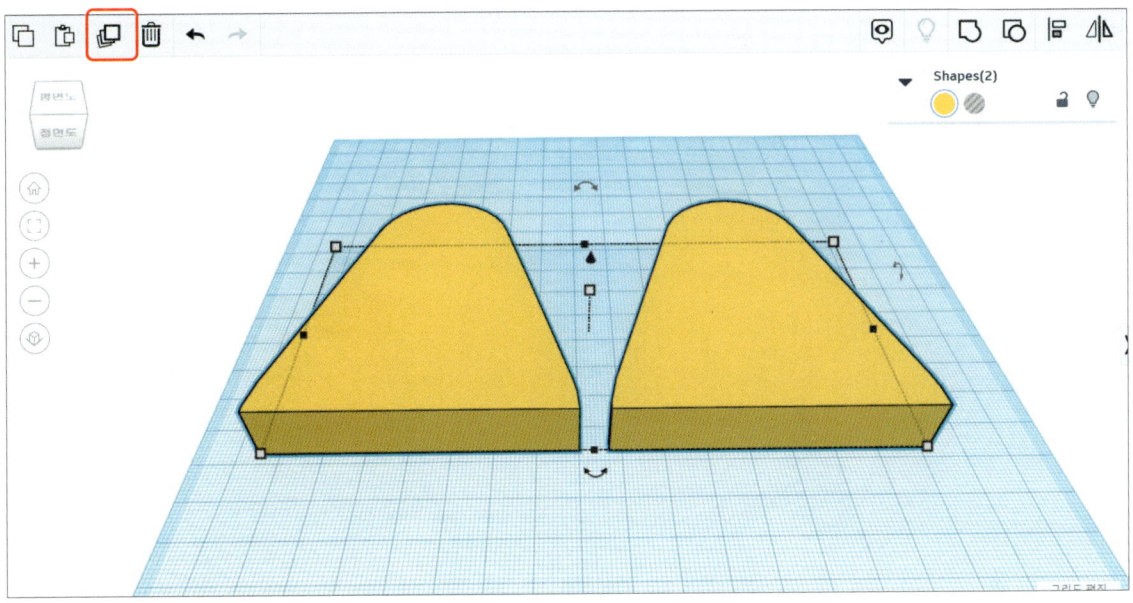

나중에 케이스 덮개를 만들어 주기 위해 하나 더 복제합니다.

달력 케이스 홈 만들기

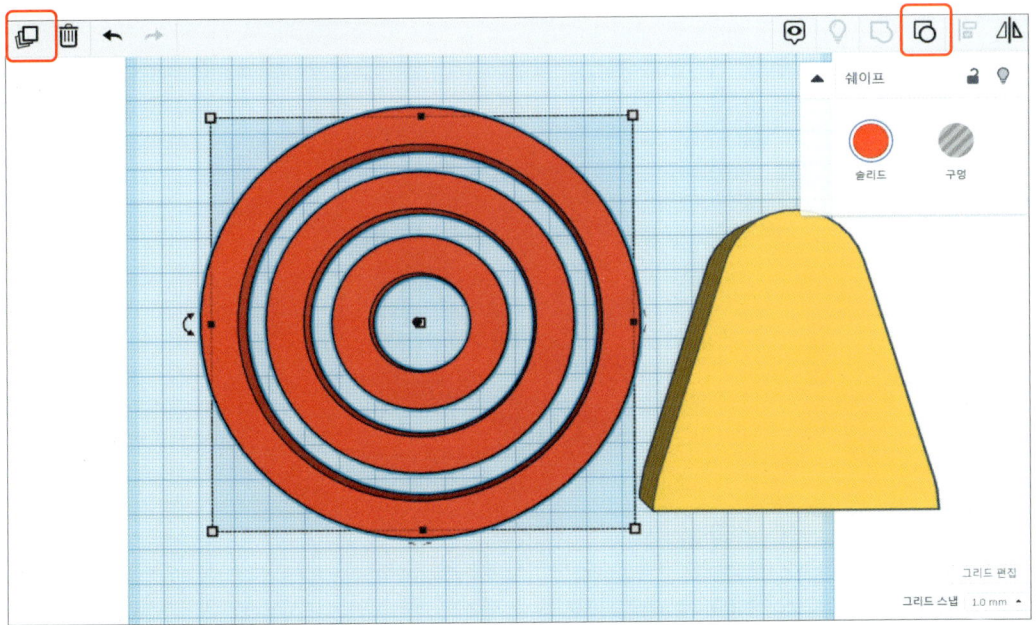

달력만들기 (1)에서 모델링한 요일, 일, 월 달력을 복제한 후 모두 그룹해제 하여 숫자를 모두 삭제합니다.

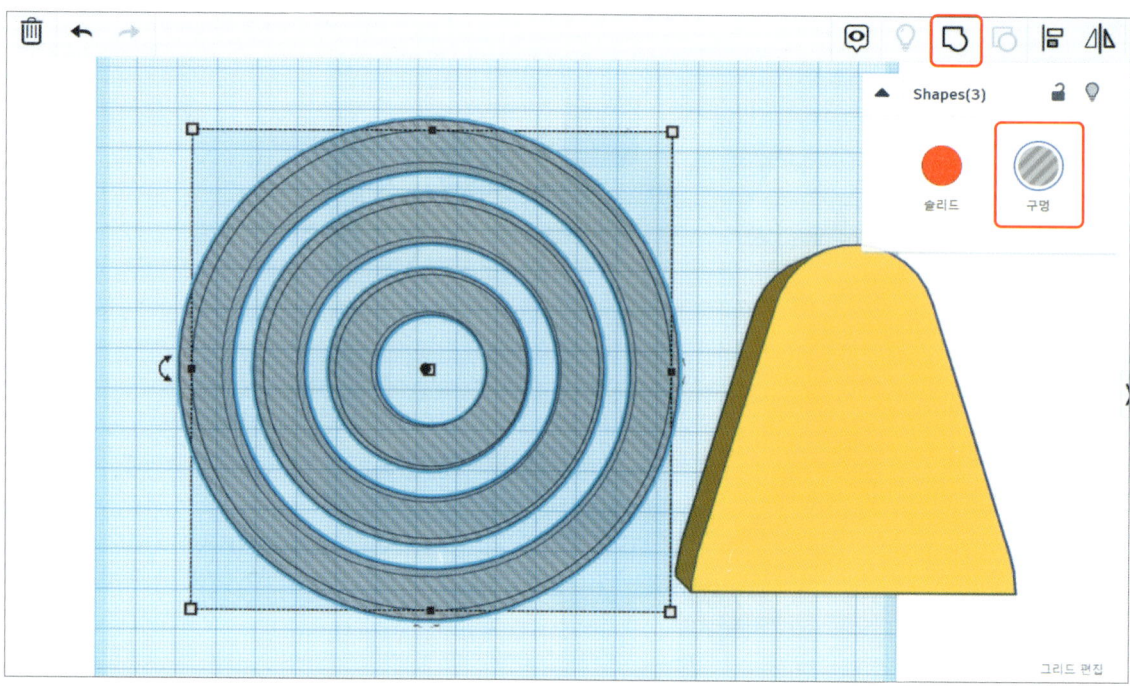

튜브 모양을 모두 선택하여 구멍 도형으로 바꾸고 그룹화합니다.

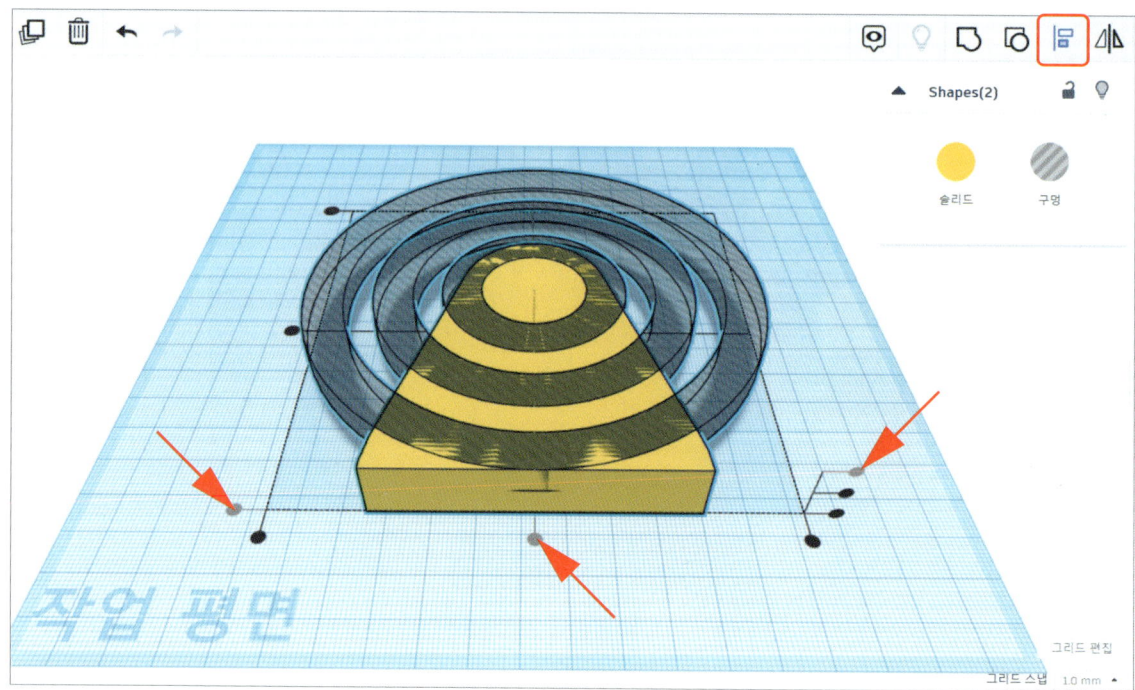

도형을 모두 선택한 후 그림과 같이 정렬합니다.

TINKERCAD DESIGN For 3D PRINTING

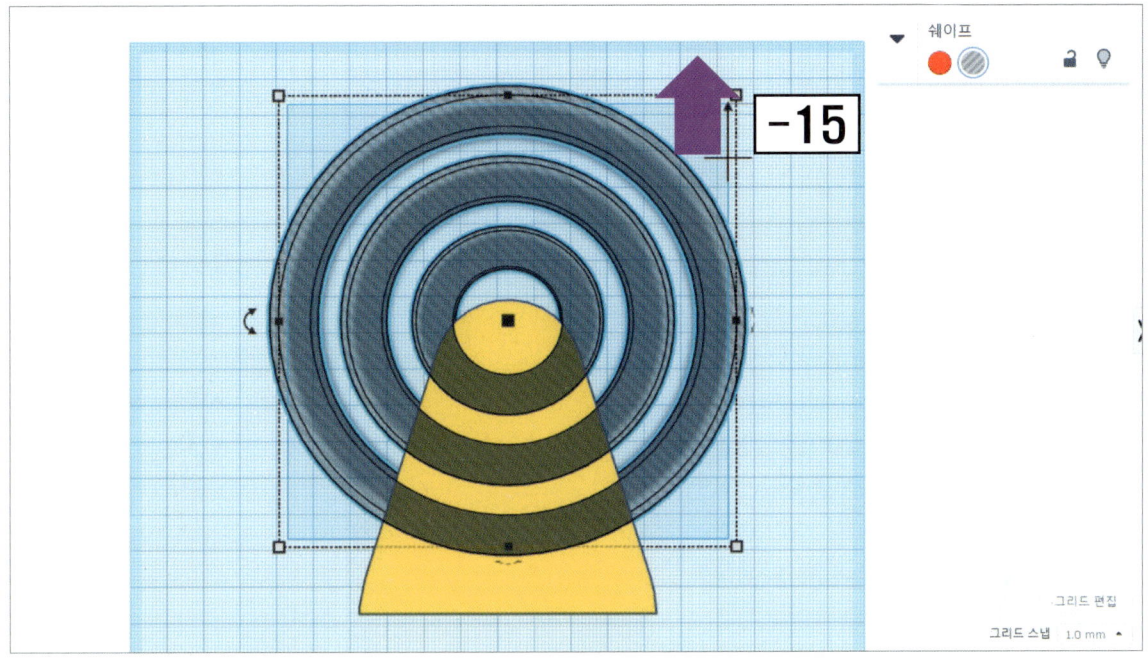

구멍 도형을 선택하여 [Shift] 키를 누른 상태로 위로 "-15"만큼 이동해줍니다.

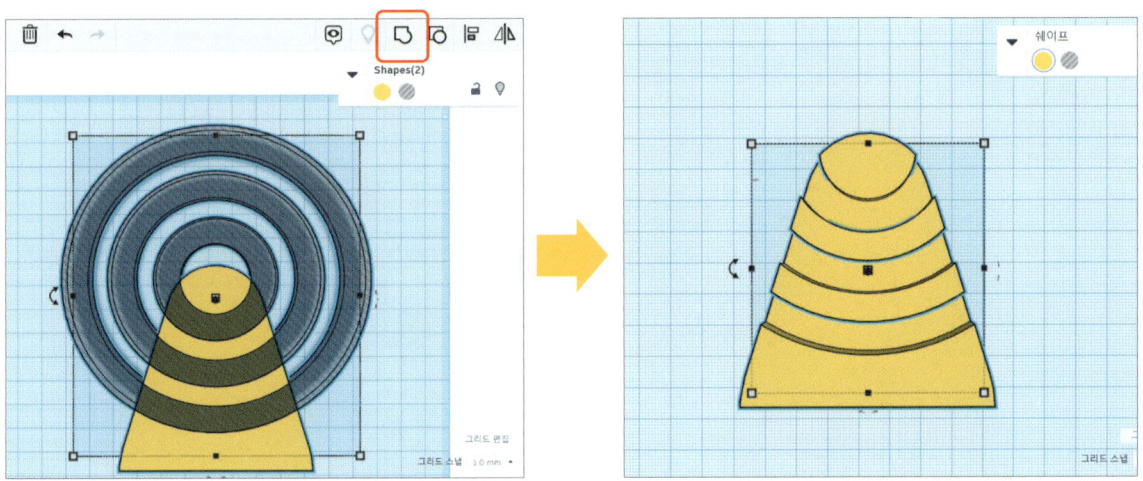

도형을 모두 선택한 후 그룹화합니다.

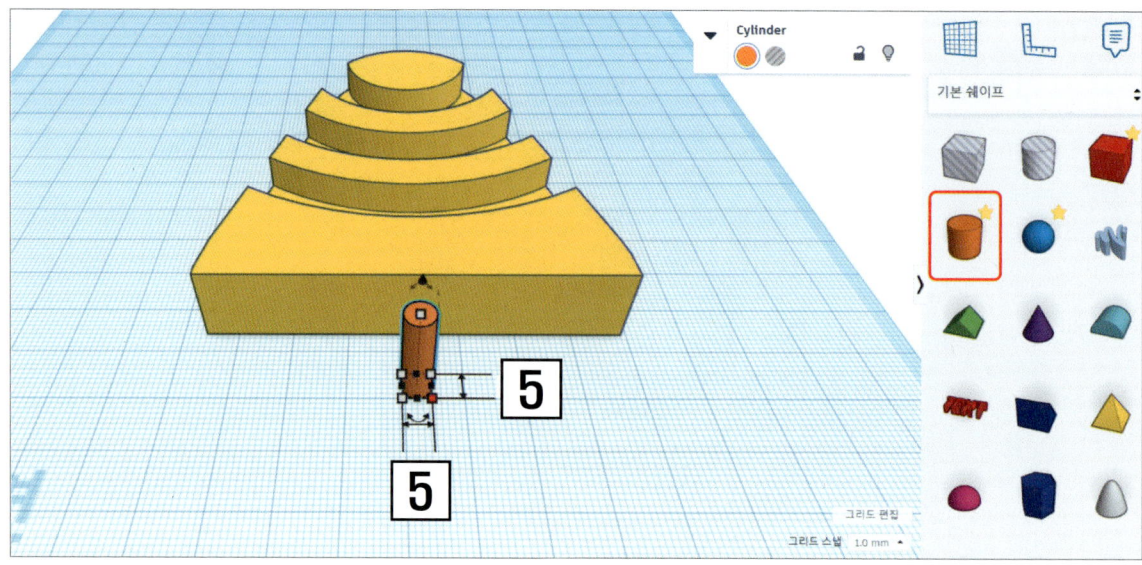

기본 쉐이프에서 원통을 선택하여 작업 평면에 놓은 후 치수를 조절합니다.
예 가로 5, 세로 5, 높이 18

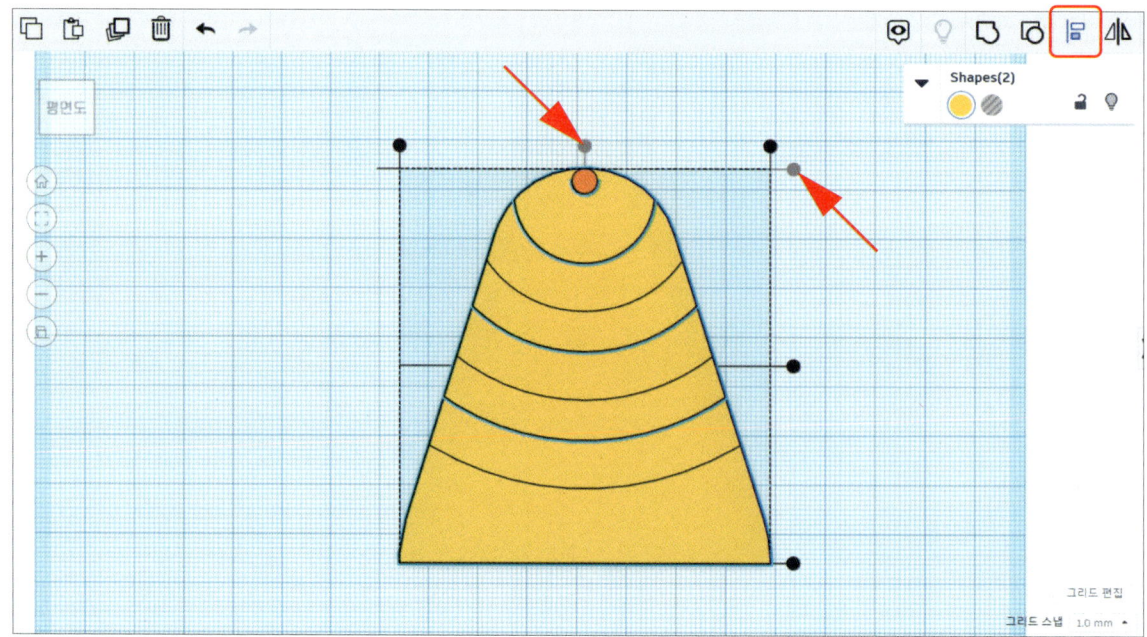

두 도형을 선택한 후 그림과 같이 정렬합니다.

TINKERCAD DESIGN For 3D PRINTING _____ SECTION 08

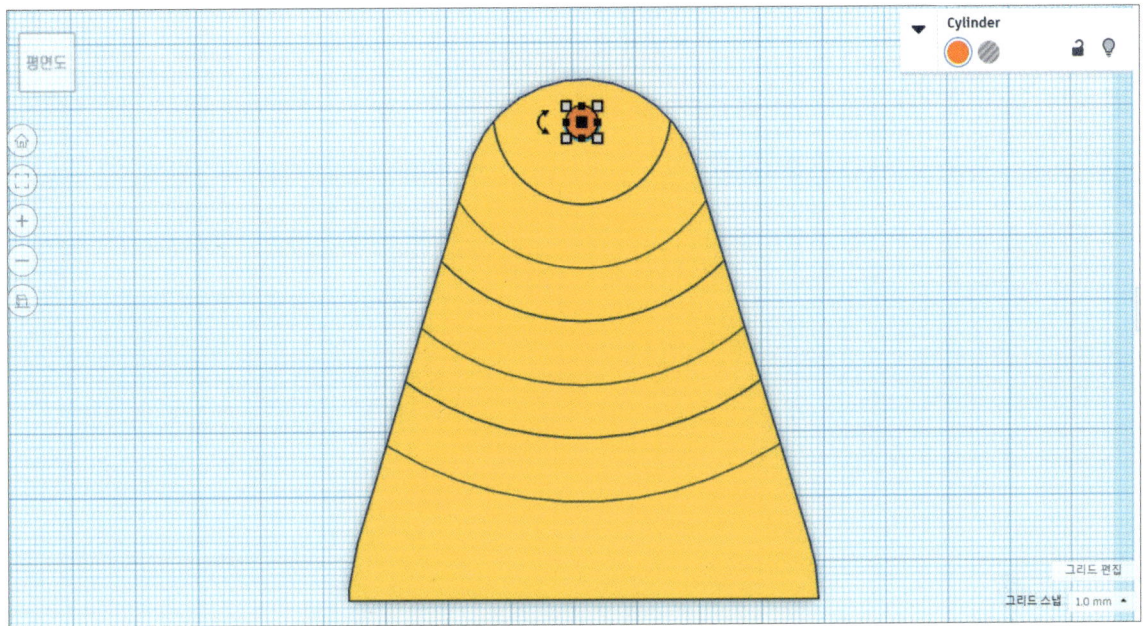

원통을 키보드 방향키로 ↓ 아래로 4칸 이동합니다.

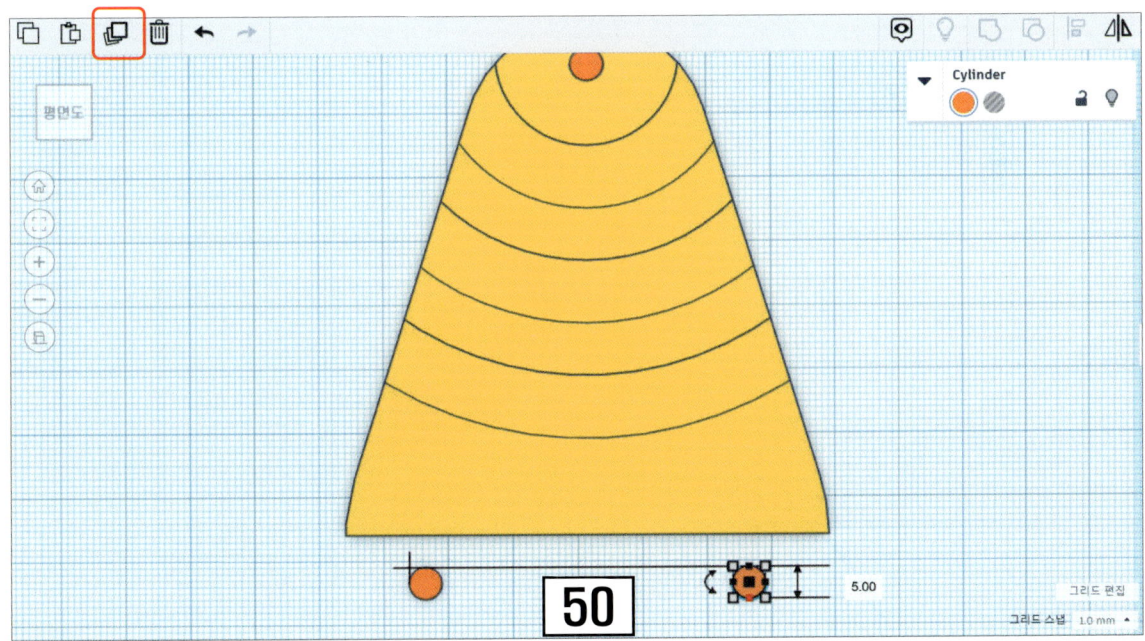

원통을 2개 복제한 후 두 원통의 간격을 "50"으로 맞춰줍니다.

TINKERCAD DESIGN For 3D PRINTING   SECTION 08

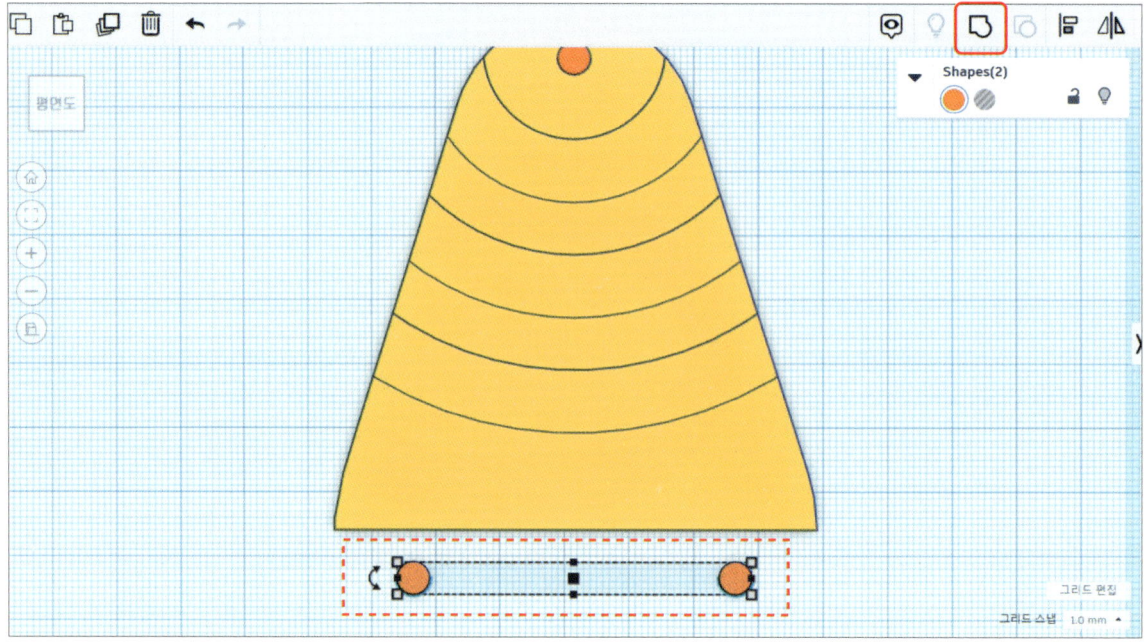

복제된 두 원통을 그룹화합니다.

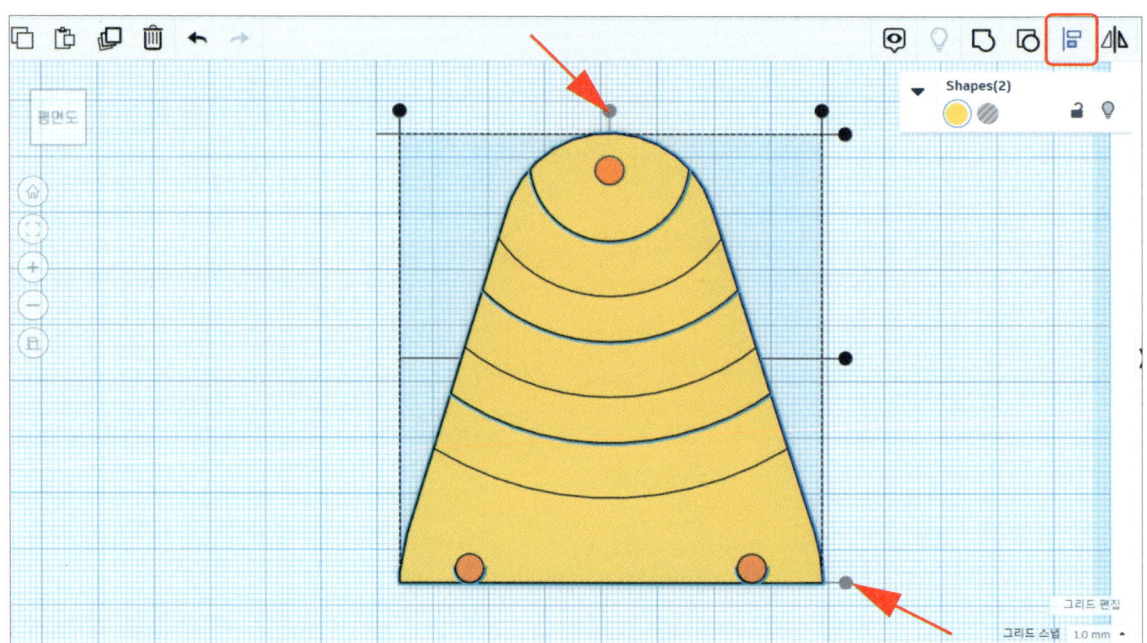

그룹화된 원통과 케이스 도형을 선택한 후 그림과 같이 정렬합니다.

TINKERCAD DESIGN For 3D PRINTING _____ SECTION 08

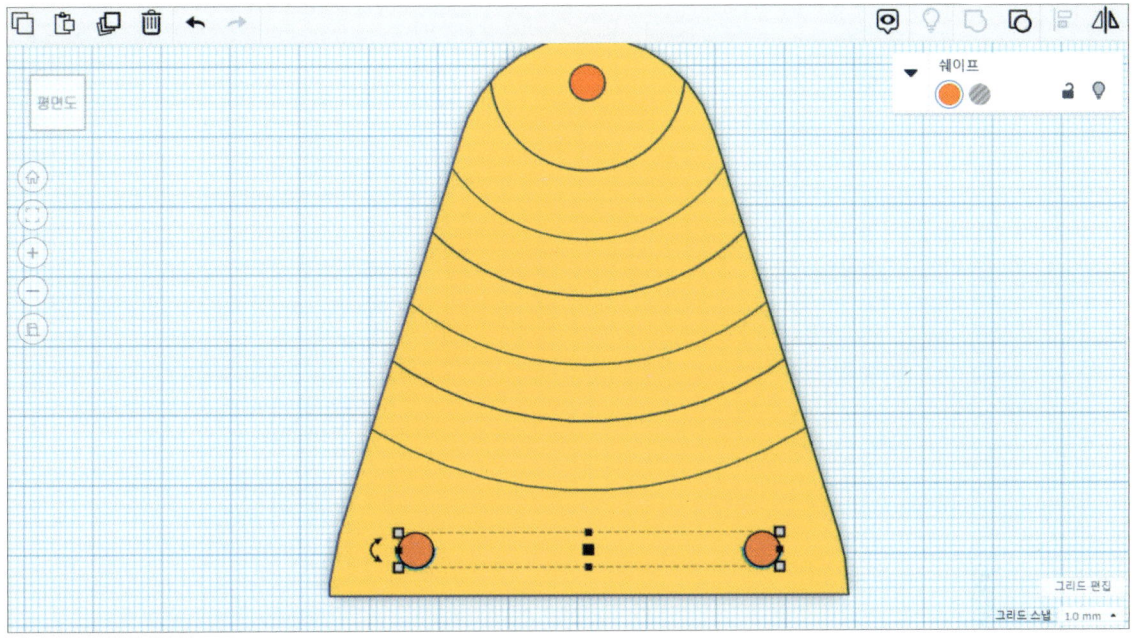

원통을 키보드 방향키로 ↑ 위로 4칸 이동합니다.

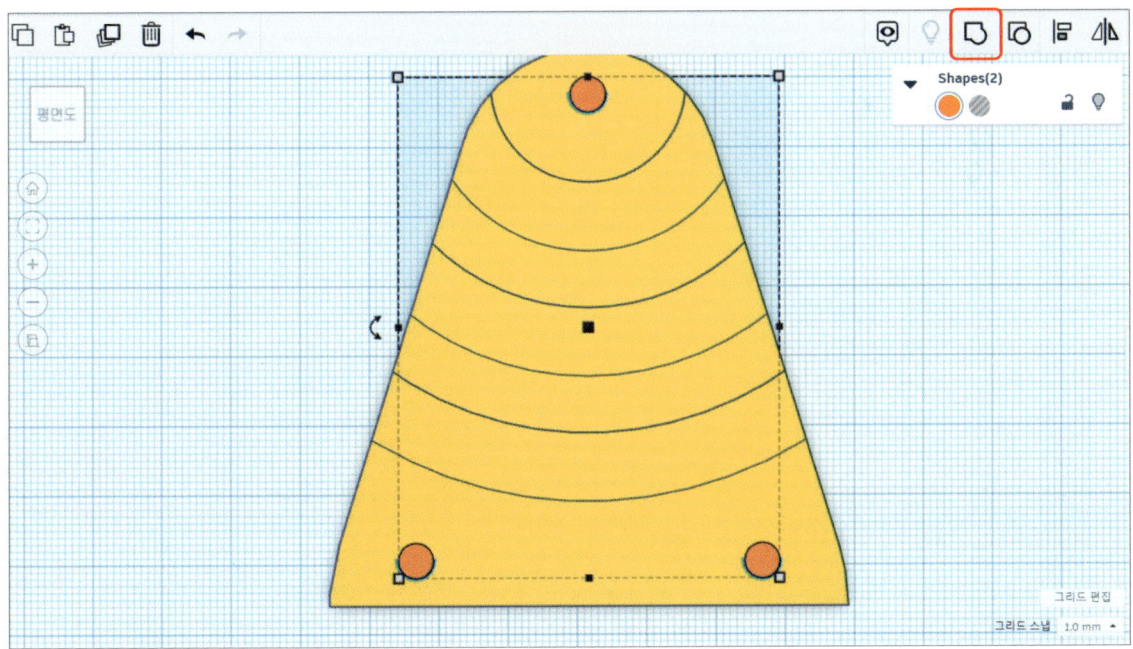

세 원통을 Shift 키를 누른 상태로 클릭한 후 그룹화합니다.

SECTION 08_ 달력 만들기-2

TINKERCAD DESIGN For 3D PRINTING　　　　　　　　　　　SECTION 08

케이스 덮개 만들기

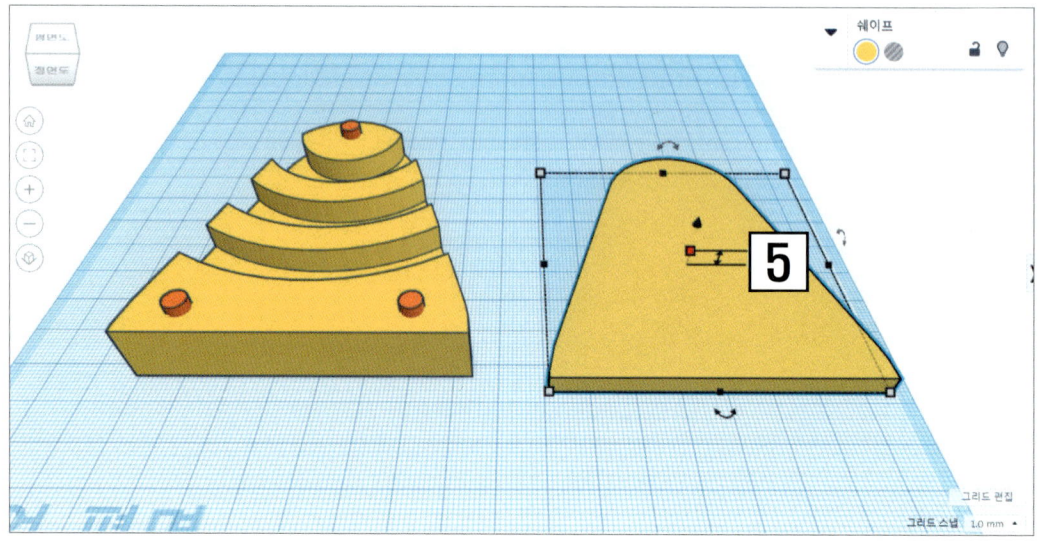

덮개를 만들기 위해 복제해둔 원형 사다리꼴 도형의 높이를 조절합니다.
예 높이 5

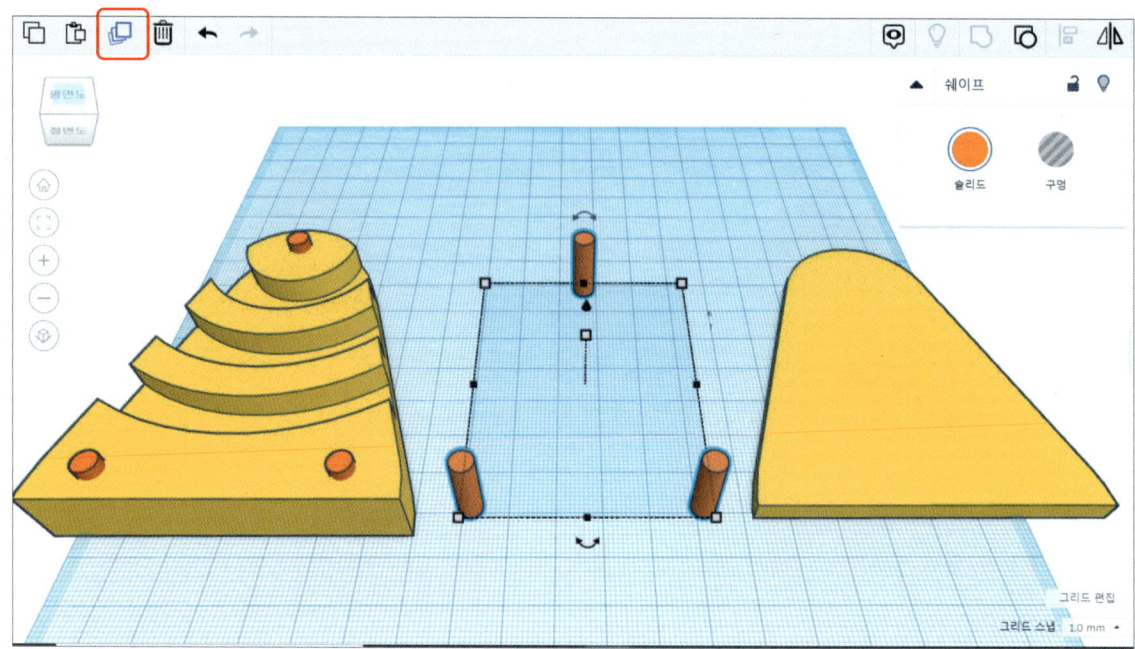

케이스에 그룹화된 원통을 복제합니다.

TINKERCAD DESIGN For 3D PRINTING SECTION 08

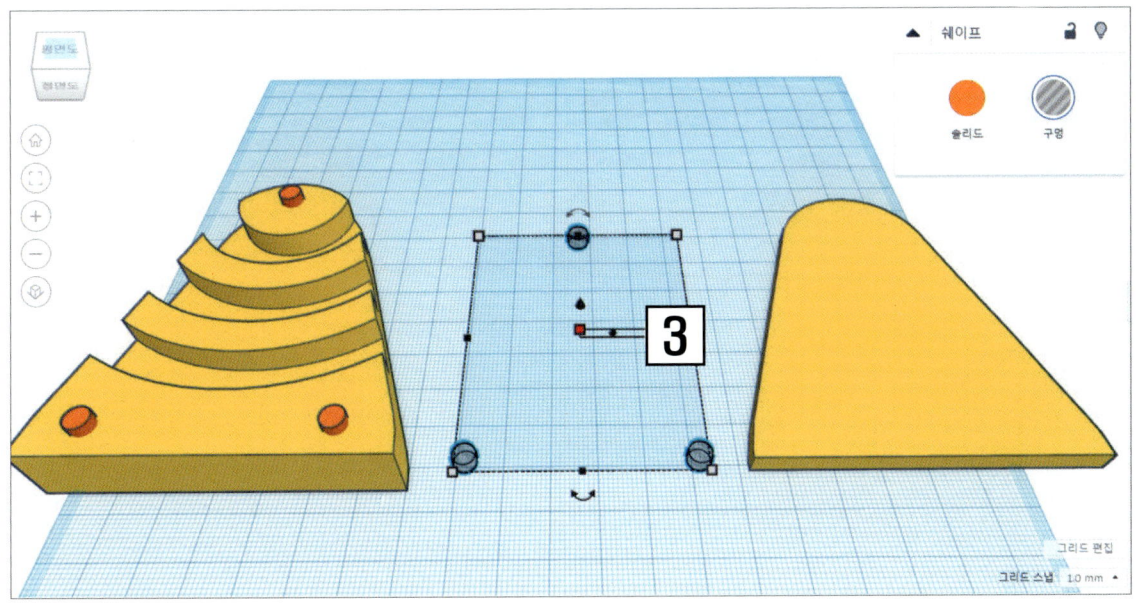

그룹화된 원통을 구멍 도형으로 바꾸고 높이를 조절합니다.

예 높이 3

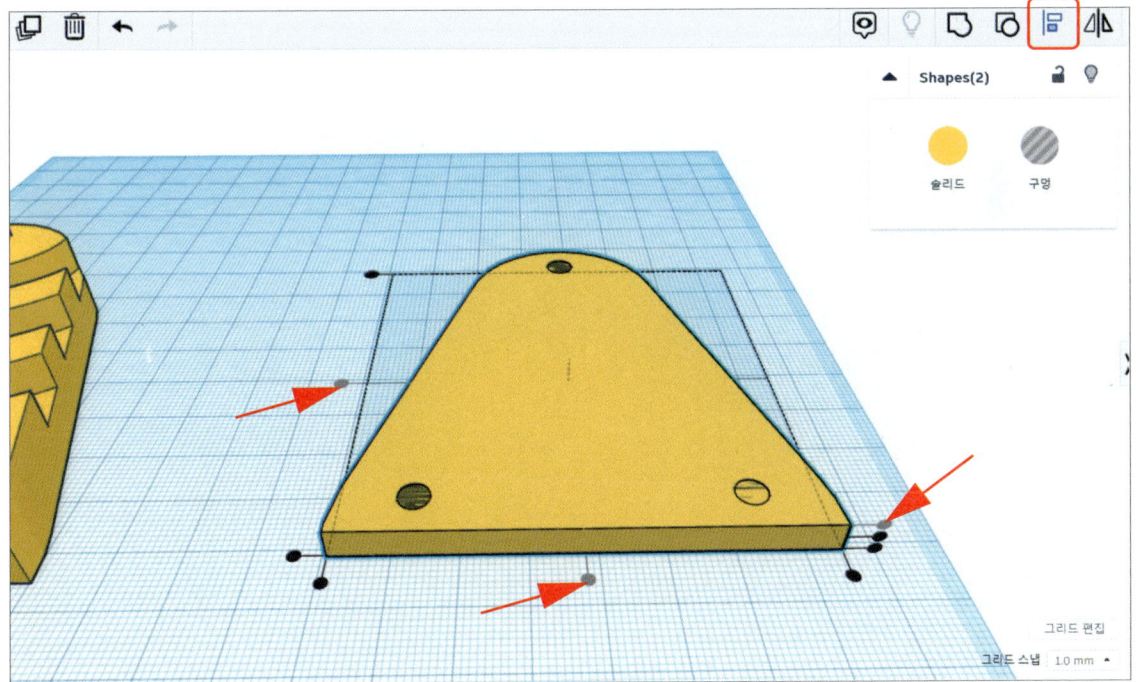

도형을 모두 선택한 후 그림과 같이 정렬합니다.

TINKERCAD DESIGN For 3D PRINTING   SECTION 08

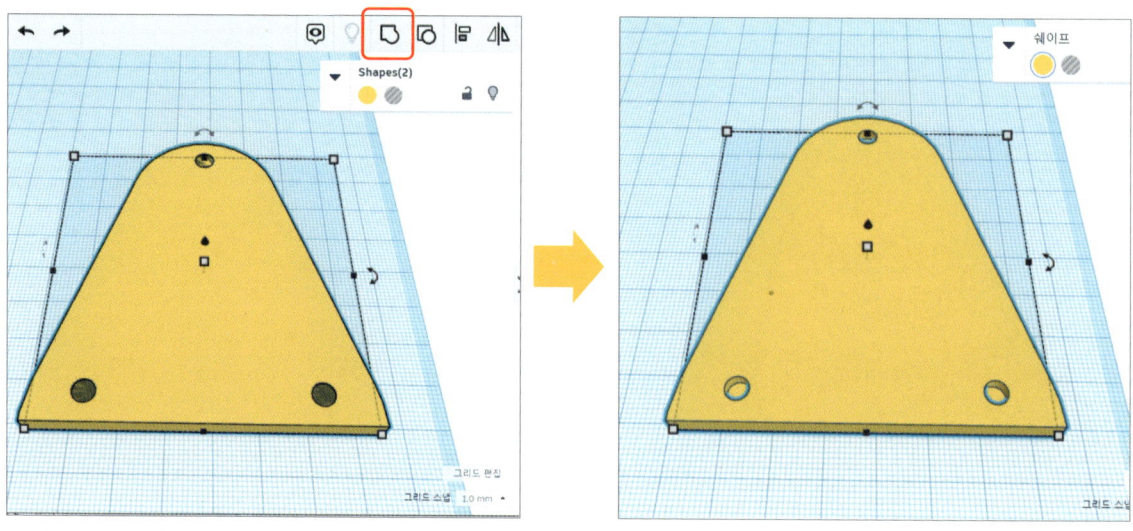

도형을 모두 선택한 후 그룹화합니다.

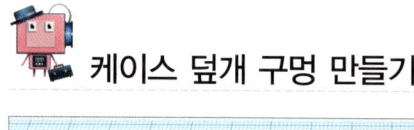 케이스 덮개 구멍 만들기
05

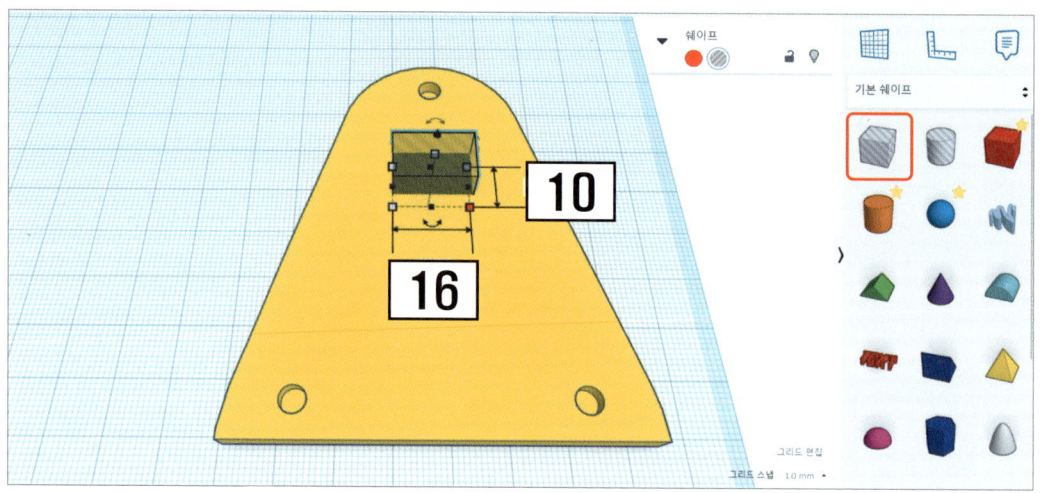

기본 쉐이프에서 구멍 상자를 선택하여 작업 평면에 놓은 후 치수를 조절합니다.
예 가로 16, 세로 10, 높이 20

TINKERCAD DESIGN For 3D PRINTING　　　　　　　　　　　　　　　　SECTION 08

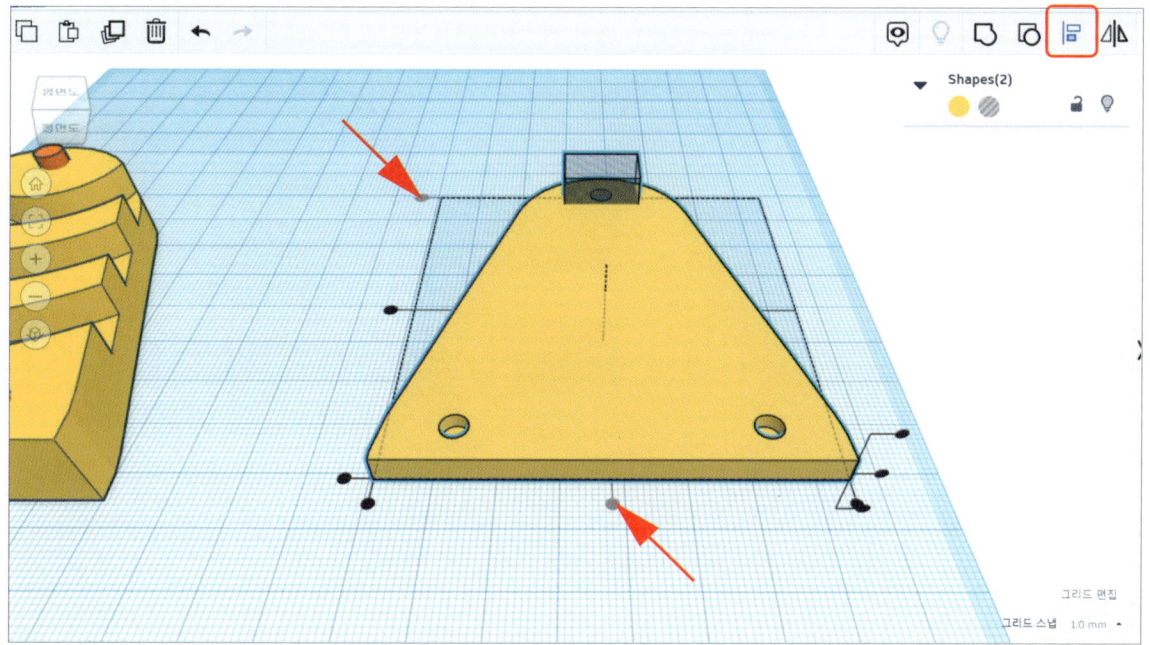

덮개 도형과 구멍 상자를 선택한 후 그림과 같이 정렬합니다.

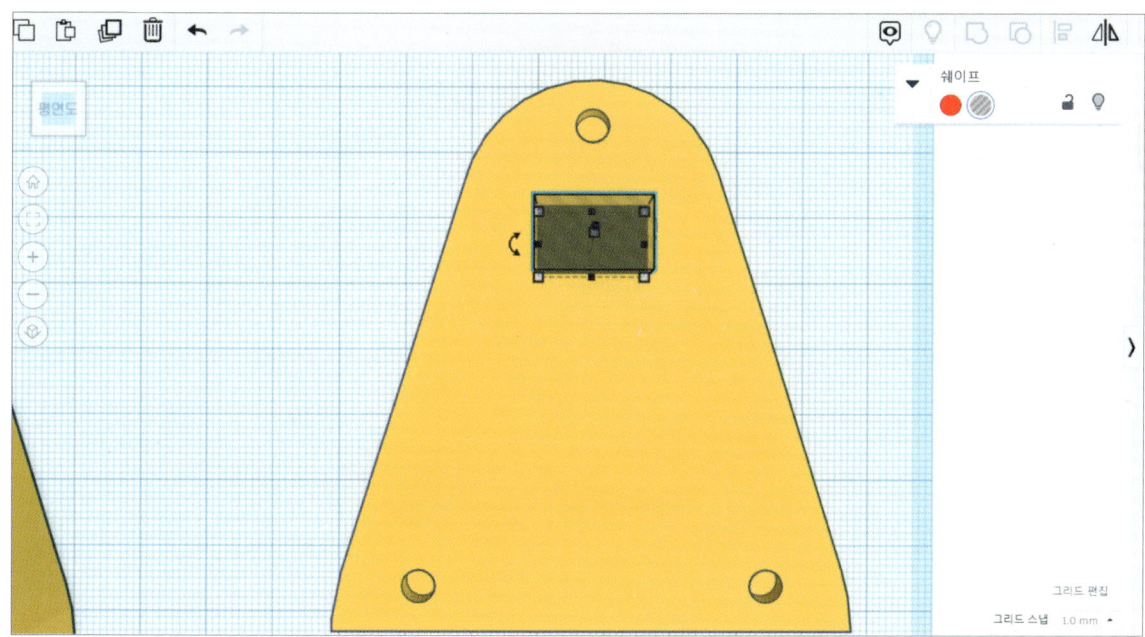

구멍 상자를 키보드 방향키로 ↓ 아래로 18칸 이동합니다.

TINKERCAD DESIGN For 3D PRINTING SECTION 08

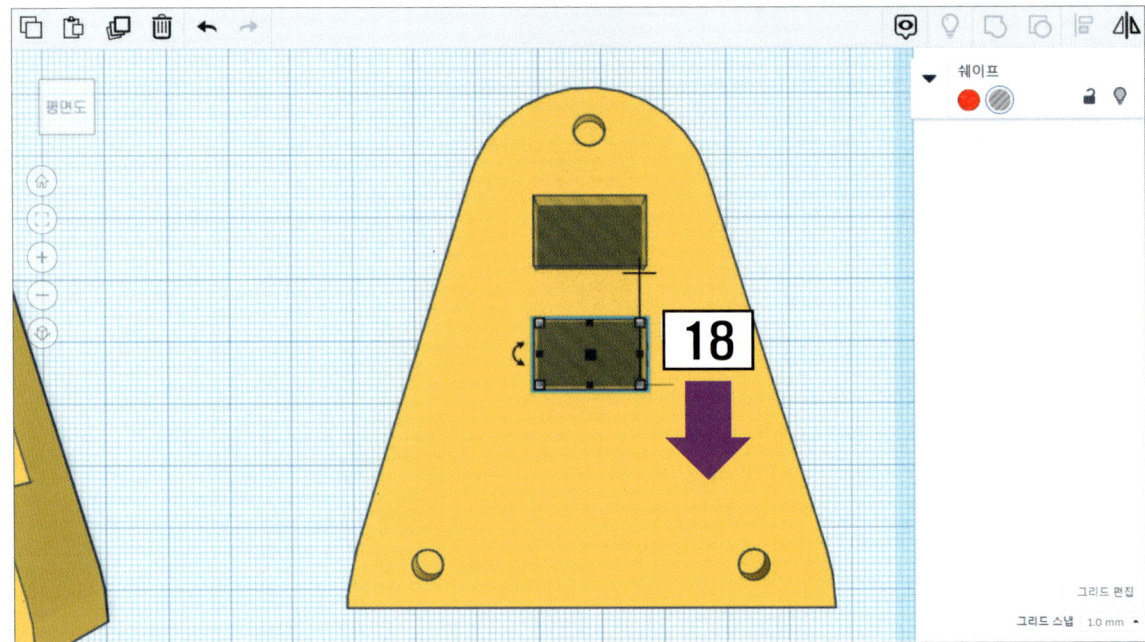

구멍 상자를 복제한 후 Shift 키를 누른 상태로 아래로 "18"만큼 이동해줍니다.

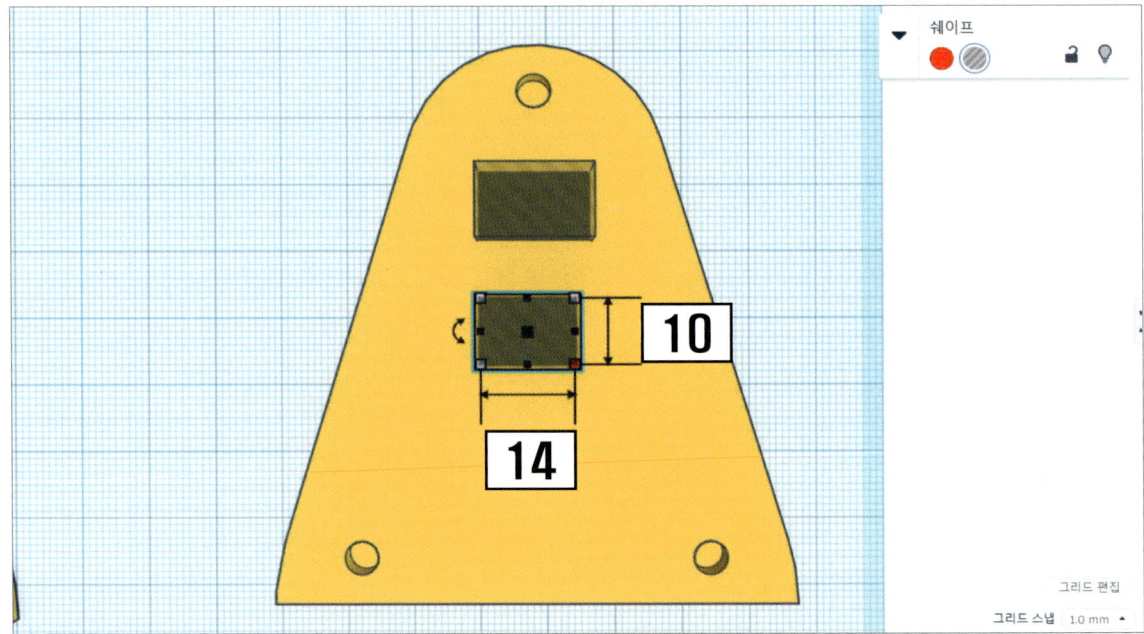

복제된 구멍 상자의 사이즈를 조절합니다.
예 가로 14, 세로 10

TINKERCAD DESIGN For 3D PRINTING _____ SECTION 08

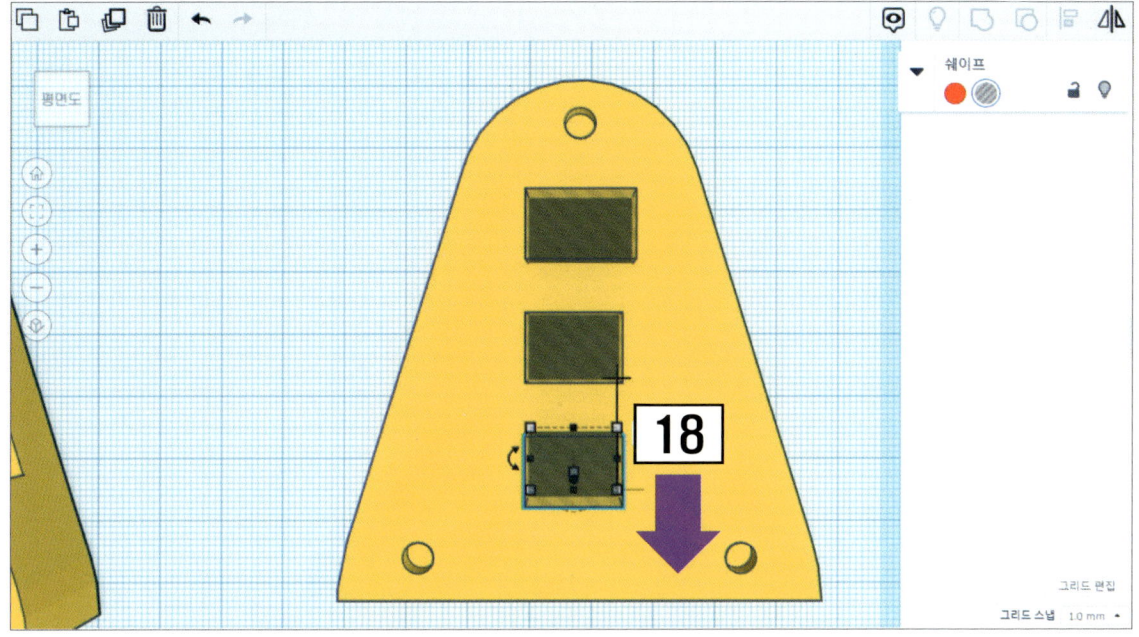

구멍 상자를 복제한 후 **Shift** 키를 누른 상태로 아래로 "18"만큼 이동해줍니다.

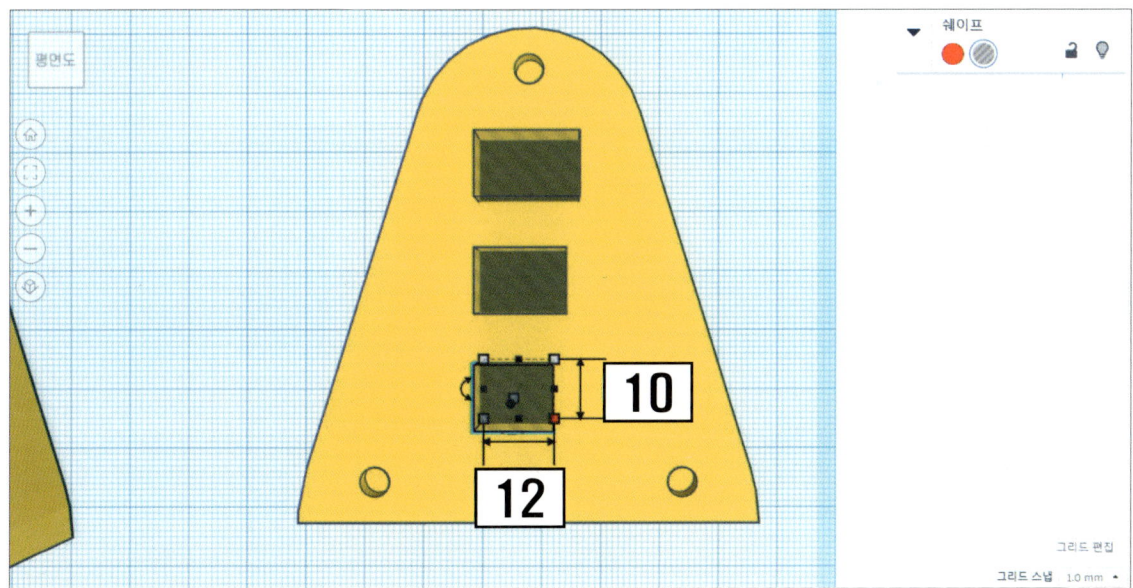

복제된 구멍 상자의 사이즈를 조절합니다.
예 가로 12, 세로 10

SECTION 08_ 달력 만들기-2

TINKERCAD DESIGN For 3D PRINTING   SECTION 08

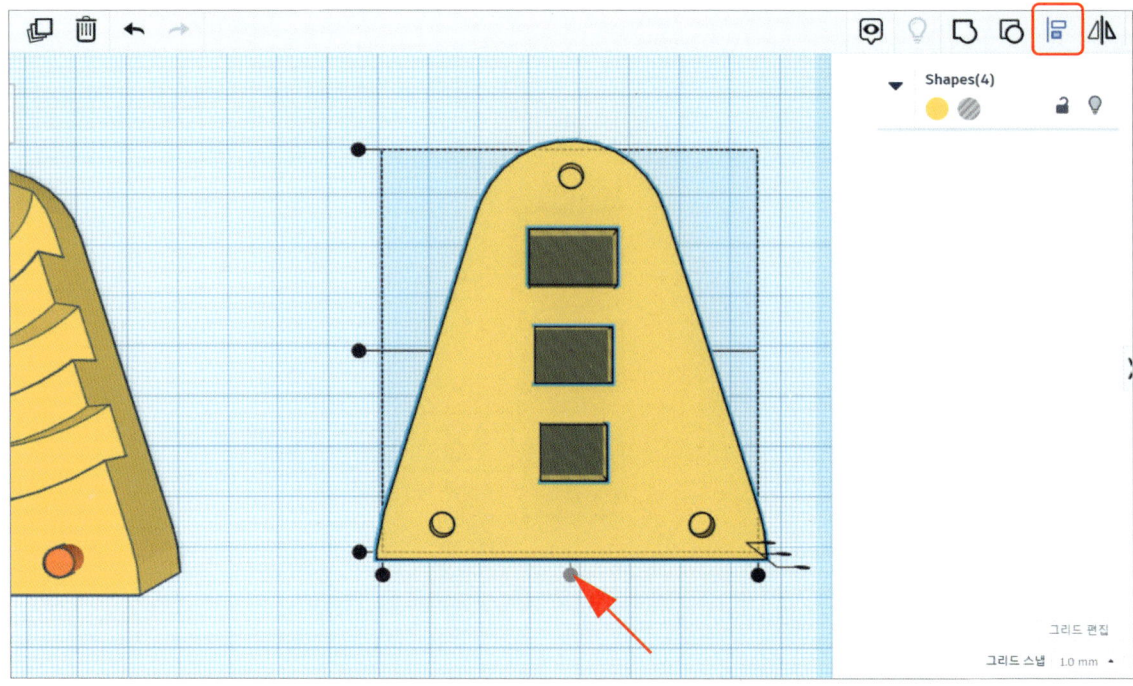

덮개 도형과 구멍 상자를 모두 선택한 후 그림과 같이 정렬한 후 그룹화합니다.

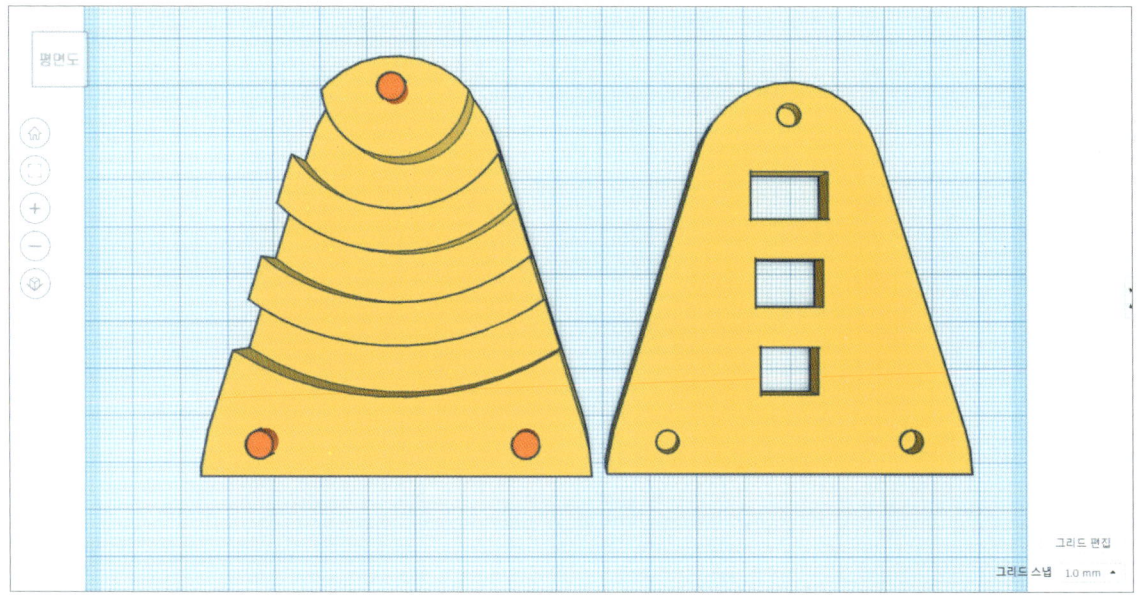

달력 케이스 완성!

TINKERCAD DESIGN For 3D PRINTING _____ SECTION 08

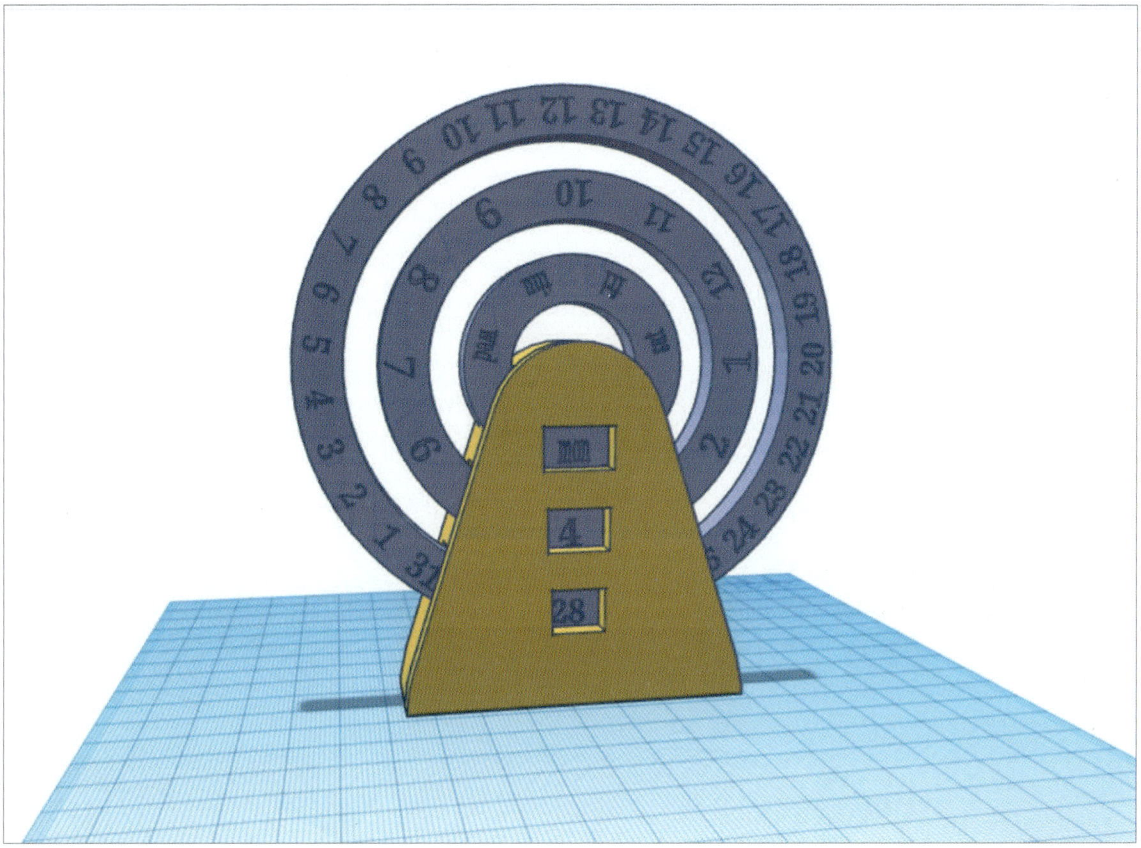

달력과 케이스를 출력 후 조립해 봅시다.

SECTION 09 틴커캐드 그림파일 가져오기

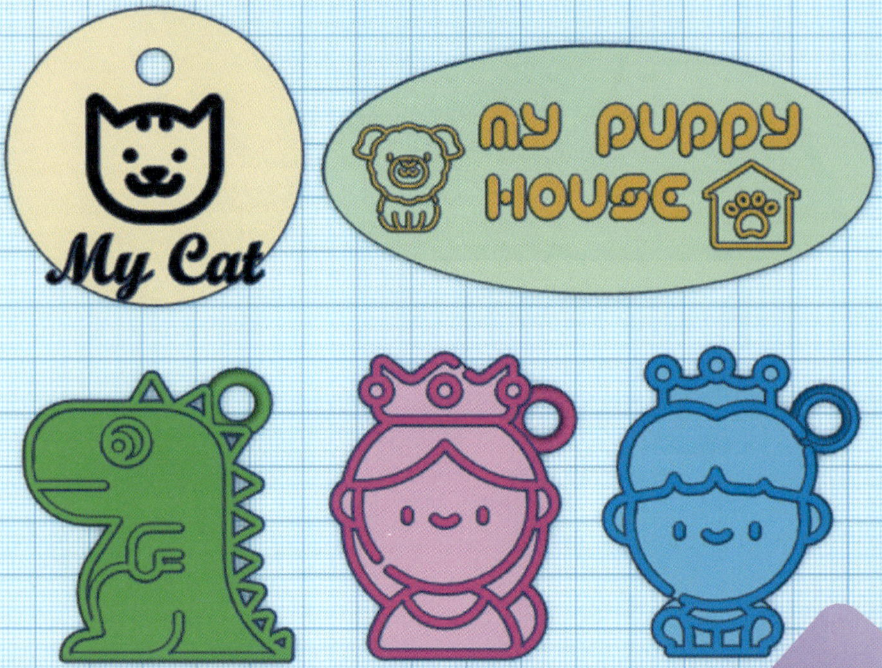

TINKERCAD DESIGN For 3D PRINTING

● **그림파일 가져오기**

틴커캐드의 가져오기 기능을 활용해 봅시다.
그림파일을 가져와서 키링 or 네임택을 모델링해 봅시다.

TINKERCAD DESIGN For 3D PRINTING

SECTION 09

01

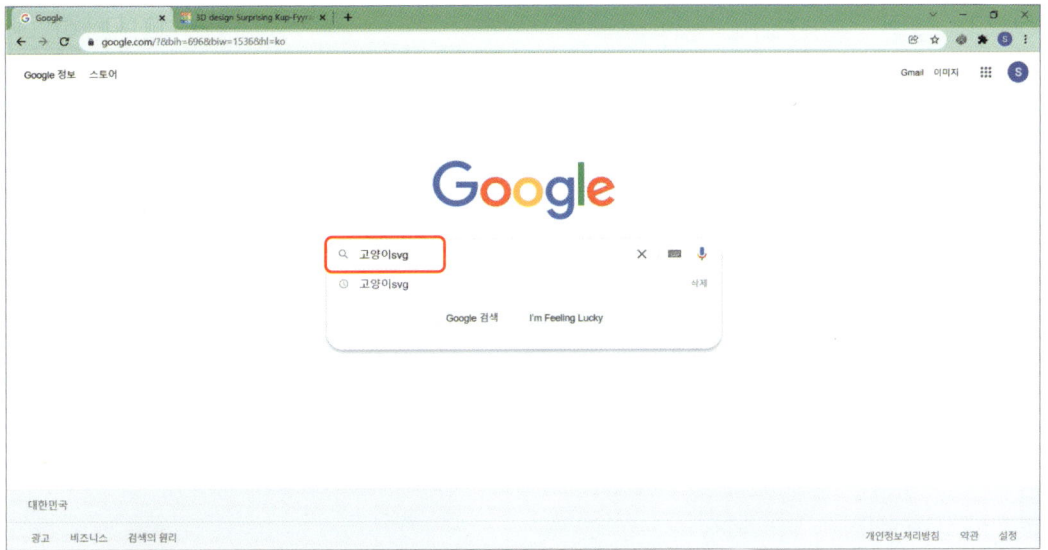

구글크롬 검색에서 이미지를 검색합니다.
(검색 시 단어 뒤에 svg를 넣어서 검색해 줍니다. 예) 고양이svg)

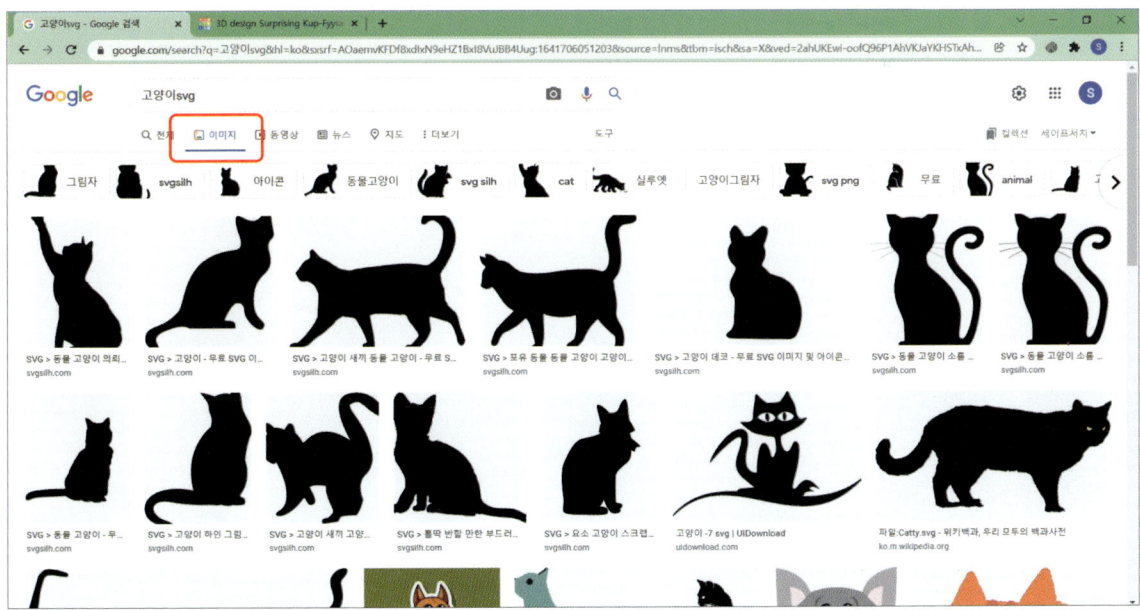

이미지로 그림파일을 검색합니다.

TINKERCAD DESIGN For 3D PRINTING

SECTION 09

이미지를 SVG 파일로 저장합니다.

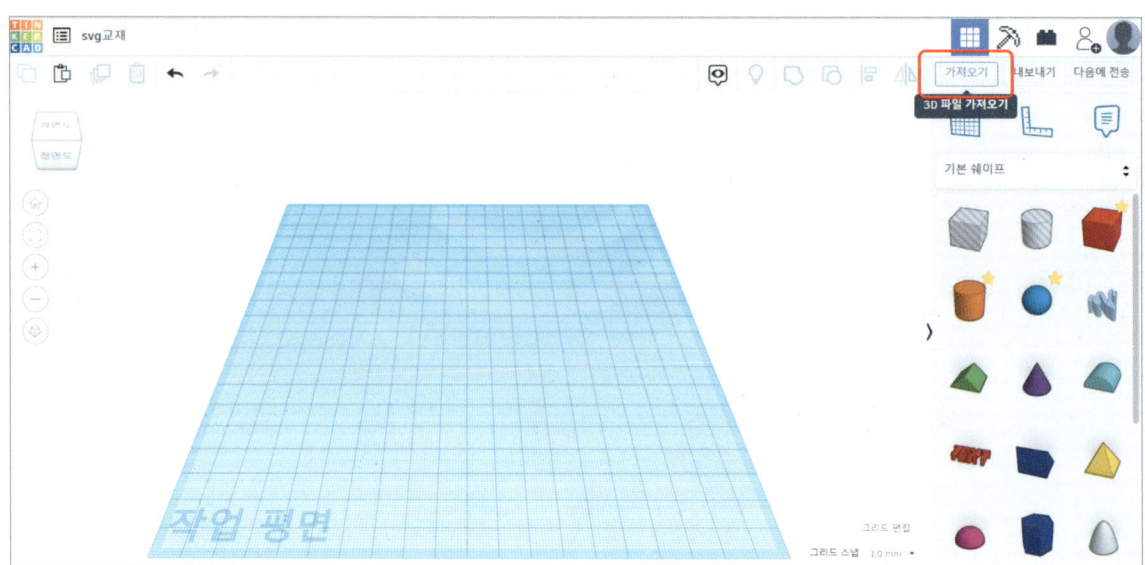

작업 평면 오른쪽 상단에 가져오기를 클릭합니다.

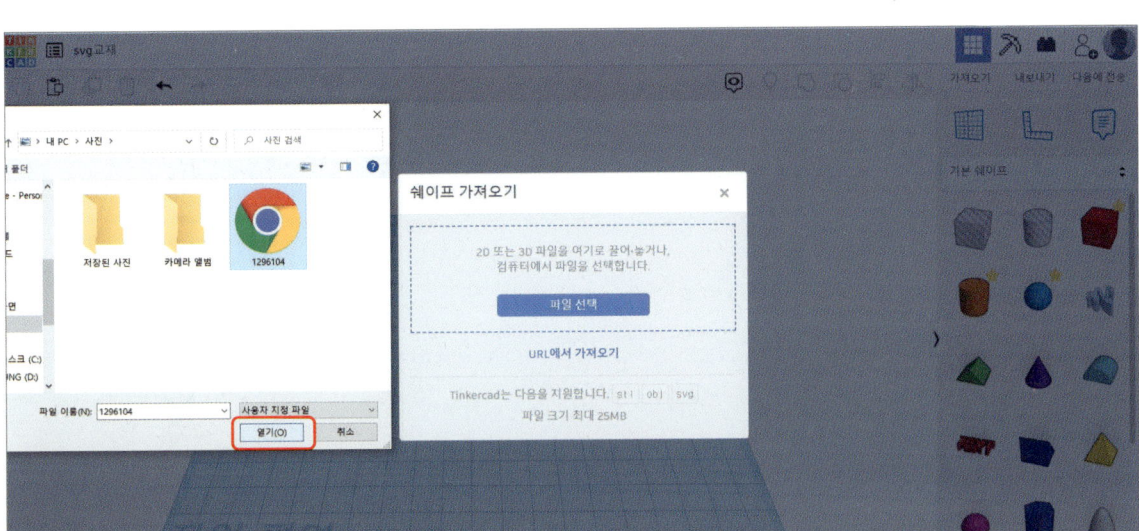

쉐이프 가져오기에서 파일 선택을 클릭한 후 저장한 이미지를 선택하고 열기를 클릭해 줍니다.

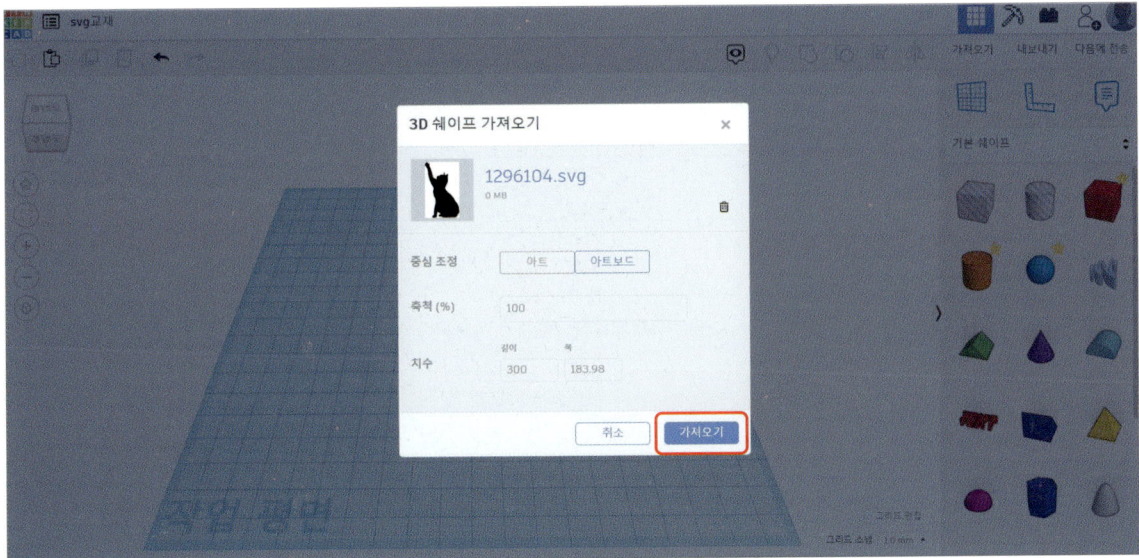

이미지를 확인한 후 가져오기를 클릭합니다.

TINKERCAD DESIGN For 3D PRINTING   SECTION 09

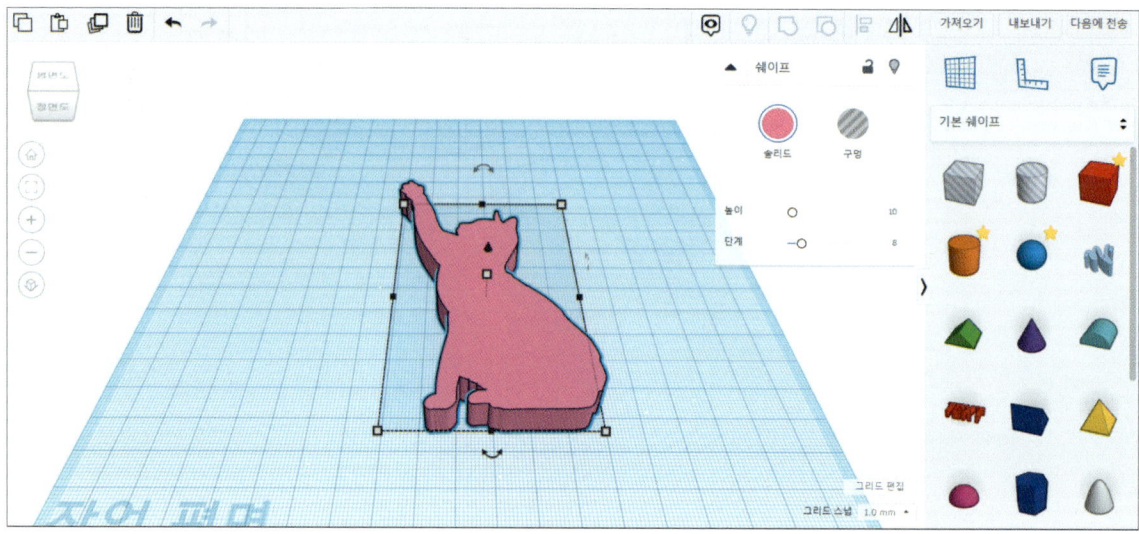

SVG 이미지가 입체 모양으로 가져와지는 것을 확인합니다.

다양한 도형과 SVG 이미지를 활용하여 네임택 or 키링을 모델링해 봅시다.

SECTION 10 틴커캐드 회로-1편

● 틴커캐드 회로-1편

틴커캐드의 회로(Circuits) 메뉴를 이용하여 회로 설계를 할 수 있습니다.
이번 편에서는 LED 전구에 불이 들어오게 하는 회로도를 만들어 봅니다.

TINKERCAD DESIGN For 3D PRINTING

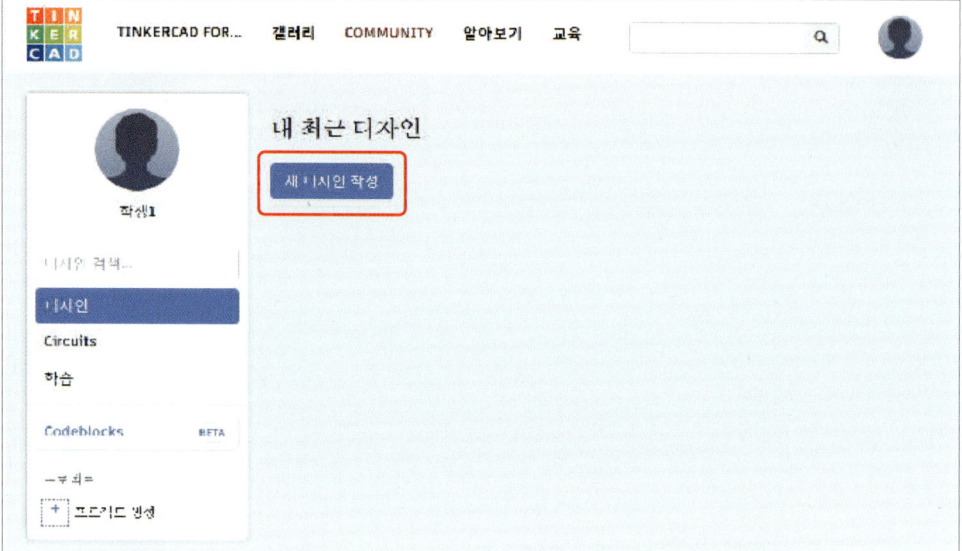

구글크롬  에서 틴커캐드 웹사이트(www.tinkercad.com)에 접속합니다.
로그인 후 대시보드의 [새 디자인 작성] 을 클릭합니다.

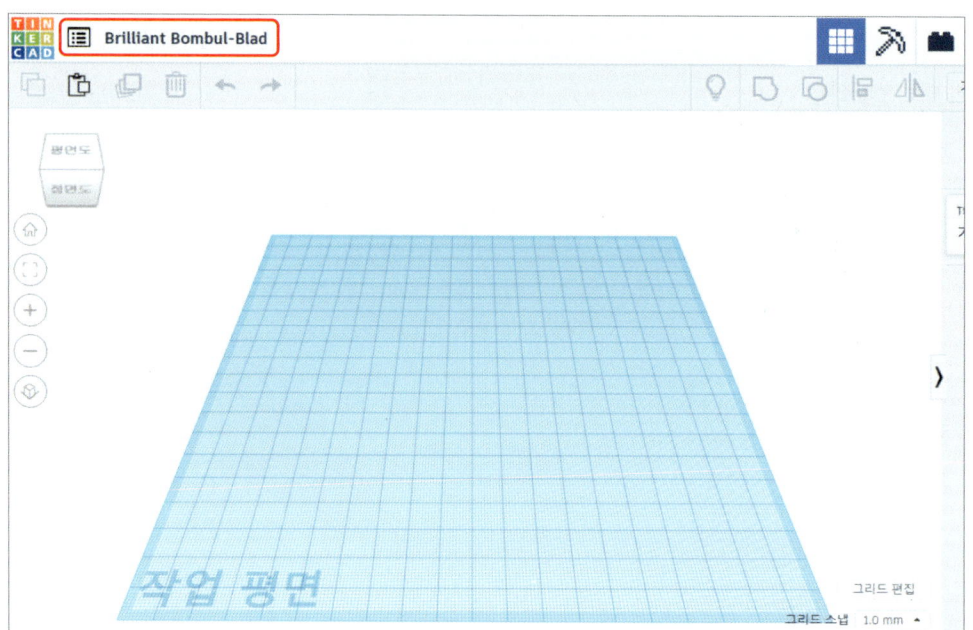

틴커캐드는 저장 버튼이 따로 없으며 웹에서 작업하고 모델링 작업파일 역시 인터넷 저장 공간에 자동으로 저장됩니다. 임의로 주어진 영어이름을 클릭하면 파일명을 수정할 수 있습니다.

TINKERCAD DESIGN For 3D PRINTING

파일명을 "**틴커캐드 회로-1편**"으로 수정하고 엔터키 또는 화면의 빈 공간 아무 곳이나 클릭합니다.

 회로를 만드는 메뉴 알기

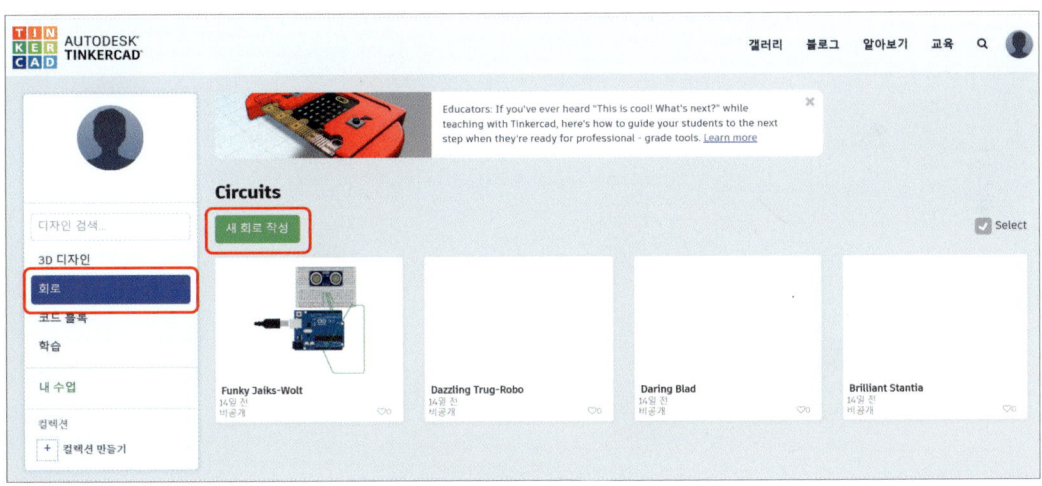

메뉴에서 회로를 선택하고 새 회로 작성을 클릭합니다.

TINKERCAD DESIGN For 3D PRINTING

SECTION 10

구성 요소 "기본"에서 Arduino Uno R3(호환 보드)를 선택하여 작업 평면에 가지고 옵니다.

※ Arduino 보드란? 전자 부품을 연결할 수 있고 전자 회로를 구성할 수 있는 기판.

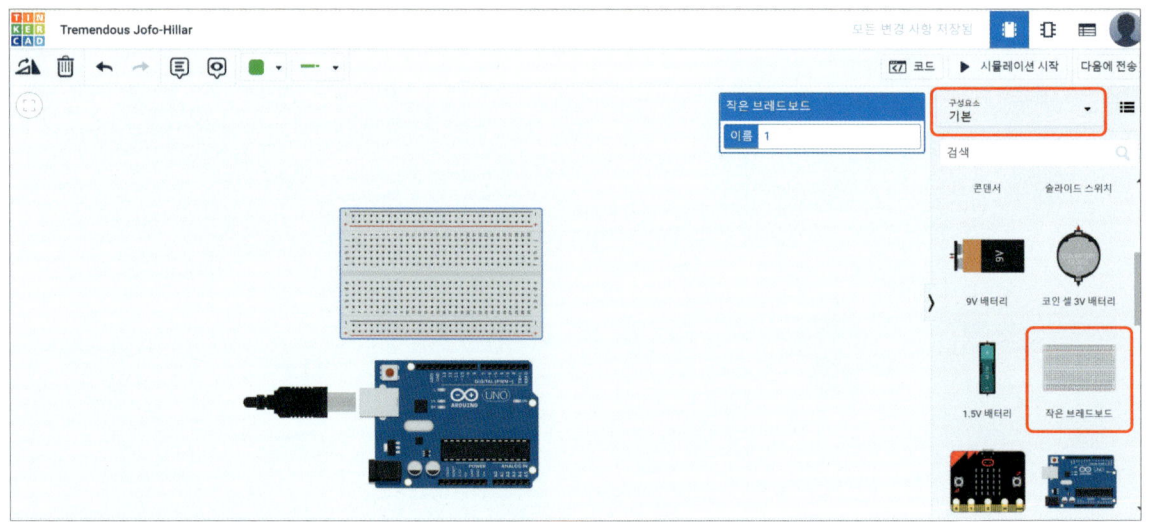

구성 요소 "기본"에서 "작은 브레드보드"를 선택하여 작업 평면에 가지고 옵니다.

※ 브레드보드? 빵판이라고도 불리며, 납땜을 하지 않고도 전기 회로를 연결할 수 있도록 하는 작은 구멍들이 뚫려 있는 플라스틱 기판.

TINKERCAD DESIGN For 3D PRINTING _____ SECTION 10

구성 요소 "기본"에서 "LED"(전구)를 선택하고 작은 브레드보드 판 위에 올려 놓습니다.
H가 적혀진 라인쯤에 올리면 적당합니다.
※ LED전구는 휘어지고 긴 쪽이 +극, 짧은 쪽이 -극입니다.

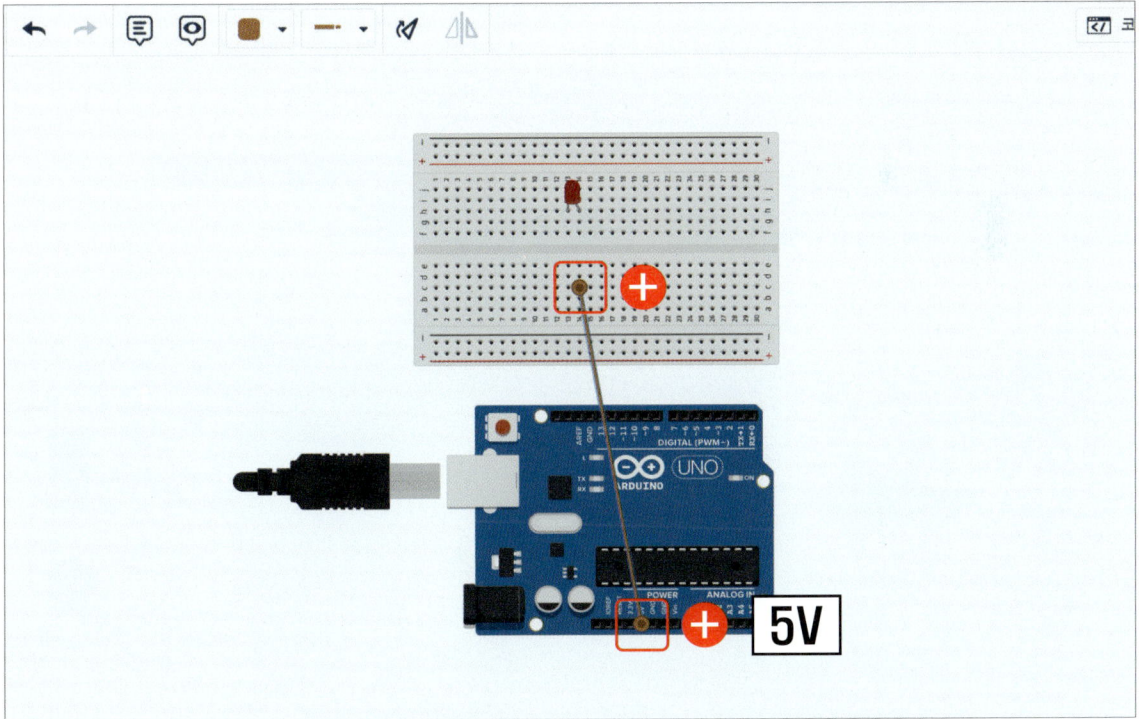

LED의 길고 휘어진 쪽(+극)과 같은 세로 라인에 있는 구멍과 보드의 5V(+극)를 클릭하여 연결해 줍니다.

TINKERCAD DESIGN For 3D PRINTING   SECTION 10

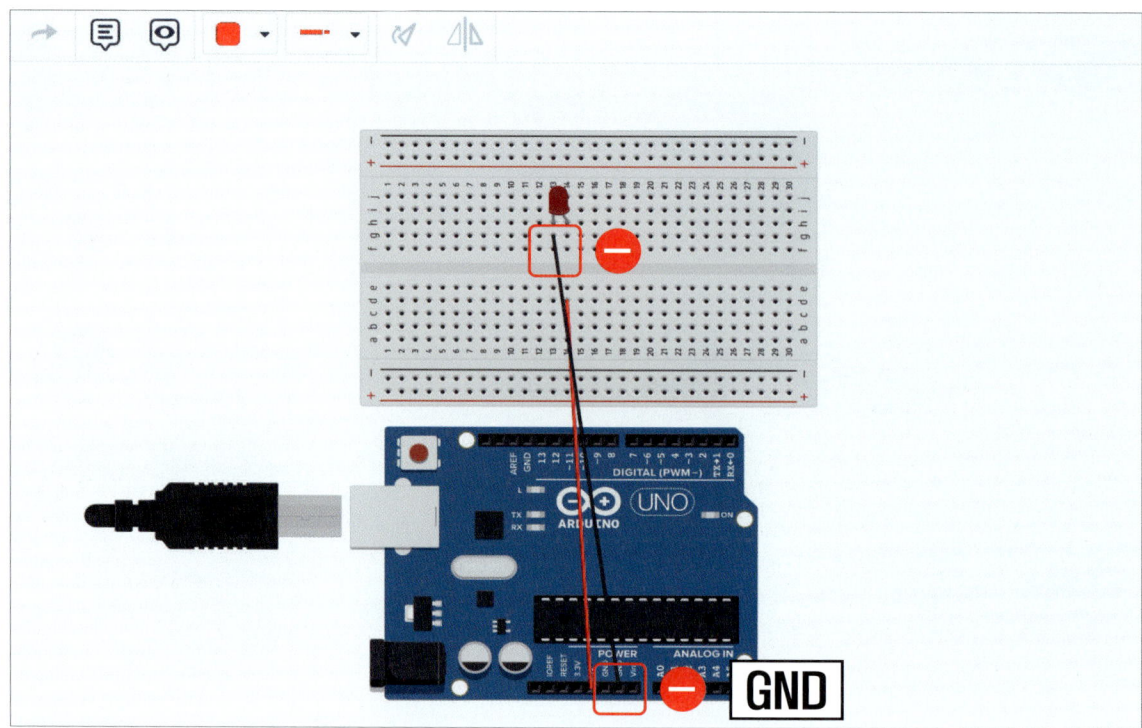

LED의 -극과 GND(-극)를 클릭하여 연결해 줍니다.

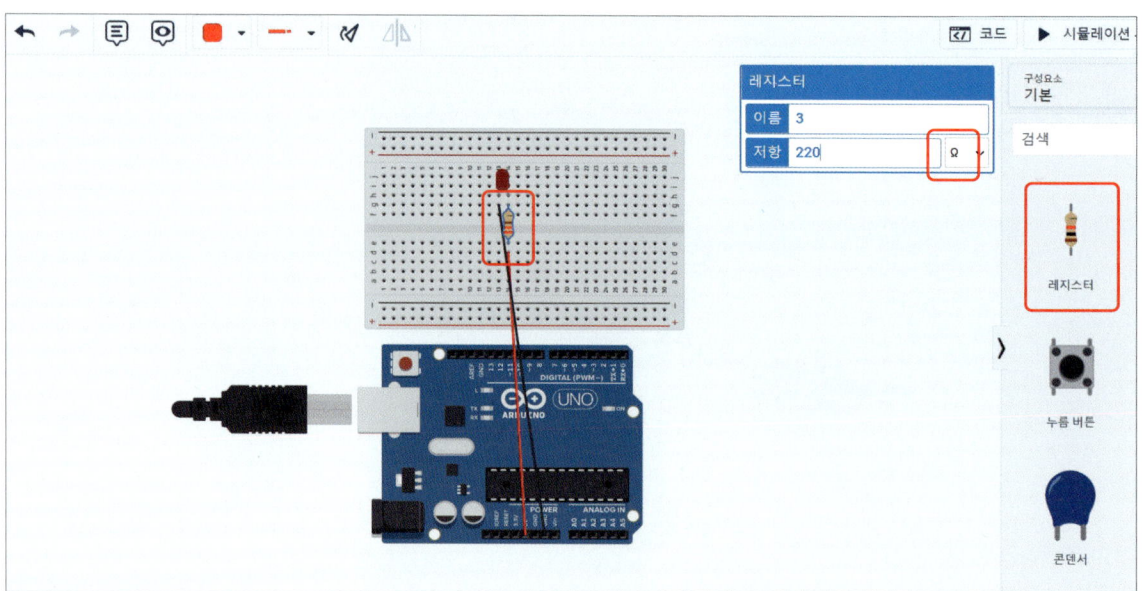

레지스터(저항)를 LED +극 라인에 꽂아주고, 저항 수치와 단위를 바꾸어 줍니다.

※ 저항 : 전류의 흐름을 방해하는 소자로, 전류의 흐름을 방해함으로 신호의 크기를 줄이거나 전압을 나누는 역할을 합니다.

TINKERCAD DESIGN For 3D PRINTING _____ SECTION 10

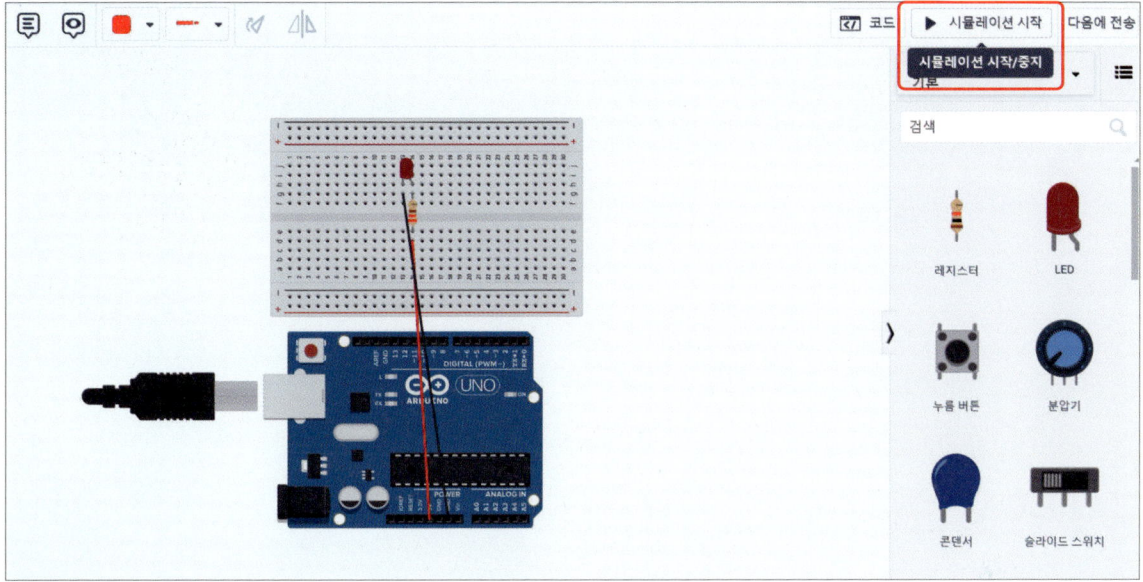

시뮬레이션 시작을 클릭하여 전류를 확인해 줍니다.

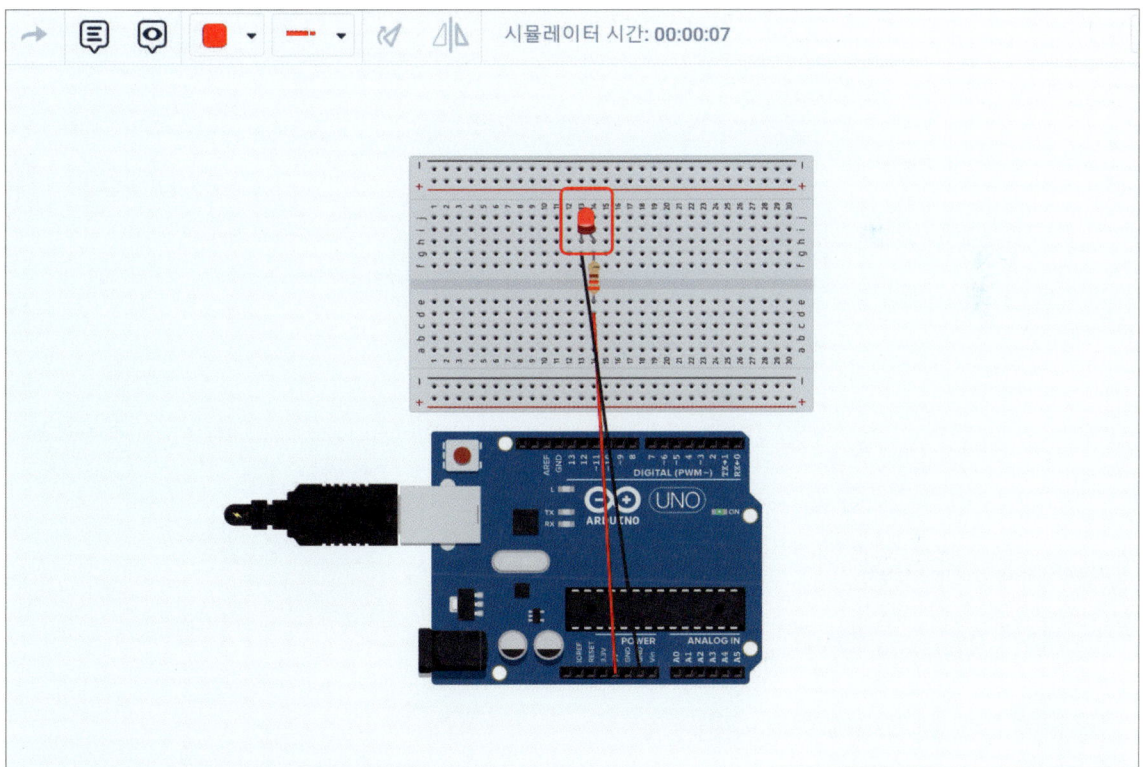

LED에 불이 들어오는 것을 확인합니다.

SECTION 11

팅커캐드 회로-2편

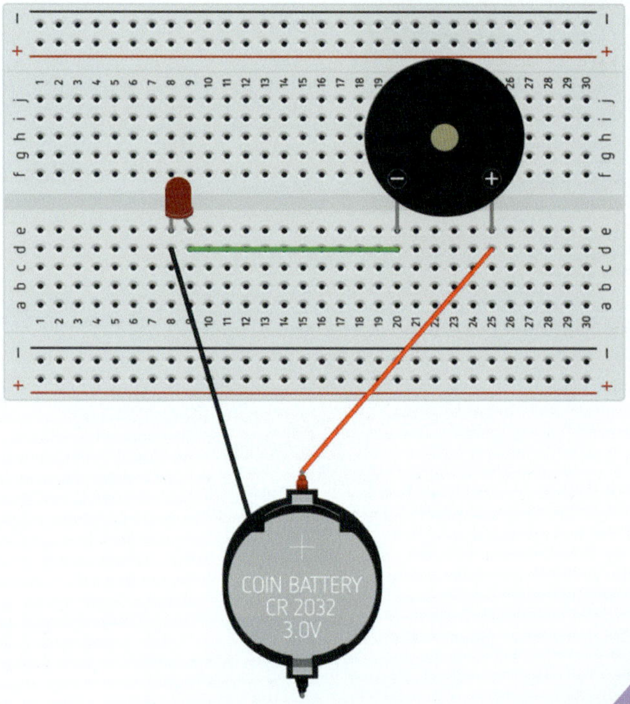

● 팅커캐드 회로-2편

팅커캐드의 회로(Circuits) 메뉴를 이용하여 회로 설계를 할 수 있습니다.
이번 편에서는 코인 셀 배터리로 LED에 불이 켜지면서 피에조부저에 경보음이 함께 울리도록 합니다.

TINKERCAD DESIGN For 3D PRINTING

SECTION 10. 틴커캐드 회로-1편에서 작업한 파일의 항목 편집에 들어가서 파일명을 "틴커캐드 회로-2편"으로 수정하고 엔터키 또는 화면의 빈 공간 아무 곳이나 클릭합니다.

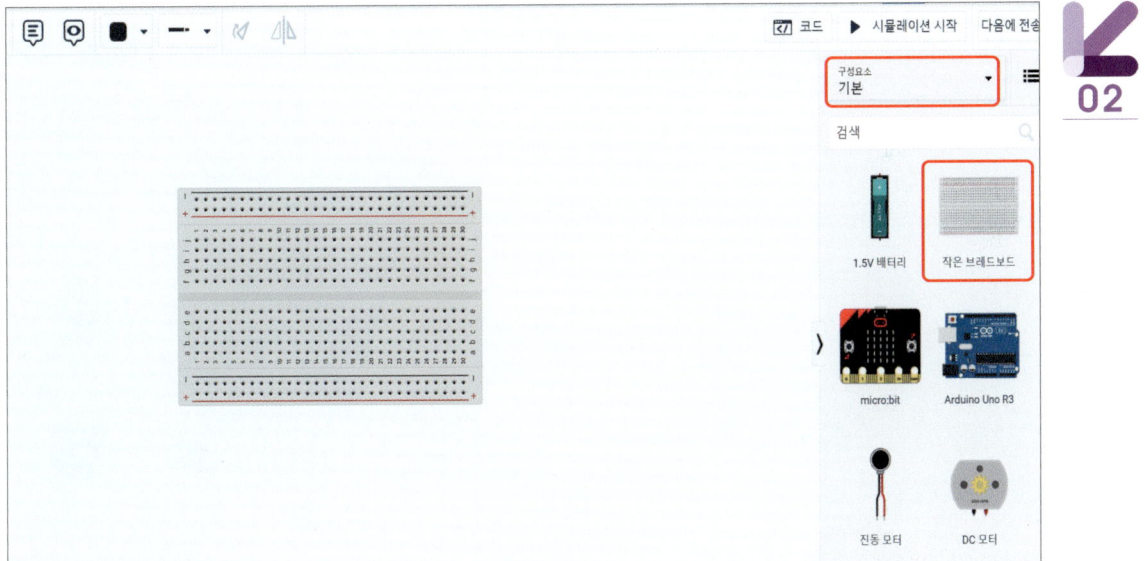

구성 요소 "기본"에서 "작은 브래드보드"를 선택하고 작업 평면에 놓습니다.

TINKERCAD DESIGN For 3D PRINTING   SECTION 11

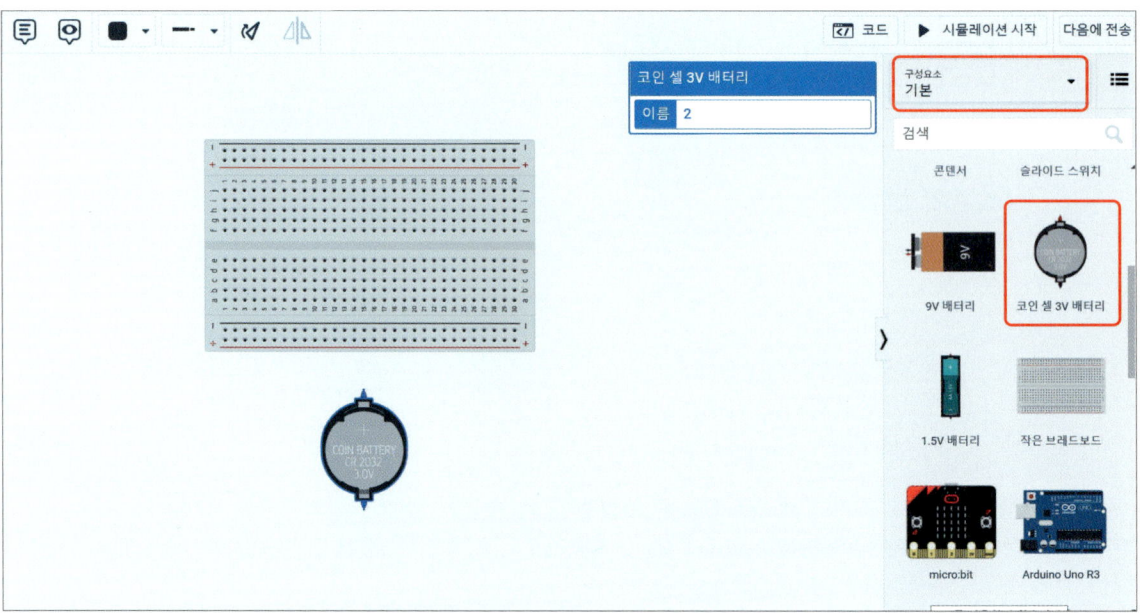

구성 요소 "기본"에서 "코인 셀 3V배터리"를 선택하여 그림과 같이 작업 평면에 가지고 옵니다.

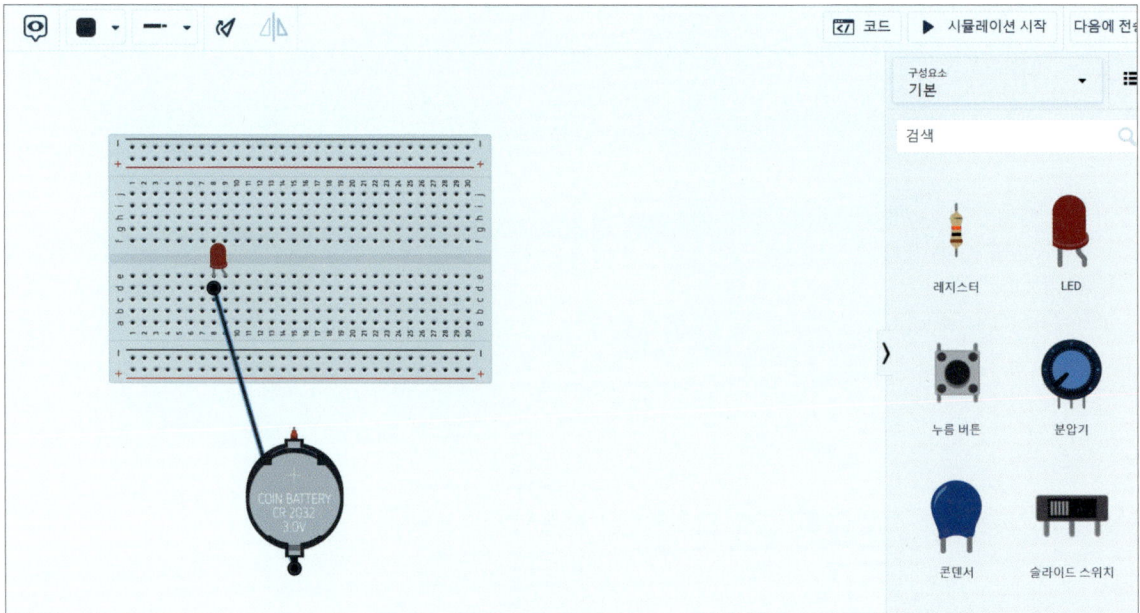

LED의 (-)극과 셀 밧데리의 (-)극을 클릭하여 연결해 줍니다.

TINKERCAD DESIGN For 3D PRINTING SECTION 11

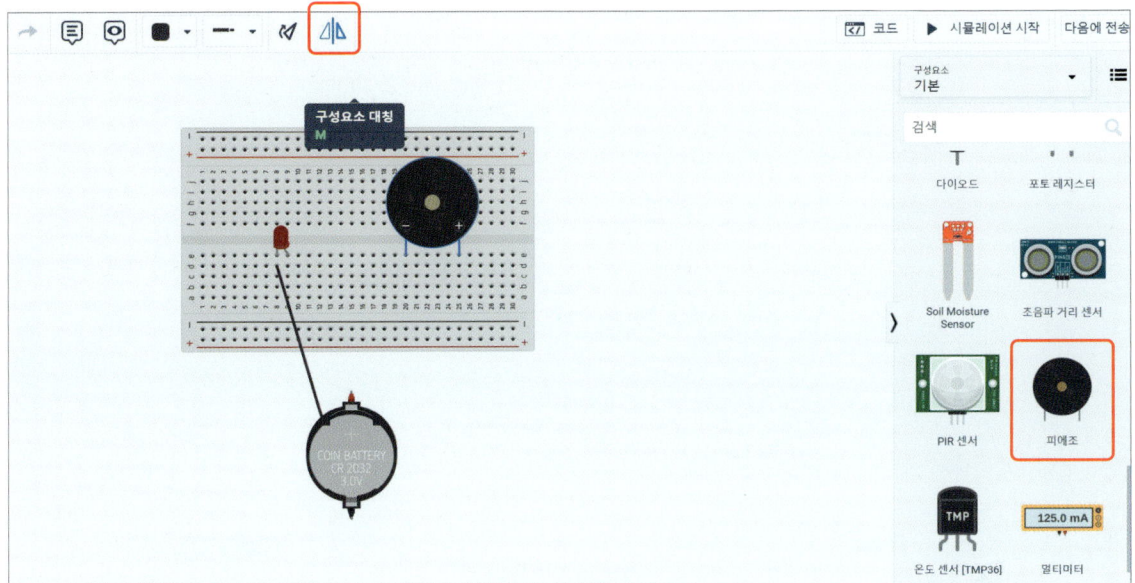

구성 요소 "피에조"(경보음 알림 장치)를 선택하고 그림과 같이 브레드보드 판 위에 올려 놓습니다.
구성 요소 대칭 아이콘을 클릭하여 피에조의 (+)과 (−)극 방향을 바꾸어 줍니다.

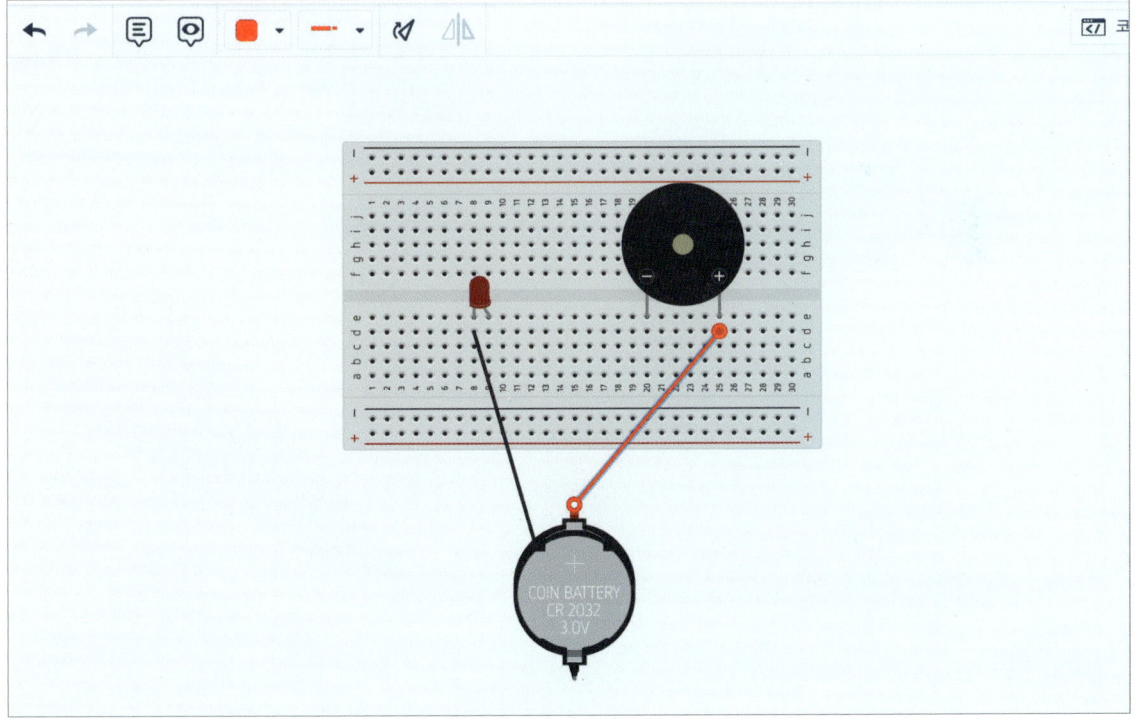

피에조의 +극과 배터리의 +극을 클릭하여 연결합니다.

SECTION 12
팅커캐드 회로-3편

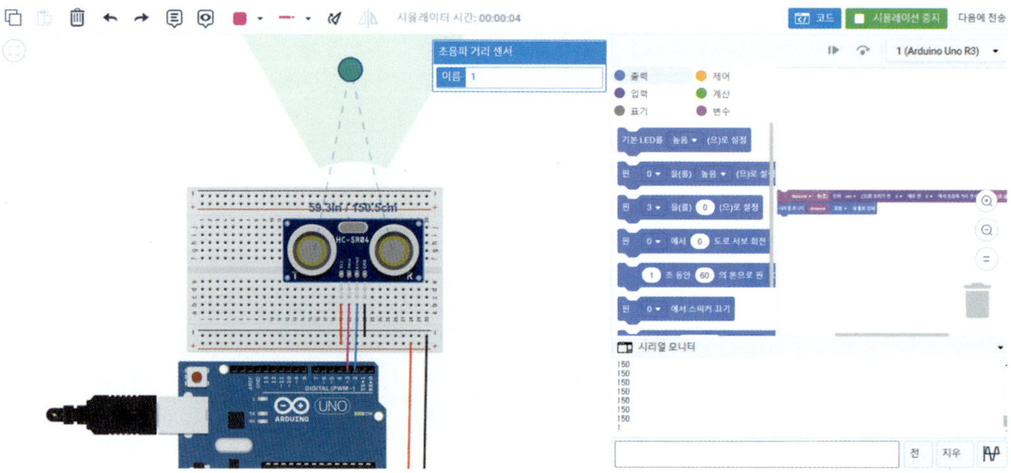

● **틴커캐드 회로-3편**

틴커캐드의 회로(Circuits) 메뉴를 이용하여 회로 설계를 할 수 있습니다.
이번 편에서는 초음파 센서를 활용하여 거리감지 센서 회로도를 만들어 봅니다.

TINKERCAD DESIGN For 3D PRINTING

SECTION 10. 틴커캐드 회로-1편에서 작업한 파일의 항목 편집에 들어가서 파일명을 "틴커캐드 회로-3편"으로 수정하고 엔터키 또는 화면의 빈 공간 아무 곳이나 클릭합니다.

 회로를 만드는 메뉴 알기

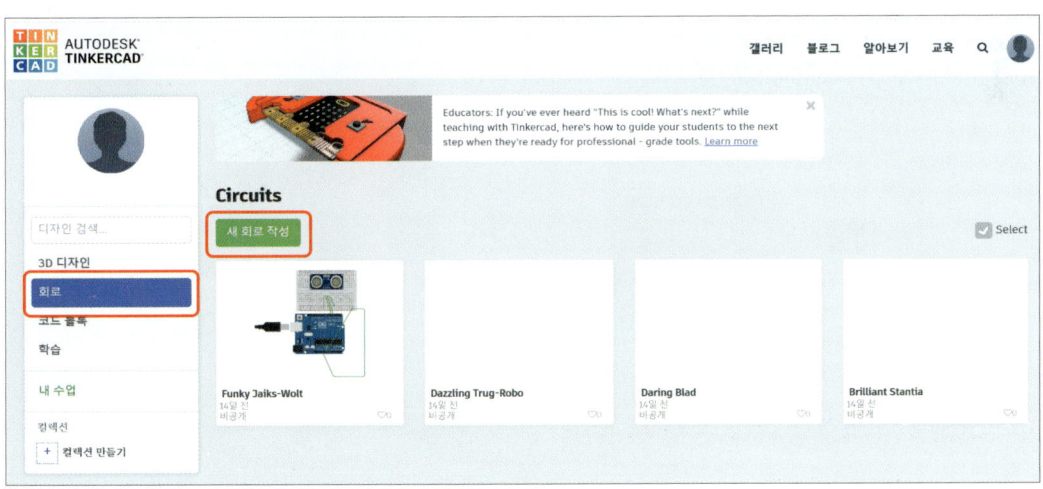

메뉴에서 회로를 선택하고 새 회로 작성을 클릭합니다.

TINKERCAD DESIGN For 3D PRINTING

SECTION 12

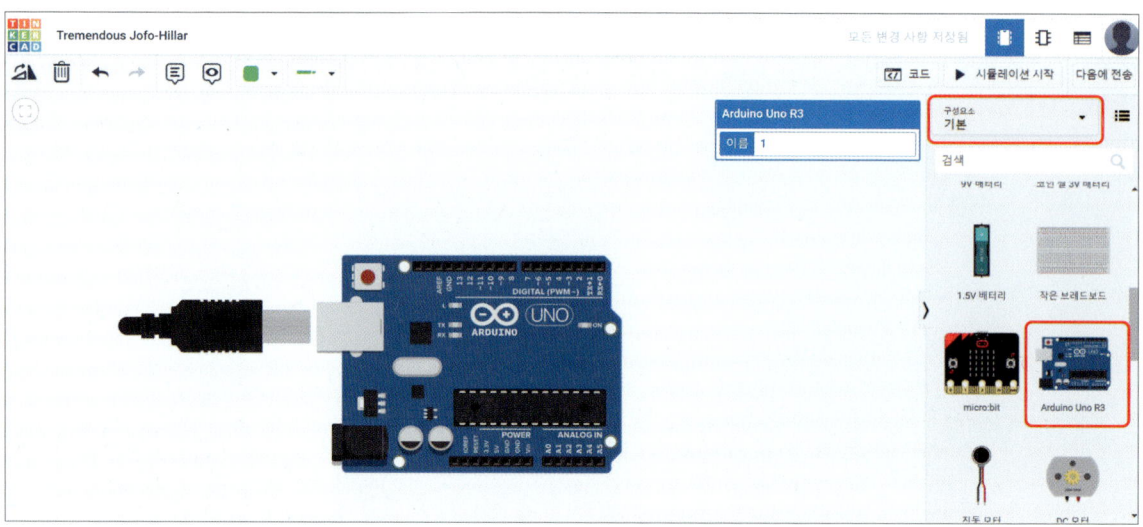

구성 요소 "기본"에서 Arduino Uno R3(호환 보드)를 선택하여 작업 평면에 가지고 옵니다.

※ Arduino 보드란? 전자 부품을 연결할 수 있고 전자 회로를 구성할 수 있는 기판.

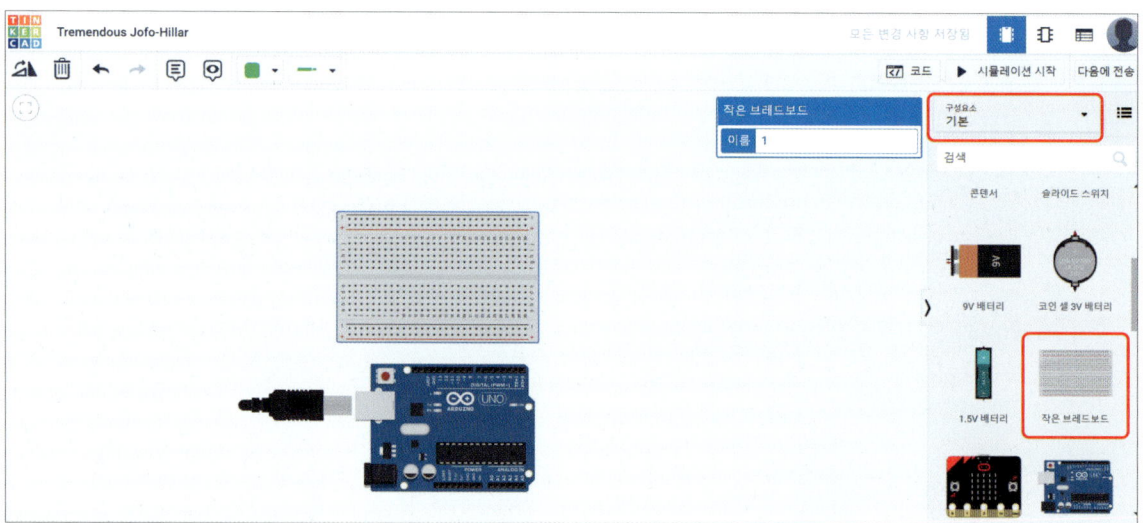

구성 요소 "기본"에서 "작은 브레드보드"를 선택하여 작업 평면에 가지고 옵니다.

※ 브레드보드? 빵판이라고도 불리며, 납땜을 하지 않고도 전기 회로를 연결할 수 있도록 하는 작은 구멍들이 뚫려 있는 플라스틱 기판.

TINKERCAD DESIGN For 3D PRINTING _____ SECTION 12

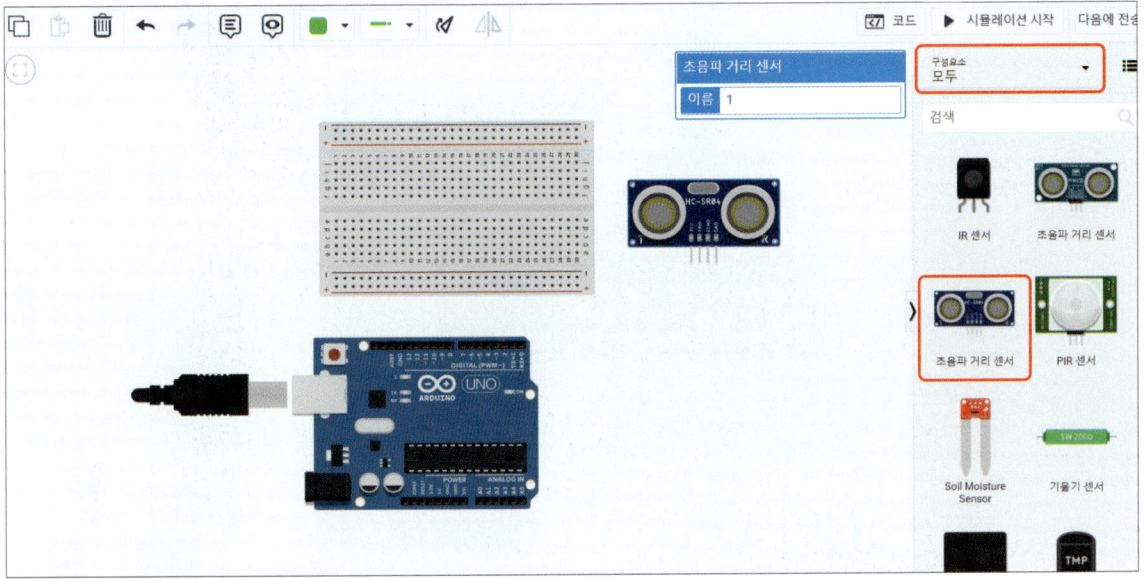

구성 요소 "모두"에서 "초음파 거리 센서" 4핀을 선택하여 작업 평면에 가져옵니다.
※ 초음파 센서란? 초음파 센서는 초음파를 이용하여 물체와의 거리를 측정하는 로봇 등에 사용하는 센서 부품이다.

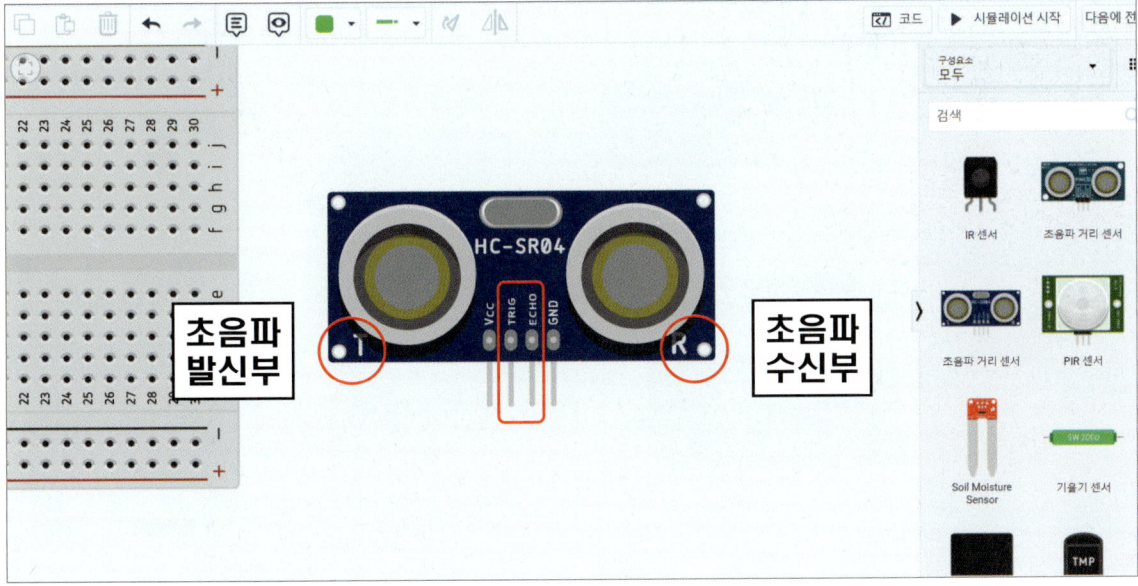

초음파 센서의 "TRIG"는 초음파를 보내는 부분이고 "ECHO"는 초음파를 받는 부분입니다.

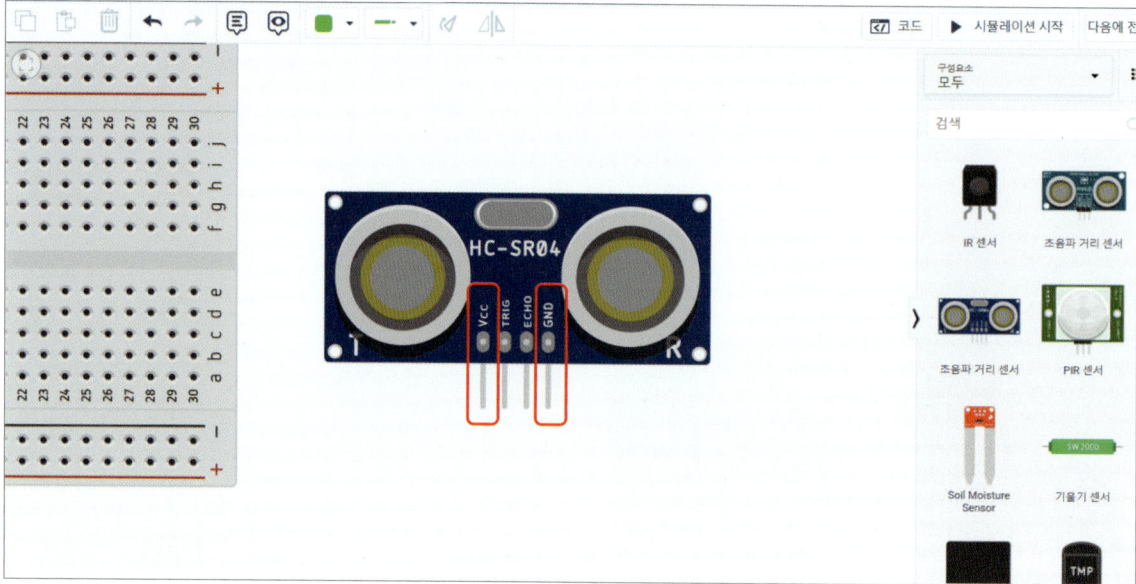

Vcc는 전원 공급선 아두이노보드의 5V이고, GND는 보드의 GND입니다.

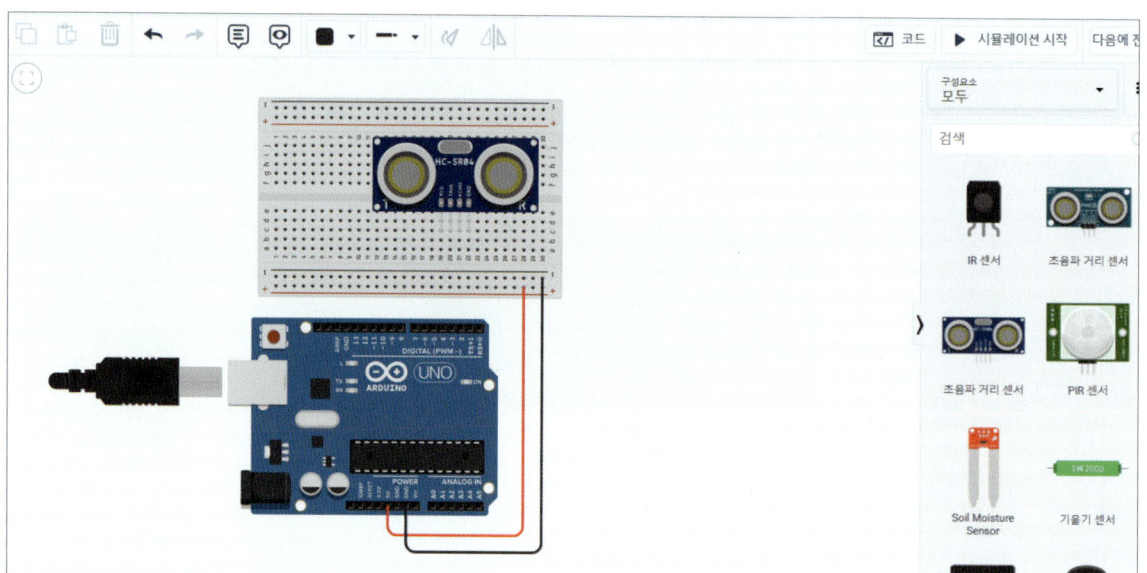

브레드보드에 초음파 센서를 꽂아줍니다.
보드의 (+)는 5V에 (빨간선) (-)는 GND(검정선)에 클릭하여 연결해 줍니다.

TINKERCAD DESIGN For 3D PRINTING ──────────────────── SECTION 12

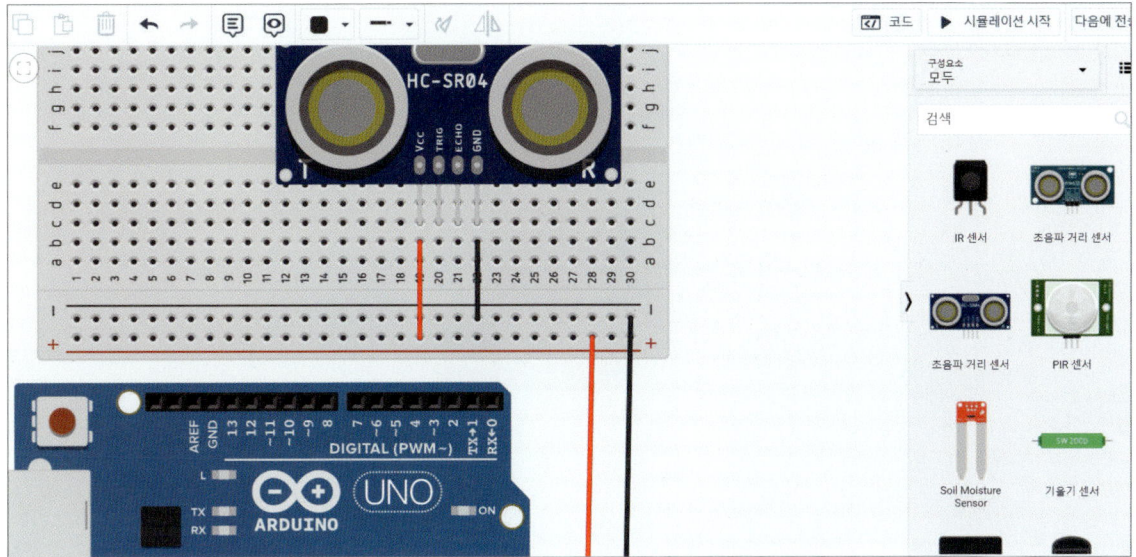

초음파 센서의 Vcc는 브레드보드의 (+)에 GND는 (−)에 클릭하여 연결해 줍니다.

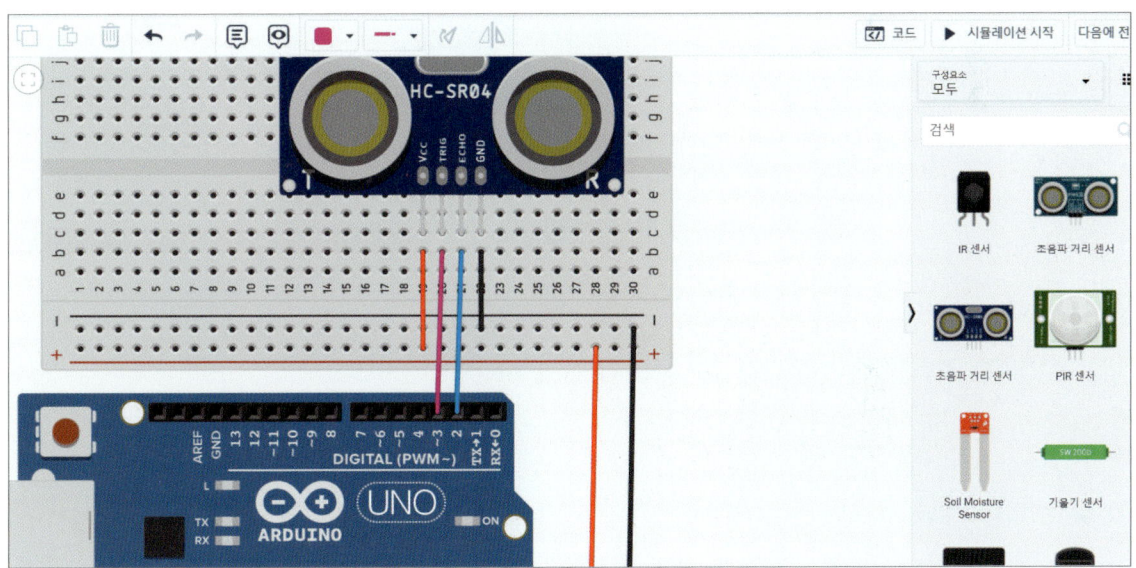

초음파 센서의 TRIG는 3번 핀에 ECHO는 2번 핀에 꽂아 줍니다.

TINKERCAD DESIGN For 3D PRINTING _____ SECTION 12

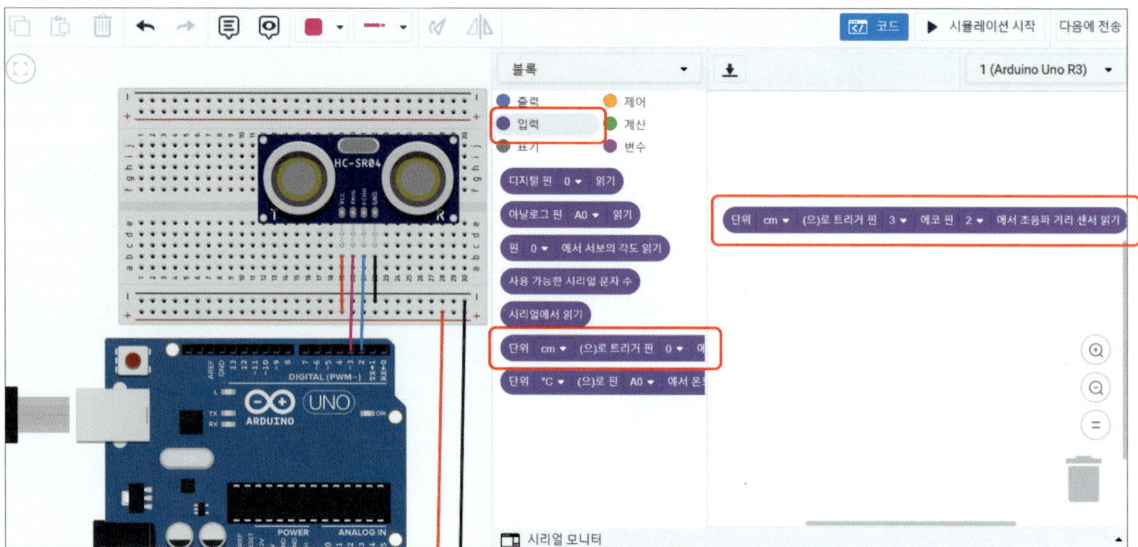

블록 코드의 입력에서 트리거 핀과 에코 핀의 번호를 각각 입력해 줍니다.

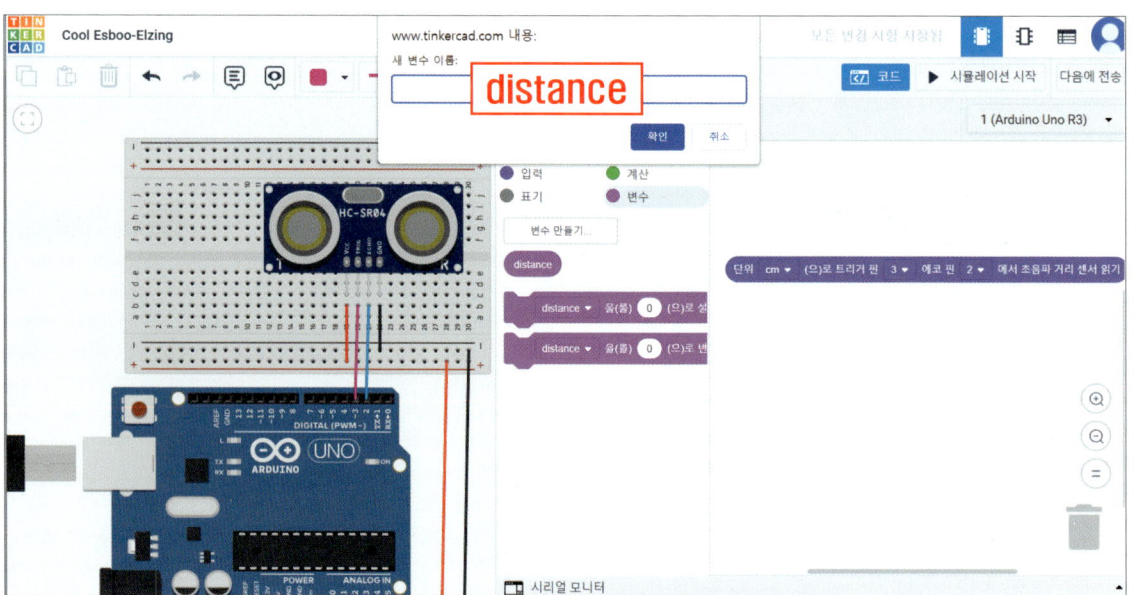

블록 코드의 변수에서 변수 만들기를 클릭하여 새창에 "distance"를 입력해 줍니다.

TINKERCAD DESIGN For 3D PRINTING

SECTION 12

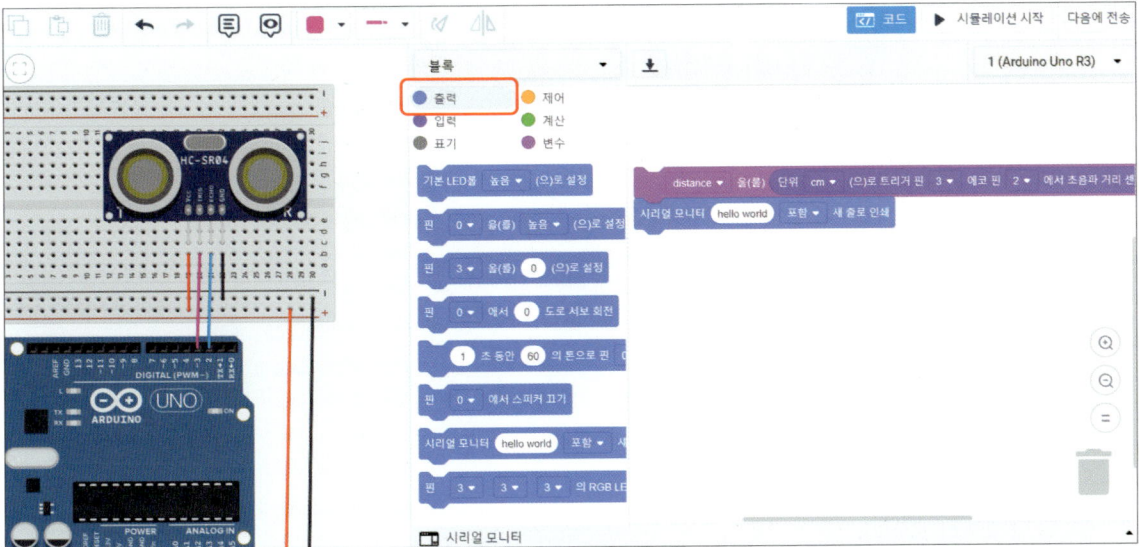

변수의 값에 입력값을 넣어줍니다.
출력 코드에서 시리얼모니터 값을 가져옵니다.

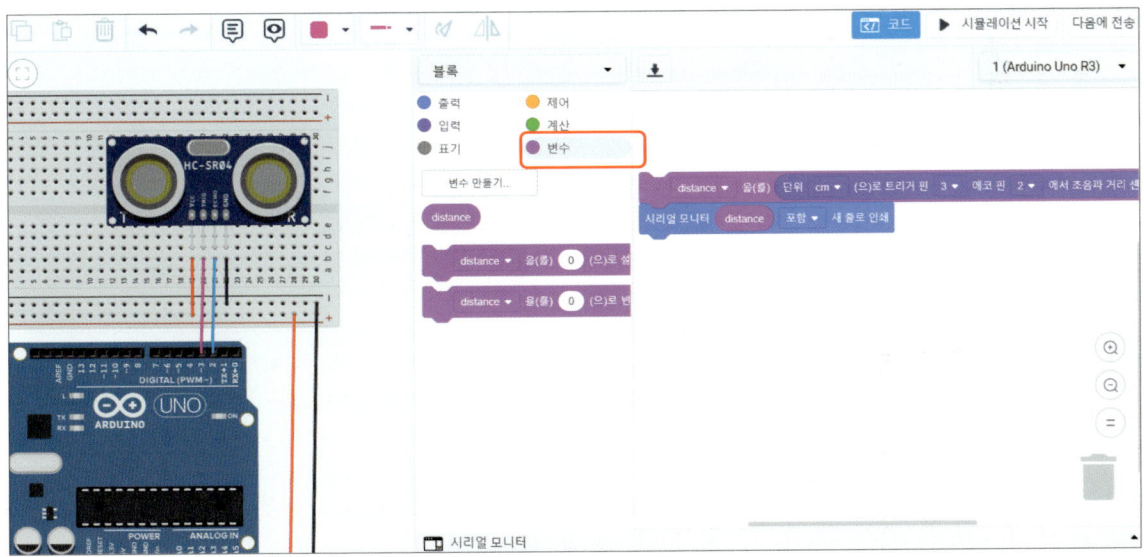

출력값에 거리측정값 distance값을 넣어줍니다.

TINKERCAD DESIGN For 3D PRINTING   SECTION 12

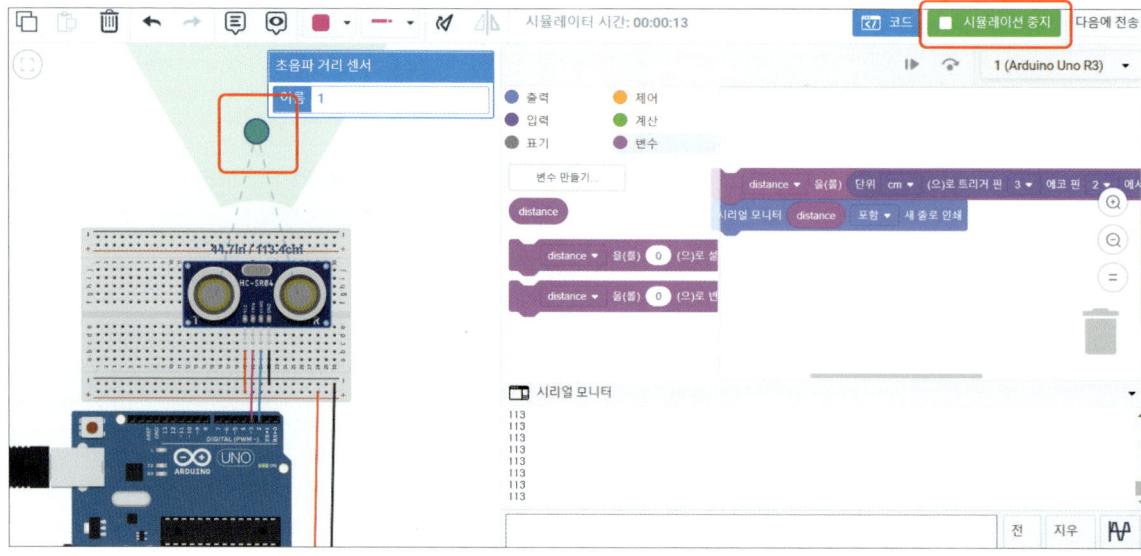

시뮬레이션을 클릭한 후 초음파 센서를 클릭하면 거리를 측정해 주는 공 모양이 나옵니다.

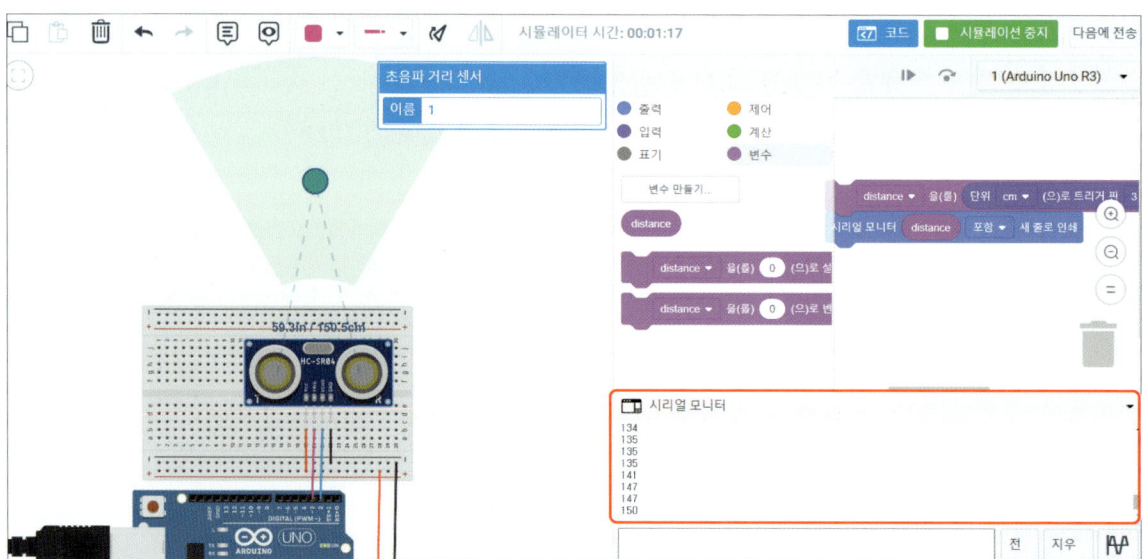

공을 마우스로 움직이면 거리의 값이 시리얼 모니터에 측정되는 것을 확인할 수 있습니다.
초음파 센서를 활용하여 다양한 회로도를 만들어 보세요.

지금까지 우리는
「3D 프린팅 수업을 위한 틴커캐드 디자인」 8권 교재로
3D 모델링을 재미있게 배웠습니다.
다음 차시는
「3D 프린팅 수업을 위한 틴커캐드 디자인」 9권으로
연결됩니다.